スマートコミュニティ時代の
建築物情報化ガイドブック
マンション・戸建て住宅 編

建築物情報化ガイドブック編集協議会
NPO法人光ファイバー普及推進協会　共著

日刊建設通信新聞社

『スマートコミュニティ時代の建築物情報化ガイドブック マンション・戸建て住宅編』発刊によせて

　近年、情報通信技術はさまざまな分野で研究開発が進められ、マンションなど建築物においても、省エネルギー、高度情報化への対応が求められる時代です。

　マンションなど建築物を重要な社会資本として長期に利活用するためには、適切な維持管理を行いつつ改良を重ねることが望まれますが、これには消費者のニーズ、利便性の向上、将来性、経済性などあらゆる視点からの検討が不可欠です。また、東日本大震災以降のエネルギー有効活用への関心の高まりに呼応して、スマートメーター、HEMSやMEMSと連携したマンションエネルギー管理への対応も踏まえる必要があるなど、多角的な議論が期待されています。

　建築物情報化ガイドブック編集協議会、NPO法人光ファイバー普及推進協会の共著になる『スマートコミュニティ時代の建築物情報化ガイドブック　マンション・戸建て住宅編』は、光ファイバー配線を基盤とする標準的な情報化設備方式の提案、設備構築フロー、維持管理上の留意事項にいたるまで幅広くていねいに論じられており、マンション事業者や管理組合などをはじめとする業界の皆さまが、容易に情報共有、相互理解が可能となるよう編集された専門書です。本書がマンションなど建築物における情報化推進に大きく寄与するために、幅広く活用されることを期待します。

2014年2月吉日

独立行政法人　都市再生機構
副理事長　内田　要

目　次

『スマートコミュニティ時代の建築物情報化ガイドブック
マンション・戸建て住宅編』発刊によせて　　　　　　　　　　　　　　　　　　内田　要

はじめに
- 1.　本書発刊の背景 …………………………………………………………………… 8
- 2.　本書発刊の目的 …………………………………………………………………… 10

第Ⅰ章　建築物情報化とは
1.　マンションにおける建築物情報化の定義
- (1)　建築物情報化の必要性 ………………………………………………………… 12
- (2)　現状マンションで情報伝送が必要な設備 ………………………………… 19
- (3)　マンション情報化の定義 ……………………………………………………… 19
- (4)　マンション情報化の標準的仕様 ……………………………………………… 19
- (5)　具体的マンション情報化の例示 ……………………………………………… 20
- (6)　スマートマンションの定義（提案） ………………………………………… 31

2.　現状の設備配線と情報化設備配線の比較
- (1)　マンション敷設の情報伝送配線 ……………………………………………… 32
- (2)　配線種類の比較 ………………………………………………………………… 34
- (3)　マンション構内配線系統の比較 ……………………………………………… 36
- (4)　住戸内配線系統の比較 ………………………………………………………… 38
- (5)　住戸内機器収納庫について …………………………………………………… 40

3.　建築物情報化のメリット
- (1)　個別契約に依存しない情報通信の利活用 ………………………………… 42
- (2)　配線系統と配管の統合化による建築費用のコストダウン ……………… 42
- (3)　1系統の配線経路でも複数の情報伝送路を確保 ………………………… 44
- (4)　容易な保守維持管理対応 ……………………………………………………… 44
- (5)　設備更新の優位性を担保 ……………………………………………………… 44

第Ⅱ章　マンションにおける建築物情報化の流れ
1.　建築物情報化設備構築フロー
- (1)　新築マンションの情報化設備構築フロー ………………………………… 46
- (2)　既存マンションの情報化設備構築フロー ………………………………… 48

2.　建築物情報化設備構築工程・工事区分
- (1)　設計・施工・運営　工程表 …………………………………………………… 50
- (2)　工事区分表（情報化設備に関する項目） …………………………………… 50

第Ⅲ章　建築物情報化設備構築フローにもとづく各項目説明

1. 事前確認項目
   - (1) サービス提供事業者の確認 ……………………………………… 52
   - (2) 事業者ごとの引き込み線種・方法確認 ……………………… 52
   - (3) ファイバースペース設置機器の確認 ………………………… 53
   - (4) 敷地内から建物への引き込み方法・管路の想定 …………… 53

2. マンション構内ケーブル配線設備項目
   - (1) 配線利用の設置設備・機器の決定 …………………………… 54
   - (2) 敷設芯線数の決定 ……………………………………………… 54
   - (3) 縦系統配管経路の決定 ………………………………………… 54
   - (4) 各フロアIDF盤のサイズ・設置位置の決定 ………………… 55
   - (5) 共用部設置設備への配管経路の決定 ………………………… 55
   - (6) 各住戸引き込み系統配管経路の決定 ………………………… 55
   - (7) 設計・施工などに関する留意点 ……………………………… 55

3. ファイバースペース項目
   - (1) ファイバースペース設置機器の決定 ………………………… 59
   - (2) 構内配線成端パネル設置数の決定 …………………………… 59
   - (3) 設置キャビネット数の決定 …………………………………… 59
   - (4) ファイバースペースの位置・規模の決定 …………………… 59
   - (5) 停電時電源バッテリーのサイズ決定 ………………………… 59
   - (6) 設計・施工などに関する留意点 ……………………………… 60

4. 住戸内設備項目
   - (1) 住戸内機器収納スペースの決定 ……………………………… 67
   - (2) 住戸内機器収納スペース内設置機器の決定 ………………… 67
   - (3) 住戸内配線種類の決定 ………………………………………… 67
   - (4) 各居室コンセントなどの種類・位置の決定 ………………… 67
   - (5) 各居室コンセントなどまでの配管経路の決定 ……………… 68
   - (6) 設計・施工などに関する留意点 ……………………………… 68

5. 施工完了検査項目
   - (1) ロス検査 ………………………………………………………… 70
   - (2) 工事仕様完成図書の作成 ……………………………………… 70
   - (3) 建築物情報化設備構築の完了 ………………………………… 70

6. 施工完了時項目
   - (1) ファイバースペースまでの幹線引き込み工事（事業者） … 73
   - (2) 建築主（発注主）への設置設備に関する説明会の実施 …… 73
   - (3) 建築主（発注主）への工事完成図書の提出 ………………… 73

7. 竣工引き渡し時項目
    (1) 工事仕様完成図書の作成について ……………………………………… 74
    (2) 工事仕様完成図書の保管について ……………………………………… 83

第Ⅳ章　建築物情報化設備の保守維持管理

1. 電気通信事業法からみた建築物情報化設備
    (1) 自営電気通信設備 ……………………………………………………… 86
    (2) 事業用電気通信設備 …………………………………………………… 86
2. 確保すべき技術基準事項について
    (1) 自営電気通信設備の技術基準事項 …………………………………… 89
    (2) 事業用電気通信設備の技術基準事項 ………………………………… 89
3. 保守維持管理体制の構築 …………………………………………………… 90

第Ⅴ章　戸建て住宅などの情報化設備構築

1. 戸建て住宅の情報化設備
    (1) 戸建て住宅における建築物情報化設備の考え方 …………………… 92
    (2) 幹線光ファイバーケーブルの引き込み ……………………………… 92

付録1　法令等 …………………………………………………………………………… 100
付録2　技術的助言等
    (1) エレベーターシャフトへの光ファイバー敷設に関する助言 ……………… 118
    (2) 容積率の緩和に関する技術的助言 …………………………………………… 120
    (3) 電気通信事業法の技術基準 …………………………………………………… 127
付録3　用語集 …………………………………………………………………………… 138
付録4　スマートハウス，スマートグリッドの概要と最新動向
　　　　（早稲田大学先進グリッド技術研究所） ………………………………………… 158
付録5　19 in Standard Cabinet for Intelligent House
　　　　（IEC SC48D 国内委員会） ……………………………………………………… 206

はじめに

1. 本書発刊の背景

エネルギー供給と情報通信技術

　東日本大震災以降、日本では、エネルギーの有効活用や環境問題に対する関心が高まっています。その代表的な例として「スマートグリッド」といった言葉をよく耳にしているのではないでしょうか。関心は高まっているものの、「スマートグリッド」とは、どんな技術なのか理解している消費者は少ないのではないでしょうか。

　「スマートグリッド」は、一般的に「次世代電力網」とか「賢い電力網」と和訳されます。どのような技術かを簡略に説明しますと、

　「従来からの集中型電源（電力会社による発電）と送電系統との一体運用に加え、**情報通信技術の活用**により、太陽光発電などの分散型電源（一般家庭を含む電力会社以外の民間による発電）や需要家の情報を統合・活用した、高効率、高品質、高信頼度の電力供給システムの送配電網のこと」

となります。

　上記の簡略的説明で注目してもらいたいのは、「情報通信技術の活用」という文言です。具体的にいうと、「電気を使う側の個別利用情報を収集して、その情報をもとに、電力供給の制御を行う」ということになります。

　「電力供給に情報通信技術が活用される」。このことから、その情報通信のやり取りをどのように行うか？　といった点が議論されるようになりました。しかしながら、無から有を生もうと発想することから、情報通信に無線や個人接続のインターネットを活用する方向で議論されています。電力利用状況という、きわめてデリケートなリアルタイム生活情報であることから、情報セキュリティをどう担保するかが課題となっています。

　存在していないからといってあきらめてしまうのではなく、情報セキュリティを担保する情報通信配線インフラの構築は、どうすればいいのかを考え、構築することが今後の建築物には必要なのです。それが、真の電力と情報通信の融合による「次世代電力網」「賢い電力網」といえるのではないでしょうか。

　防犯上の問題から建築物内に立ち入ることを制限される時代において、電力だけでなく、ガス、水道といった生活インフラのすべてが、情報通信技術を活用して、開栓・閉栓といった契解約時に発生する業務や検針業務などを遠隔操作で行うことや、エネルギー供給の効率化を目指して技術開発が進められていることも視野に入れる必要があります。

情報通信技術の利活用

　ビデオカメラやテレビ電話、感知器（センサー）などの設備・装置を設置し、住戸内情報を入手、活用する双方向情報通信サービスの提供が可能な時代になっています。防犯、防災、医療、介護、教育、金融といったさまざまな分野で研究開発が行われており、これからの時代は、誰もが、いつ、どこで、どんな情報通信技術を利活用した設備や機器を利用することになるかわかりません。ある意味で、知らないうちに情報通信設備を利用していることが、豊かな社会といえるのかもしれません。たとえるなら、国民のほとんどが利用しているであろう銀行のATMですが、

実は、これが知らないうちに情報通信技術を活用している良い例なのです。

　一見、ATMは、機器の利用者が設置場所まで出向くので、情報通信技術なんて活用していないように思われがちですが、ATM機器本体に加盟銀行の全支店の顧客情報がインプットされているわけではありませんから、各銀行の顧客データサーバーにキャッシュカードを用いた個人認証システムを介してアクセスし、ATM機器で入力した情報とデータサーバーの情報を双方向通信によって照合し、取引が成立しています。ATMを「情報通信端末である」と考えて操作している人は少ないでしょう。

　本来、このATMのように意識せずに利活用されることが情報通信技術のあるべき姿と本書は考えます。ATMは、銀行やコンビニエンスストアなど、店舗設置の設備端末ですが、今後、スマートグリッドだけでなく、多種多様な分野で、少なくとも前述の防犯、防災、医療、介護、教育、金融の各分野では、住宅やオフィス、店舗、工場といった各建築物用途にあわせた情報通信技術活用サービスが提供されることになります。すでに提供可能なサービスも含めて、個々の建築物によって、サービス提供の可不可の差異が出てしまうことのないように、建築物が情報通信技術対応環境を整える必要があるのです。

　さらに考えなければいけないのが、国民が平等にサービスを享受すべき、生活インフラの利用情報や安全・安心を担保するための災害情報などのやりとりが、パソコンなどのインターネット情報の閲覧やメールの送受信などの個人的情報通信利用と同じように、情報セキュリティが利用者任せとなるとともに、利用料金も個別に発生してしまう、個人の契約回線に依存するシステムで運用される状態でいいのかといったことです。

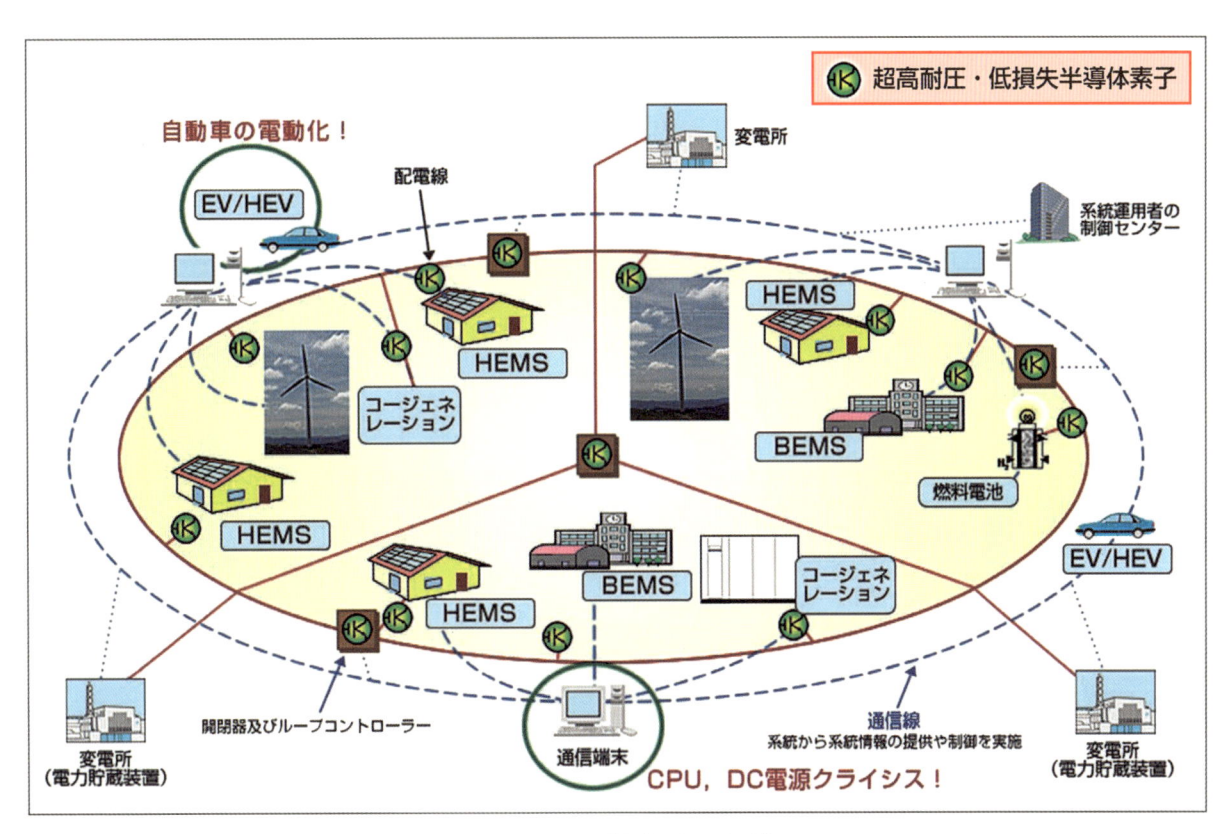

これからの社会イメージ　　　　出典：（独）産業技術研究所

2. 本書発刊の目的

第1の目的　　　消費者の保護を目的とします。消費者が建築主として発注する時はもちろんのこと、分譲など売買目的で建設される建築物においても、真の発注者は消費者（購入者）であるとの考えにもとづき、消費者が理解しやすく、設計・施工事業者が発注者に建築物情報化について説明、情報開示できる資料としても活用できるガイドブックとして編集しています。

第2の目的　　　情報共有、相互理解を目的とします。建築物に関わるすべての業界間で情報通信設備の用語も含めた共通認識がもてるガイドブックとして編集しています。

第3の目的　　　受発注時の齟齬(そご)防止を目的とします。本書を活用することで、発注者・受注者間での認識齟齬による相違をなくします。

第4の目的　　　標準化技術の確立を目的とします。情報通信設備一式システムを明確化することで、情報通信利活用設備との整合性環境を担保します。

第5の目的　　　保守維持管理の確立を目的とします。関連設備の設置場所を一元化すること（住戸内機器収納スペース）で保守維持管理に万全な環境整備を目指します。

第6の目的　　　工事完成図書作成および保管の標準化を目的とします（設備更新時の対応をスムーズに行える環境整備）。

第7の目的　　　住戸内に設置される家電などを含む、住宅設備・製品メーカーまで、建築物情報化に関する接続環境や、住戸内機器収納スペースに設置することで容積率緩和措置の対象となる住戸内機器収納庫（19インチキャビネット）の寸法・仕様などを情報共有することで、より合理的に優れた製品開発が行える環境の整備を目的としています。

第8の目的　　　関連業界それぞれの垣根をなくし、安全・安心で省エネルギーかつ長寿命な建築物創造の一助を目的とします。

　以上の情報共有化、相互理解をはかることによる消費者の利便性の向上、経済性の向上、資産価値の維持とともに、電子情報通信技術の発展と環境循環社会の構築を目指すことを目的とします。本書が建築物情報化を啓蒙普及するためのガイドブックとして、広く活用されることを目指します。

第 Ⅰ 章

建築物情報化とは

1. マンションにおける建築物情報化の定義

（1） 建築物情報化の必要性

1）低炭素社会実現に向けた取り組み

スマート ハウス（個体）

スマートハウスとは、IT（情報技術）を使って家庭内のエネルギー消費が最適に制御された住宅。具体的には、太陽光発電システムや蓄電池などのエネルギー機器、家電、住宅機器などをコントロールし、ホームエネルギーマネージメントを行うこと（HEMS）で、CO_2排出の削減を実現する省エネ住宅。

スマート マンション（スマートハウスの集合体）

スマートマンションとは、IT（情報技術）を使って家庭内のエネルギー消費が最適に制御された住戸の集合体で構成される共同住宅。各住戸（専有部）内のホームエネルギーマネージメントを行うこと（HEMS）と各住戸および共同利用スペース（共用部）を合わせたマンション全体でのマンションエネルギーマネージメントを行うことでCO_2排出の削減を実現する省エネマンション（構造の違いはあるが、スマートビル（BEMS）、スマートファクトリー（FEMS）なども同様の考え方）。

スマート シティ（スマートハウス・マンション・ビルなどの複合体）

エリア内の複数の住居・建物全体、および公共施設・商業施設全体としてのシティエネルギーマネージメントを行うこと（CEMS）加えて、先端情報通信網の活用による安全・安心で快適な生活を担保できる街。

スマート ソサエティ（複合社会）

スマートグリッドの推進。さらに電力だけでなく、熱供給・上下水道・交通網など幅広い公共インフラを対象として、先端情報通信網の活用による地域全体のCO_2排出量削減など、循環型低炭素社会。

共通の情報通信技術（ICT）基盤の活用が"循環型低炭素社会"実現のカギ

2) 情報通信技術の利活用に向けて

安全・安心でより快適な生活は、次世代を先取りしたインフラから

● これまでは"借り物"。
キャリア（NTT、KDDI、CATVなど）の基幹幹線網に沿ったサービスだけ。

● マルチキャリアで最先端のサービスを任意で導入できる第4の生活インフラとしてこれからは自営の光設備。

第一世代
ADSL／VDSL方式
局舎までは電話線
（建物内はメタル）

↓

第二世代
光配線方式
キャリア所有の光配線
（端末まではメタル）

↓

第三世代‥‥
4線式光配線方式
自営専用配線（端末までは光、無線、メタル‥‥）

＜特徴＞

第一世代	第二世代	第三世代
電子メールやWeb閲覧程度。動画は滑らかには見えない。	動画は見えるが、複数接続時には映像や音声が途切れたり、画質が劣化することがある。	4芯光ケーブルを先行配線。3本の余裕で既存キャリアのサービス以外にも幅広く利用可能。
複数接続もできるがスピードが期待できない。	新規サービスでの回線兼用には都度契約が必要となる上、スピード低下の原因になりうる。	建物内部の専用システム（内線・監視カメラなど）を独自に構築。
		スマートグリッドにも容易に対応。

第Ⅰ章　建築物情報化とは　13

3) 弱電設備から情報化設備へ

● これまでは

LANケーブル（Cat.5e UTP）
8つの細い芯線を、2組1対としてより合わせて4本とし、さらにその4本をより合わせて、1束の大きなより線となっています（より線はさらに細い7本の銅線をより合せて芯線を形成）。

同軸ケーブル
電気通信に使われる電線の種類の1つで、断面が同心円を何層にも重ねたような形状のためこのように呼ばれる。テレビとアンテナをつなぐケーブルなどに使われています。

光ケーブル（0.9mm芯線）（NTT光）
光ファイバーをプラスチック樹脂で覆い、0.9mm径にした芯線。0.25mm素線に比べ強くできているため、取り扱い性に優れ、LAN配線などの少芯ケーブルに広く使用されています。

電話線
アナログ式固定電話回線に接続するための銅線。

● これからは

光ケーブル（4芯タイプテープ芯線）
0.25mm素線を4本平行に並べ、さらに紫外線硬化型樹脂で覆った芯線。LANケーブル1本の1/10程度の細さ。
しかも1本で10倍以上の速度を実現。

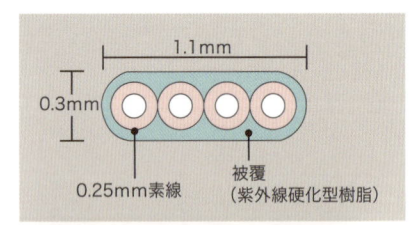

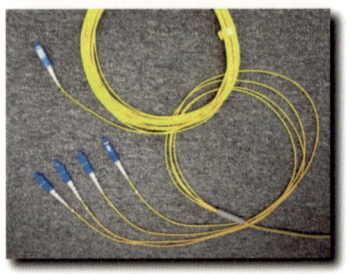

● どうせ光ケーブルを敷設するなら4芯を自前で!!

4) 建築物情報化設備がもたらすメリット

新築では 安全・安心でより快適な生活を実現する情報サービスを事前にセット可能

既築では 一式設備補強で最先端の情報通信インフラがセットアップ、資産価値向上

超高速インターネット

スマホやゲームさらにはクックパッド対応冷蔵庫やエアコンなどのネット対応をはじめとしたWi-Fi端末の増加に公衆無線網だけで対応していてはコストやセキュリティなどの設定が大変。安全・安心な高速光通信網サービスの敷設は不可欠です。契約するキャリアの選択肢も増え、変更も容易です。

経済性

配線系統が光に統合されるので、ランニングコストが軽減できます。

安全・安心なくらし

各戸のビデオドアホンや入口扉の遠隔施・解錠、さらには共用部分の映像監視などのネットワーク化も自営Netで構築可能。もちろん警備会社との連携で各戸・共用部分のトータルな警備も自営Netと公衆網を結ぶことで経済的に構築できます。

自営光ファイバー 4芯Net

エネマネ、スマートグリッド対応

環境課題に対応するために、共用部分で使用する電力をまかなう太陽光／ガス発電の敷設や居住者用電気自動車用充電スタンド設置、各戸の電気・ガス・水道などの自動検針やエネルギーマネージメント、さらにはスマートグリッドによる地域エネルギー管理・統制へも負担なく容易に対応できます。

不動産価値がアップ

今すぐに役立つだけでなく、10〜20年先の用途を見据えることで、資産価値の維持・向上に貢献します。余裕をみた先行配線で、都度の増設工事が不要になり、現時点では見えていない課題への対応や新しいサービスの導入が可能になります（例えば4K／8K放送への対応など）。

5) 標準的建築物情報化設備

- ● 自営設備として構築された光通信網（ファイバースペース※1も完備）
  電気・ガス・水道と同じように住戸内に引き込まれ、使用可能な第4のインフラ
- ● 4芯以上のFTTH（光ファイバーテープ）による専用配線
- ● 住戸内に住戸内機器収納スペース※2を確保
  （住戸内機器収納庫（19インチキャビネット）を設置対応することで容積率の緩和対象となる）
- ● この基本インフラをベースに関連する機器・外部ネットと接続
  必要に応じて各種ネットワークサービスを構築・利活用ができる。

例えば…

> スマートグリッド、情報通信分野、放送分野、防犯・防災分野、教育分野、医療分野などにおいて、新規提供されるサービスに対する機器接続対応が可能なネットワークインフラであること。

> ※ 責任分解点について
> 公衆回線 IP（光ファイバー）　NTT他　キャリア
> 構内配線（ファイバースペース含む）　光配線　建物所有者
> 住戸内　UTB（ただしONUはキャリア）　建物所有者

※1 ファイバースペース
情報通信集中管理室のこと。情報伝送を必要とする各種設備、提供サービスの基点となる制御機器および集合機器の設置スペース。棟内情報伝送（棟内ネットワーク）の基点となるスペース。

※2 住戸内機器収納スペース
住戸内に分電盤や光ファイバーを端末処理するための成端装置、光信号から住戸内メタル配線へ接続するための信号変換装置などの住戸内設備の制御機器を1箇所に設置し、住戸内情報伝送（住戸内ネットワーク）の基点となるスペース。

6) 標準的建築物情報化のネットワーク

光配線基盤を自営設備としてプリセット

ファイバースペース(容積不算入)※1

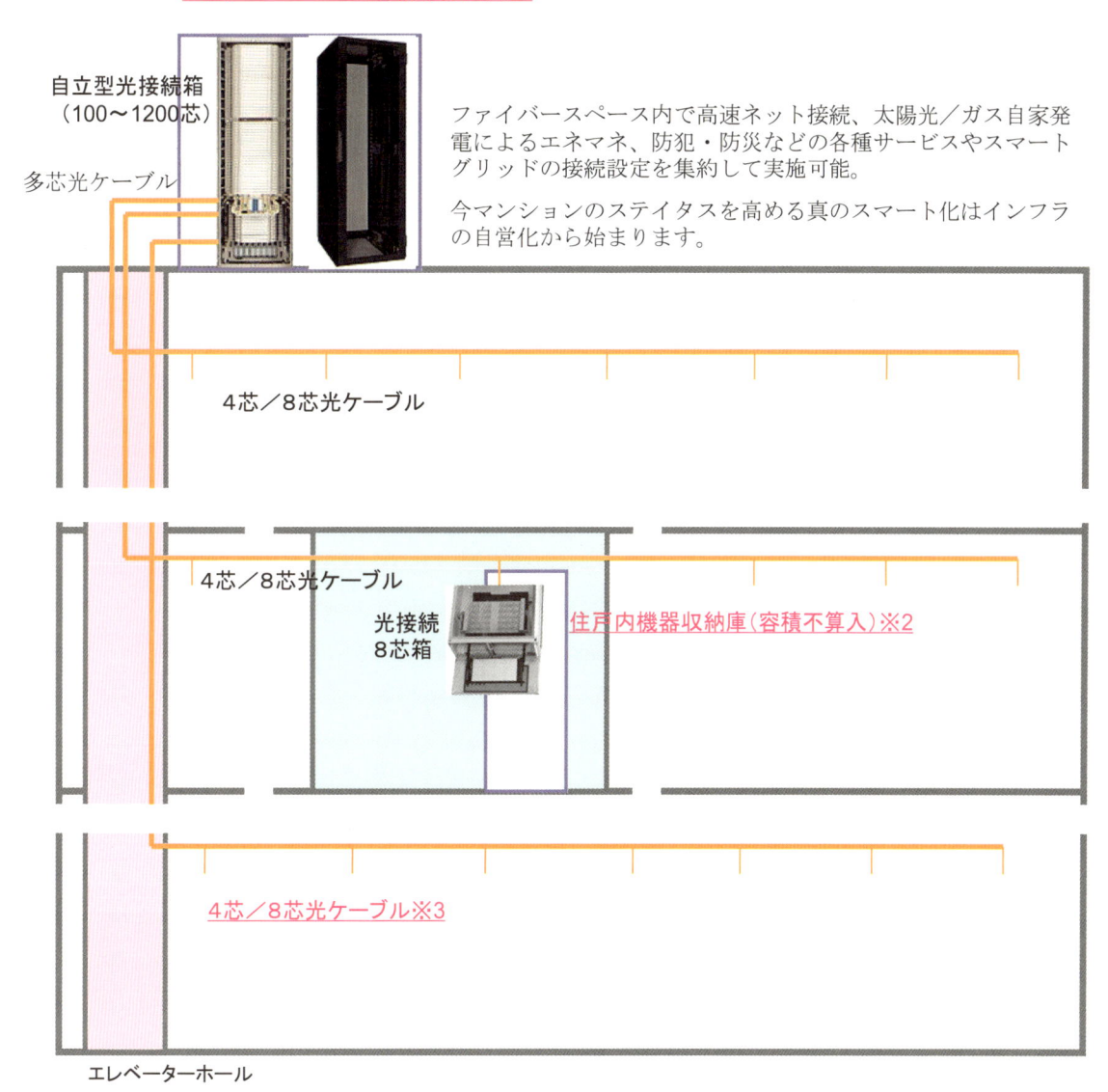

自立型光接続箱
(100～1200芯)

多芯光ケーブル

ファイバースペース内で高速ネット接続、太陽光／ガス自家発電によるエネマネ、防犯・防災などの各種サービスやスマートグリッドの接続設定を集約して実施可能。

今マンションのステイタスを高める真のスマート化はインフラの自営化から始まります。

4芯／8芯光ケーブル

4芯／8芯光ケーブル

光接続8芯箱

住戸内機器収納庫(容積不算入)※2

4芯／8芯光ケーブル※3

エレベーターホール

※1 ファイバースペースの容積不算入
ファイバースペースは電気通信事業の用に供する電気通信交換施設に該当することから、「建築基準法第52条第14項第1号に基づく容積率の制限を緩和」の対象となります。

※2 住戸内機器収納庫
SC48D国内委員会よりIEC国際規格及び国内JIS規格に住宅用規格サイズとして申請予定(経産省)の19インチキャビネット(W60cm×D30cm×H180～240cm)を住戸内機器収納庫として設置し、用途を限定した場合、「建築基準法第52条第14項第1号に基づく容積率の制限を緩和」の対象となります。

※3 4芯光ケーブル
ファイバースペース～各住戸内機器収納庫間を光ファイバー4芯テープ1～2本を各住戸の専用配線として敷設します。

第Ⅰ章 建築物情報化とは 17

7) 建築物情報化ネットワーク接続機器（例）

屋上　◆放送アンテナ

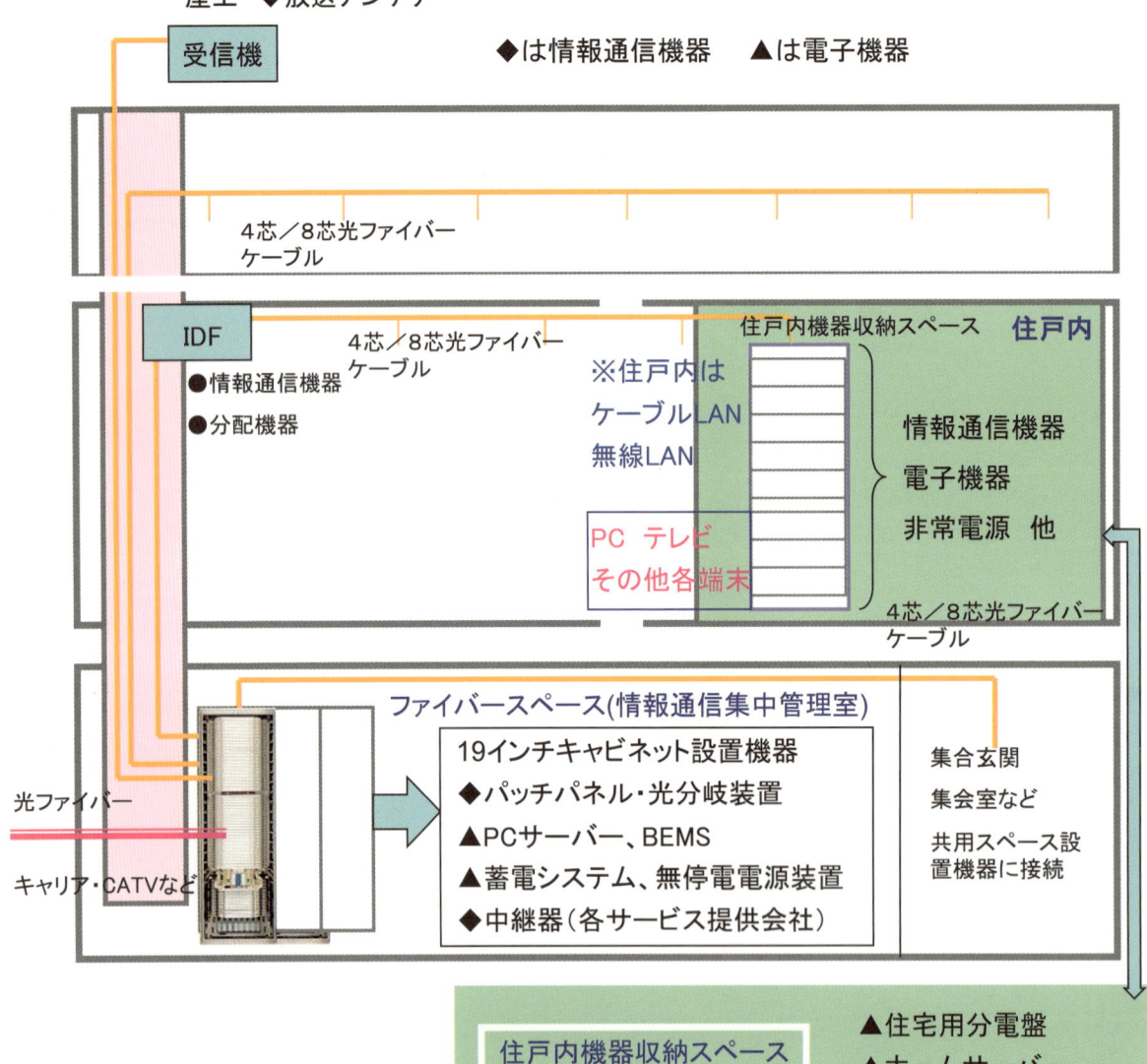

◆は情報通信機器　　▲は電子機器

受信機

4芯／8芯光ファイバーケーブル

IDF
●情報通信機器
●分配機器

4芯／8芯光ファイバーケーブル

住戸内機器収納スペース　　**住戸内**

※住戸内は
ケーブルLAN
無線LAN

情報通信機器
電子機器
非常電源　他

PC　テレビ
その他各端末

4芯／8芯光ファイバーケーブル

ファイバースペース(情報通信集中管理室)

19インチキャビネット設置機器
◆パッチパネル・光分岐装置
▲PCサーバー、BEMS
▲蓄電システム、無停電電源装置
◆中継器（各サービス提供会社）

光ファイバー

キャリア・CATVなど

集合玄関
集会室など
共用スペース設置機器に接続

住戸内機器収納スペース
設置機器詳細（例）

◆ONU
◆メディアコンバーター
◆各種メタル配線分配機器
◆フェムトセル（携帯受発信器）
◆無線LAN機器

▲住宅用分電盤
▲ホームサーバー
▲HEMS
▲防犯機器
▲防災機器
▲緊急地震速報機器
▲パワーコンデンサー
▲無停電電源装置
▲その他

光ファイバー敷設のメリット
・多目的利用に対応
・1TBまで対応できる大容量
・一括配線で線の交換・追加が不要
　（4芯×1～nの先行配線）

(2) 現状マンションで情報伝送が必要な設備

1) 電話
2) インターネット
3) 放送（地デジ・BS・CS）
4) 防災設備
5) 防犯設備

など、さまざまなサービス提供や機能を居住者が享受できる設備環境整備が標準仕様化しつつあります。

さらに、東日本大震災の経験から、

6) スマートグリッド関連設備

の導入も視野に入れて建築計画が立てられるケースが増えてきています。HEMS（ホームエネルギーマネージメントシステム）、太陽光発電システム、蓄電池などがその設備の一例です。

1)、2) は当然ですが、3) から 6) までの設備についても、実は情報通信技術（情報伝送）の上に成立する設備なのです。これら情報通信技術を必要とする住宅設備やサービス提供機器において、それぞれ設備、機器ごとに個別専用線（メタル線）がマンションの共用部に敷設されています。それら情報伝送用途の配線系統と配管を統合するのがマンション情報化です。

(3) マンション情報化の定義

(1)「建築物情報化の必要性」、(2)「現状マンションで情報伝送が必要な設備」を踏まえて、本書は、「マンションにおける建築物情報化」を「**最新設備の導入と今後の技術開発によって生まれる新しい設備導入に対応するための『マンション構内光ファイバー配線および関連付帯設備一式』を設置すること**」と定義します。

(4) マンション情報化の標準的仕様

本書の考えるマンション情報化については、標準的仕様をファイバースペース（詳細は第Ⅲ章3項(4)）からIDF盤（詳細は第Ⅲ章2項(4)）を経由して、各住戸の住戸内機器収納スペース（詳細は第Ⅲ章4項(1)）まで、各4芯光ファイバーを、共用部設備配線については、導入設備に対して必要芯線数を敷設した上で、ファイバースペース・IDF盤・住戸内機器収納スペースそれぞれに設置される配線接続などに係る付帯設備も含めた一式をもって、「マンション情報化設備」とします。さらに4芯の標準的芯線別用途は、①通信②放送③火災報知器④光LANとします。

あくまでも標準的仕様ですので、なぜ4芯のこの用途を標準的仕様とするのか、またそれ以外の芯線数構築の考え方などの詳細説明は、第Ⅲ章2項(2)を参照してください。

（5） 具体的マンション情報化の例示

1) マンション情報化設備の具体例図

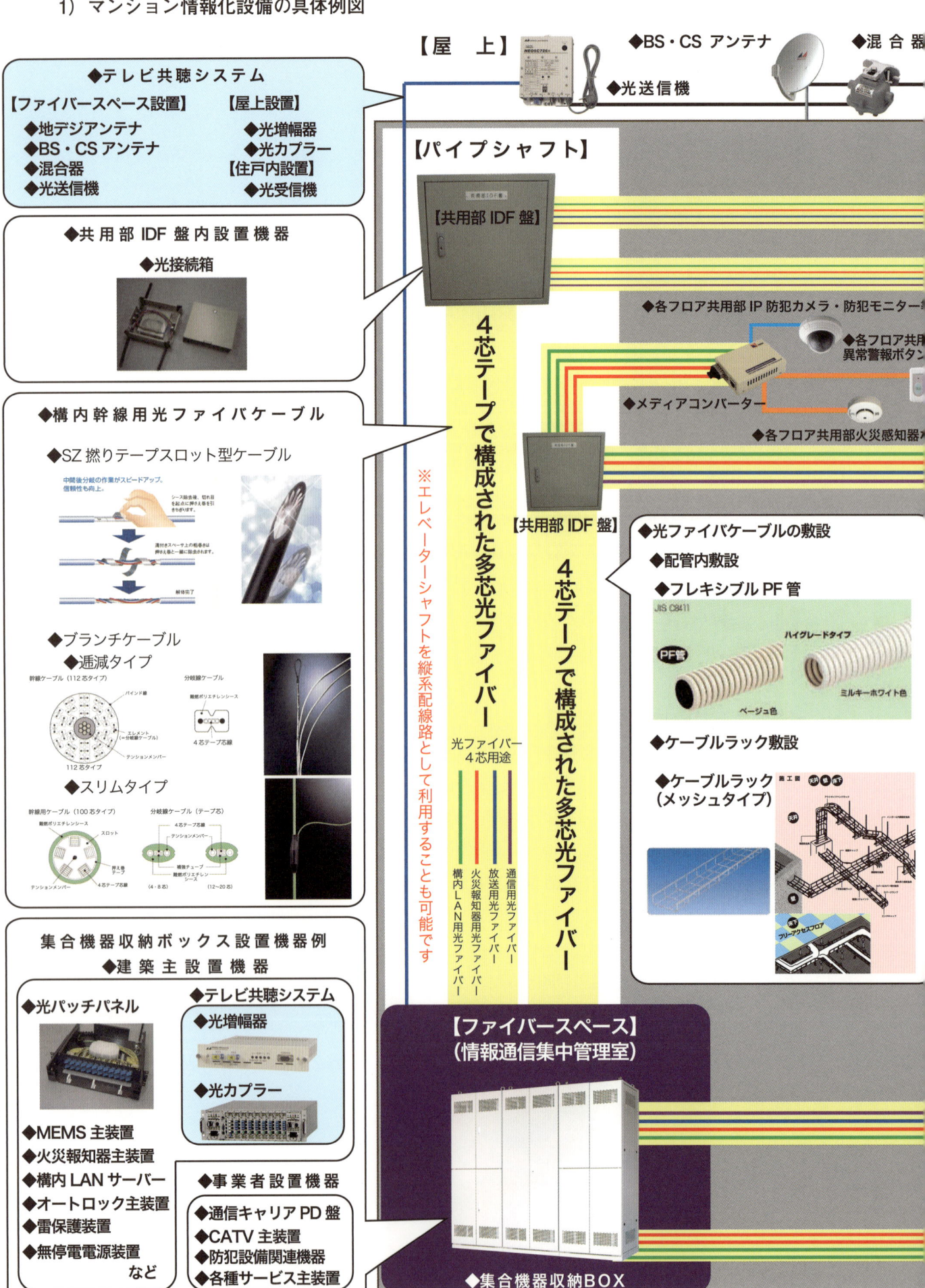

【屋上】　◆BS・CS アンテナ　◆混合器
◆光送信機
【パイプシャフト】

◆テレビ共聴システム
【ファイバースペース設置】　【屋上設置】
- ◆地デジアンテナ
- ◆BS・CS アンテナ
- ◆混合器
- ◆光送信機
- ◆光増幅器
- ◆光カプラー
【住戸内設置】
- ◆光受信機

◆共用部IDF盤内設置機器
- ◆光接続箱

【共用部IDF盤】

◆構内幹線用光ファイバケーブル
- ◆SZ撚りテープスロット型ケーブル
- ◆ブランチケーブル
  - ◆逓減タイプ
  - ◆スリムタイプ

※エレベーターシャフトを縦系配線路として利用することも可能です

4芯テープで構成された多芯光ファイバー

◆各フロア共用部IP防犯カメラ・防犯モニター
◆各フロア共用部異常警報ボタン
◆メディアコンバーター
◆各フロア共用部火災感知器

【共用部IDF盤】

◆光ファイバケーブルの敷設
- ◆配管内敷設
  - ◆フレキシブルPF管
- ◆ケーブルラック敷設
  - ◆ケーブルラック（メッシュタイプ）

光ファイバー4芯用途：
- 通信用光ファイバー
- 放送用光ファイバー
- 火災報知器用光ファイバー
- 構内LAN用光ファイバー

集合機器収納ボックス設置機器例
◆建築主設置機器
- ◆光パッチパネル
- ◆テレビ共聴システム
  - ◆光増幅器
  - ◆光カプラー
- ◆MEMS主装置
- ◆火災報知器主装置
- ◆構内LANサーバー
- ◆オートロック主装置
- ◆雷保護装置
- ◆無停電電源装置
- など

◆事業者設置機器
- ◆通信キャリアPD盤
- ◆CATV主装置
- ◆防犯設備関連機器
- ◆各種サービス主装置

【ファイバースペース】
（情報通信集中管理室）

◆集合機器収納BOX

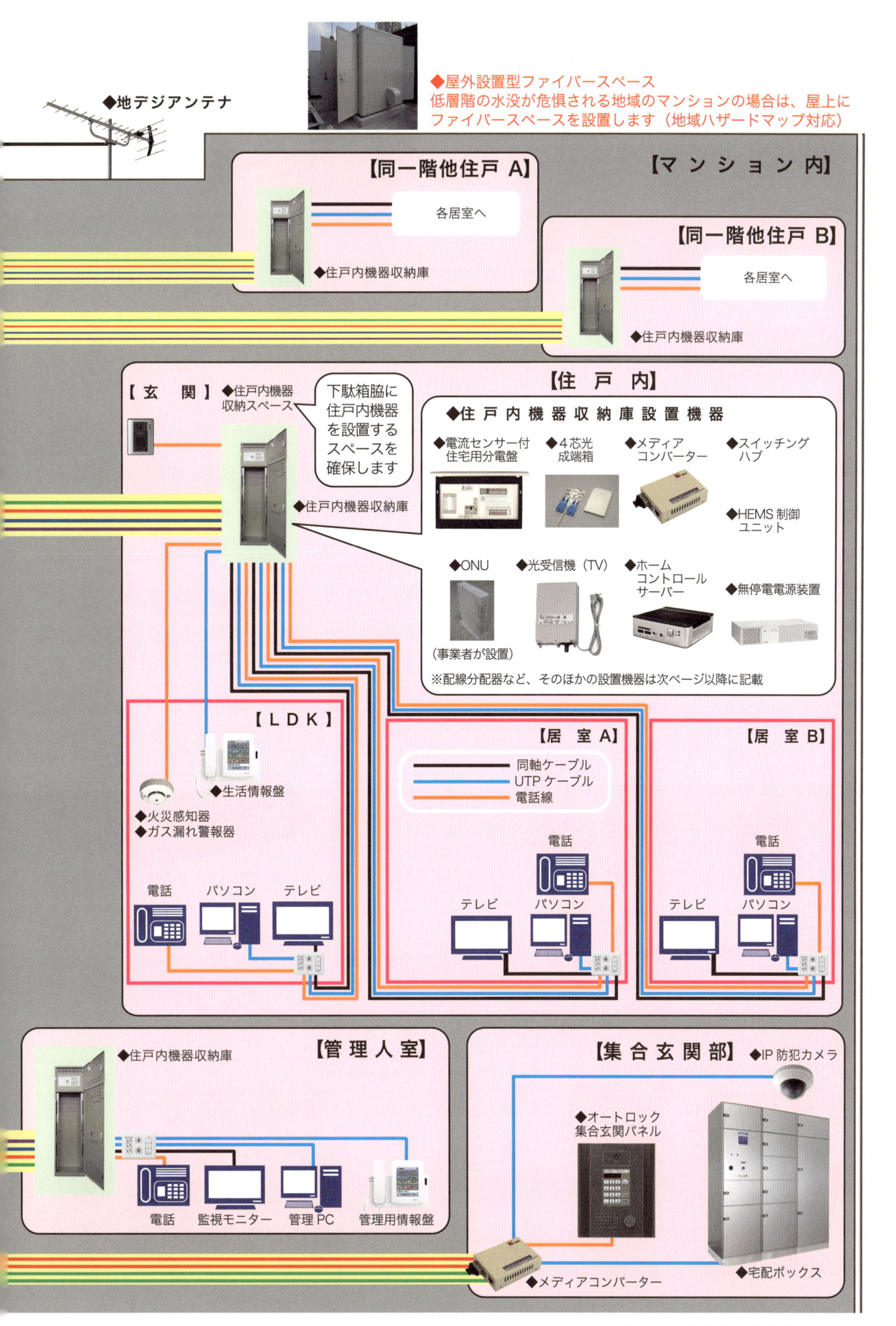

◆地デジアンテナ

◆屋外設置型ファイバースペース
低層階の水没が危惧される地域のマンションの場合は、屋上にファイバースペースを設置します（地域ハザードマップ対応）

【マンション内】

【同一階他住戸 A】
各居室へ
◆住戸内機器収納庫

【同一階他住戸 B】
各居室へ
◆住戸内機器収納庫

【玄関】
◆住戸内機器収納スペース
下駄箱脇に住戸内機器を設置するスペースを確保します
◆住戸内機器収納庫

【住戸内】
◆住戸内機器収納庫設置機器
◆電流センサー付住宅用分電盤
◆4芯光成端箱
◆メディアコンバーター
◆スイッチングハブ
◆HEMS制御ユニット
◆ONU（事業者が設置）
◆光受信機（TV）
◆ホームコントロールサーバー
◆無停電電源装置

※配線分配器など、そのほかの設置機器は次ページ以降に記載

【LDK】
◆生活情報盤
◆火災感知器
◆ガス漏れ警報器
電話　パソコン　テレビ

【居室A】
― 同軸ケーブル
― UTPケーブル
― 電話線
テレビ　パソコン　電話

【居室B】
テレビ　パソコン　電話

【管理人室】
◆住戸内機器収納庫
電話　監視モニター　管理PC　管理用情報盤

【集合玄関部】
◆IP防犯カメラ
◆オートロック集合玄関パネル
◆メディアコンバーター
◆宅配ボックス

第Ⅰ章　建築物情報化とは　21

2）具体例図詳細説明

● テレビ共聴システム

　屋上に設置された、地上デジタルアンテナとBS・CSアンテナによって電波で受信された放送信号は電気信号であるため、まず同軸ケーブルで両アンテナと混合機を接続し、両アンテナで受信された電波を混合して1本の同軸ケーブルで伝送できるようにします。その同軸ケーブルを光送信機に接続し、電気信号を光信号に変換します。アンテナ下に防水ボックスを設置し、電気コンセントと光送信機を設置します。

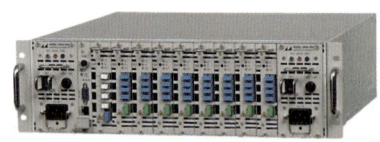

　写真は屋外設置型の混合器を掲載していますが、同ボックス内に混合器を設置するのであれば、屋内設置型の混合器でも構いません。屋上とファイバースペースに接続された光ファイバーケーブルで光送信機によって光信号に変換された放送信号を伝送します。ファイバースペースの集合機器収納ボックスには、光増幅器と光カプラーを設置し、光増幅器で光信号を増幅した上で、住戸数分に光ファイバーを分岐するための光カプラーに接続します。

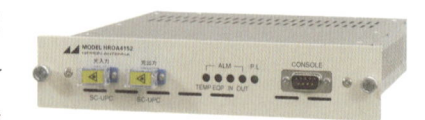

　分岐された光ファイバーを、光カプラーと光パッチパネルをパッチコードで接続することで、住戸内まで伝送できます。住戸内では住戸内機器収納庫内に設置された4芯光成端箱と光受信機を接続します。この際、4芯光成端箱の放送用途以外の差込口と光受信機を接続しても、放送信号を受信できませんので、まちがわないように留意してください。

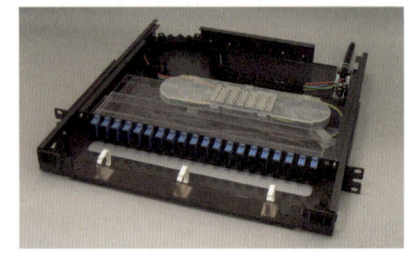

　光受信機は光信号を電気信号に変換する装置ですので、光受信機の出力は同軸ケーブルになります。この同軸ケーブルを住戸内機器収納庫に設置された同軸ケーブルの分配器に接続して、住戸内機器収納庫から各居室内テレビコンセントまでスター配線された同軸ケーブルがつながることで、放送信号の伝送環境が整います。

● 共用部IDF盤設置機器

　縦系統のパイプスペースに面した各フロア共用部に、幹線光ファイバーを各住戸専用4芯テープに分割するためのスペースを、IDF盤などの設置で確保します。IDF盤の中には光接続箱を設置し、幹線系（縦系）の光ケーブル（SZ撚りテープスロット型ケーブル）と、フロア系（横系）の4芯光ケーブルを融着接続し、融着部分と通過芯線を収納処理します。筐体を共用部

IDF盤内の木板にネジ止めするのが一般的です。

　一例として、最大25戸分（4芯×25戸で100芯）を接続できる箱の大きさの目安は280（W）×250（H）×100（D）mmです。

● 構内幹線用（縦系）光ファイバーケーブル

　マンション構内の幹線系（縦系）に敷設するための光ケーブルです。ファイバースペースと、途中階設置の共用部IDF盤をつなぎます。

① **SZ撚りテープスロット型ケーブル**

　各戸4芯引き込みで25戸分を1度にまかなえる100芯ケーブルでも、外径が1cm強（11.5mm程度）と細いため、小さなスペースにたくさんの光ファイバーを敷設できるのが特徴です。また、メーカーの標準在庫が利用できる場合が多いため、納期面や経済面でもメリットがあります。一方、共用部IDF盤ではケーブル外被やファイバーの押え巻きテープを除去し、スロット（溝）の中から分岐した光ファイバーだけを取り出す中間後分岐作業が必要となります。また、共有部IDF盤内で、フロア系（横系）の光ケーブルと接続するための、光接続箱が必要となります。

② **ブランチケーブル（逓減タイプ）**

　幹線系（縦系）からフロア系（横系）のケーブルまでをあらかじめ工場で製造しておく光ケーブルです。自動車のワイヤーハーネス（＝組み電線）のように、フロア系ケーブルを幹線系のどの高さでどのくらいの長さを出すのか、物件ごとの配線系統図をもとにケーブルの設計をしておく必要がありますので、ケーブルが高価となる上、各戸4芯引き込みで25戸分をまかなう100芯ケーブルで外径が約20mmと太くなります。

　ただし、①のSZ撚りテープスロット型ケーブルのように共用部IDF盤内での中間後分岐作業や光接続箱が不要となり、現場工事の負担が減るメリットがあります。

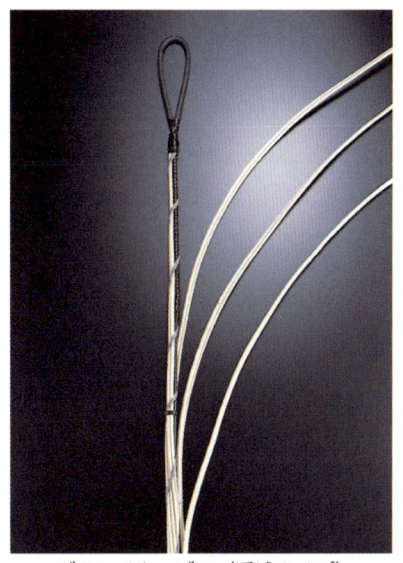

③ **ブランチケーブル（スリムタイプ）**

　②の逓減タイプと同様、幹線系（縦系）からフロア系（横系）のケーブルまでをあらかじめ工場で製造しておく光ケーブルです。幹線系部分は①のテープスロット型ケーブルを使うため、各戸4芯引き込みで25戸分をまかなう100芯ケーブルで外径が1cm強（11.5mm程度）とスリムなことが特徴です。

　ただし、途中階での分岐、すなわちフロア系との接続は基本、最大5戸分[※]の制約があり、現場工事やIDF盤内設置の光接続箱が不要となる半面、ケーブル自体は高価となります。

※　テープスロット型ケーブルの1溝分、すなわち4芯テープ5枚（＝5戸分）が、1カ所で分岐できる最大芯数。

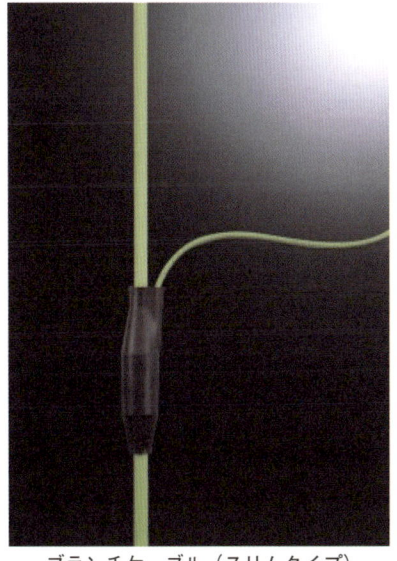

SZ撚りテープスロット型ケーブル

ブランチケーブル（逓減タイプ）

ブランチケーブル（スリムタイプ）

● 屋外設置型ファイバースペース

　水没リスクを回避する必要があるため、ファイバースペース設置位置は地域ハザードマップを参考に設置階を決定しますが、新築・既存いずれのマンションにおいても、途中階にファイバースペースを設けることは難しいと考えられます。特に既存マンションの場合、水没リスクのない地域であっても、敷地面積に余裕がないケースでは、ファイバースペースを屋上階に新設することになります。その際に屋外設置型のファイバースペースを設置することも可能です。

屋外設置型ファイバースペース

● 集合機器収納ボックス

　ファイバースペースに設置されるW800×D800×H2000（mm）の19インチキャビネットを指します。マンション情報化設備の建物側設備とサービス提供事業者の提供サービスの主装置が設置されます。電源を使う機器も設置されることから、無停電電源装置（UPS）や雷保護装置を設置することを忘れてはいけません。

集合機器収納ボックス（3連）

● 集合機器収納ボックス設置機器

① 光パッチパネル

　幹線系（縦系）光ファイバーケーブルをファイバースペース側で成端するためのパッチパネルです。前面が光ファイバーケーブルをコネクター接続できるパッチパネルになっており、2Uで最大100ポート、すなわち各戸4芯引き込みの場合は1台で最大25戸分のコネクタポートを備えることが可能です。幹線系（縦系）ケーブルをコネクター成端するために、別途4FO（ファンアウト）コードを調達するか、メーカーにてあらかじめ成端されているプレ配線タイプを選択することも可能です。

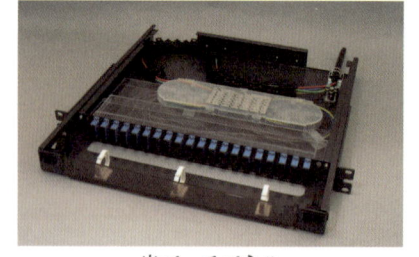

光パッチパネル

② MEMS（マンションエネルギーマネージメントシステム）主装置

　各住戸および共用部を含めたマンション全体のエネルギーをコントロールするマンションエネルギーマネージメントの主装置を設置します。MEMS主装置は各住戸4芯光ファイバーケーブルのうち、構内LAN用の光ファイバーに構内LANサーバーを介して接続し、住戸内設置のHEMS制御ユニットとの相互情報伝送を行います。

③ 火災報知器主装置

　各住戸および共用部を含めたマンション全体に設置された、煙感知器や発報装置などの火災報知関連機器をコントロールするための主装置を設置します。各住戸4芯光ファイバーケーブルのうち、火災報知器用の光ファイバーに接続し、住戸内設置機器に接続されます。共用部設置機器についても、共用部火災報知器用光ファイバーで接続します（各住戸の場合は住戸内機器収納庫に、共用部の場合は機器設置個所付近にメディアコンバーター（信号変換器）を設置します）。

④　構内 LAN サーバー

　構内 LAN の主装置となるサーバーを設置します。MEMS をはじめとするマンション全住戸で享受すべき提供サービスの主装置については、このサーバーを介して構内 LAN 経由で各住戸の住戸内機器に接続されます。

⑤　オートロック主装置

　集合玄関のオートロック設備の主装置が設置されます。オートロック主装置は、各住戸 4 芯光ファイバーケーブル敷設の場合、構内 LAN 用の光ファイバーに構内 LAN サーバーを介して接続し、メディアコンバーターで信号変換した上で、住戸内設置の生活情報盤や玄関呼び鈴などに接続されます。各住戸 8 芯敷設の場合であれば、専用線扱いで利用することも可能です。

⑥　雷保護装置

　電源を必要とするファイバースペース内設置機器は、落雷によって壊れるといったリスクが生じます。雷保護装置を設置し、落雷による異常高電圧から設置機器を保護する対策が必要です。

⑦　無停電電源装置（UPS）

　停電時に機器の機能不全および突発的な電源オフによる機器故障を防ぐために、無停電電源装置の設置が必要です。なお、住戸内の火災感知器などの電源を確保する場合は、消防法の認定品を使用する必要があります。

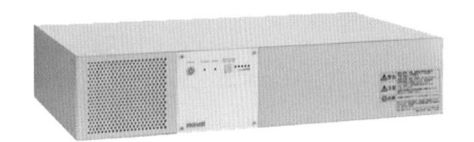

無停電電源装置

⑧　自家発電設備・蓄電システム

　長時間の停電などの非常時にサーバーなどが稼働できるようにするために、自家発電装置または蓄電システムの設置が必要です。ただし、無停電電源装置を併用設置する場合、システム上の配慮が必要です。なお、火災報知器主装置の非常電源となるため、消防法の認定品を使用する必要があります。

⑨　通信キャリアの PD 盤

　通信キャリアが提供するインターネット接続サービス引き込み線を成端する PT 盤およびスプリッター（光ファイバー分岐装置）が設置されます。通信キャリアとインターネット接続サービスの個別契約を締結した住戸に向かう 4 芯光ファイバーケーブルのうち、通信用の光ファイバーにスプリッターで分岐された光信号を入力させるために、スプリッターと光パッチパネル間を光パッチコードで橋渡しします。なお、住戸内機器収納庫に ONU（回線終端装置）がレンタル設置されることで、住戸内 LAN への接続が可能になります。

⑩　CATV 主装置

　本書の具体例では、アンテナによる TV 共聴システムで構成されていますが、地域のケーブルテレビ（CATV）事業者の多チャンネル放送サービスの提供を享受することも可能です。ただし、CATV 事業者の引き込みケーブルが光ファイバーケーブル以外の場合、事業者側でマンション構内を光ファイバーで信号伝送するための信号変換装置の設置が必要となることを、CATV 事業者に伝える必要があります。

⑪　防犯設備関連機器

　防犯カメラで撮影された映像を保存するサーバーや異常検知による発報などを行うための主装置が設置されます。各住戸 4 芯敷設の場合は、構内 LAN 用の光ファイバーに構内 LAN サーバーを介して接続し、メディアコンバーターで信号変換した上で、住戸内設置の各種防犯センサーな

どに接続します。各住戸8芯敷設の場合であれば、専用線扱いで利用することも可能です。

⑫ **各種サービス主装置**

宅配ロッカーをはじめとする、現存提供可能な安全・安心・利便性の向上に関する各種サービス、機器のほか、今後提供が予想される医療、介護、教育などさまざまな分野の提供サービス、設備機器についても、主装置が集合機器収納ボックス内に設置されます。これら各種サービスについても、マンション全体で享受するサービスについては、各住戸4芯敷設の場合は、構内LAN用の光ファイバーに構内LANサーバーを介して接続し、住戸内機器収納庫設置のメディアコンバーターで信号変換した上で、端末機器に接続されます。

宅配ロッカー

● **住戸内機器収納庫設置機器**

住戸内機器収納スペースを設置するのは、保守維持管理の観点から、「今後の建築物は各種住戸内設備の機器端末接続の基点となるスペースを確保すべき」との考え方によるものです。本書の具体例では、住戸内機器収納スペースに設置することで設置床面積が容積率緩和の対象となる住戸内機器収納庫（薄型19インチキャビネット）を設置することを前提として、住戸内機器収納庫に設置する機器を例示しています。

① **電流センサー付き住宅用分電盤**

ホームエネルギーマネージメントシステム（HEMS）は、住戸内の電力の使用状況を把握し、使用状況に則った電力制御を行うことから、建築物情報化設備で設置する住宅用分電盤については、電流センサー付き住宅分電盤の採用を標準的仕様と考えます。さらに、住戸内においても、落雷による異常高電圧から電源利用機器・製品を保護する雷保護装置機能も住宅用分電盤の最低必要条件と考えます。したがって、既存マンションなどで住宅用分電盤を交換しない場合においても、電流センサーと雷保護装置を分電盤に追加取り付けするなどの対応が必要です。電流センサーで収集した電力使用情報を⑥のHEMS制御ユニットに伝送させるシステム構成にします。

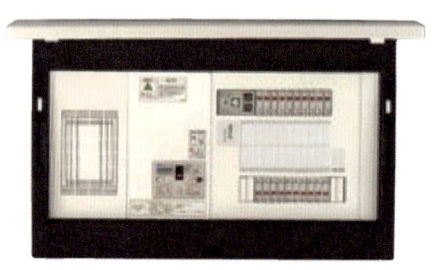

住戸内機器収納庫
（電流センサー付き住宅用分電盤一体型）

② **4芯光成端箱**

4芯光ファイバーケーブルを住戸内で成端（＝コネクター取り付け）するための小型箱を設置します。住戸内機器収納庫内で、この光接続箱と4芯用途別の信号変換装置を光パッチコードで接続します。

電流センサー付き住宅用分電盤

4芯光成端箱

③ メディアコンバーター

構内LAN、火災報知器用の光ファイバーケーブルの住戸内設置機器端末に対する接続は、メタル線になるため、各種メタル配線接続となるメディアコンバーター（信号変換器）を設置します。

メディアコンバーター

④ スイッチングハブ

メディアコンバーターやONUで変換され、LANケーブル接続となった配線を各居室コンセントや設置機器へ接続するために、LAN配線を分岐するスイッチングハブを設置します。

⑤ ホームコントロールサーバー

マンション全住戸で享受する提供サービスや設備機器を制御するコントロールサーバーを設置します。このコトロールサーバーは構内光LANの子サーバーとして、集合機器収納庫設置の構内LANサーバーを親サーバーとして接続し、構内ネットワークを構築します。

ホームコントロールサーバー

⑥ HEMS制御ユニット

①、⑦、⑧の電流センサーから電力情報を定期的に収集し、電力の見える化などの省エネルギーに貢献するユニットです。電力情報収集サーバーに送信する機能を持ちます。法律上の規制緩和などの課題が解決されれば、収集した電力情報をもとに、エネルギーの効率化を自動的に制御するユニットとなります。

⑦ クランプ型電流センサー（既存マンションのHEMS対応機器）

分電盤の主幹ブレーカーへ接続して、家全体の概算総消費電力量を算出できる、電池駆動タイプの電流センサーです。CTクランプ部分を電線へ挟み込むかたちで設置します。

⑧ タップ型電流センサー（既存マンションのHEMS対応機器）

接続した家電製品の消費電力を計測するための、住戸内のコンセントに設置するタップタイプの電流センサーです。本製品は住戸内機器収納庫に設置する機器ではなく、住戸内のコンセントに差し込み設置する機器です。収集した電力情報を無線でHEMS制御ユニットに伝送します。

⑨ 光受信機（TV）

TV共聴システムでの説明と重複しますが、各住戸に4芯（以上）敷設された芯線のうち、放送用の光ファイバーで伝送されてきた放送信号（光信号）を各居室設置のTVと接続するために信号変換して同軸ケーブル（電気信号）で出力する光受信器を設置します。光受信器で出力される放送信号（電気信号）を伝送する同軸ケーブル分配器も設置します。各居室にスター配線するために居室分の分配ができる分配器を取り付けます。

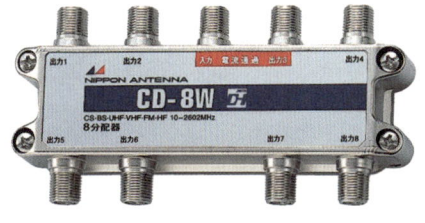

光受信器（TV）

同軸ケーブル分配器

第Ⅰ章　建築物情報化とは　27

⑩ ONU（回線終端装置）

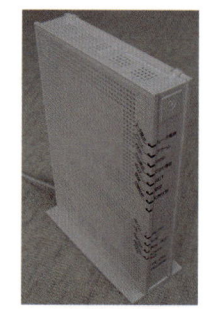

　通信キャリアがインターネット接続サービスを提供するにあたって、事業者が設置する機器です。住戸内機器収納庫内で、4芯光成端箱の通信用光ファイバーのポートへ光接続し、本製品で信号変換されてLAN接続になりますので、スッチングハブと接続して、各居室情報コンセントに接続されます。

　なお、本製品については、無線LANカードを差し込むことで住戸内無線LAN環境を整えることも可能ですし、別途スイッチングハブの代わりに無線LANルーターを設置して無線LAN環境を整えることも可能です。また、通信キャリアのオプションサービスで固定電話を利用することも可能で、回線終端装置の電話線接続ポートと電話端子板を電話線でつなぎ、各居室電話コンセントに接続します。

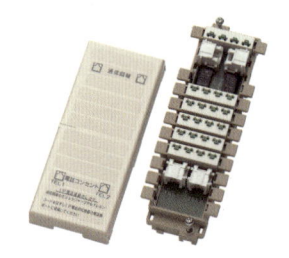

回線終端装置

電話端子板

⑪ 蓄電システム

　停電時に最低限の情報収集が行えるように住戸内機器収納庫の電源を確保する蓄電システムを設置します。住宅用分電盤からの電力供給が遮断された場合でも、最低限ONUやLANルーターの電源を確保できるだけの容量をもった蓄電システムを設置します。

⑫ マルチメディアコンセント（各居室設置設備）

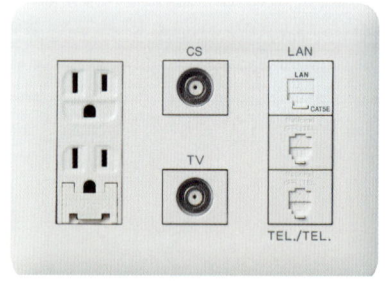

　住戸内機器収納庫から各居室の配線の成端には、最低でも1つをマルチコンセントで成端します。将来的にさまざまな提供サービスが住戸別に契約されることが予想され、その際、設置端末機器の接続をどの居室でするかわかりませんので、電力供給線、同軸ケーブル、LANケーブル、電話線を一体とするマルチコンセントを各居室に最低1つは設置するという考え方です。

マルチメディアコンセント

● 光ファイバーケーブルの敷設

① 配管内敷設

　パイプシャフトに敷設する際、光ファイバーケーブルは、メタルケーブルに比べて寿命は長いものの、構造物の長寿命化を推進している日本の現状を考えれば、経年劣化による光ケーブルの交換も視野に入れて敷設する必要があります。配線交換を可能にするには、配線管路を確保することです。各住戸に配線する4芯以上の光ファイバーケーブルは火災報知器用の配線を含むことから、パイプスペース内に難燃性のPF管を配管します。また、光ファイバーは曲げに弱いため、フレキシブルタイプのPF管を使用します。

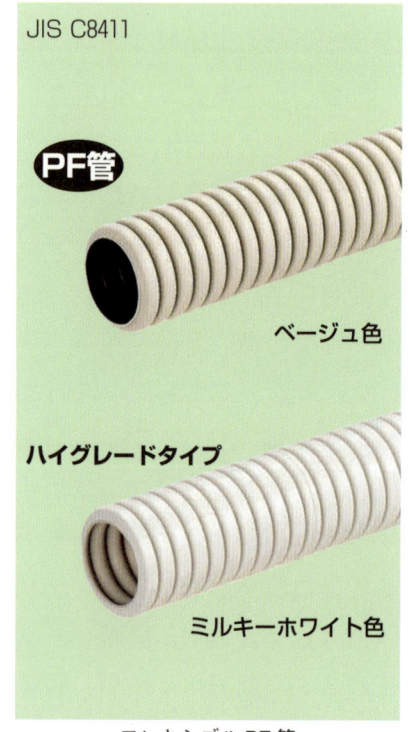

JIS C8411

PF管

ベージュ色

ハイグレードタイプ

ミルキーホワイト色

フレキシブルPF管

② ケーブルラック敷設

タワーマンションなど大規模マンションに敷設する場合、パイプシャフト内に右の図に示すようにケーブルラックを設置し、光ファイバーケーブルを直接敷設します。各住戸に配線する4芯以上の光ファイバーケーブルは、火災報知器用の配線を含むことから、難燃シースで保護された光ファイバーケーブルを使用します。

③ エレベーターシャフト内敷設

既存パイプスペースに余裕がない既存マンションや屋上にファイバースペースを設置するマンションにおいては、エレベーターシャフトを縦系のパイプスペースとして活用することが可能です。エレベーターシャフトを利用した縦系ルートの構築にあたっては、以下の点に留意する必要があります。

・コンクリート壁の貫通穴系

ダイヤモンドカッターによる40 mmφの貫通穴を標準としています。防火仕様のタッチインを壁の両側から取り付け、耐火性能を確保します。また、カッター使用にあたっては事前にX線による鉄筋位置の確認が必要です。

・ダクターへのメッセンジャーワイヤー敷設

ダクターへ直径3.2 mm以上の鋼撚り線（メッセンジャーワイヤー）を敷設し緩まないように張力をとります。各階ごとにダクターチャネルを取り付け、ケーブル支持金物（ケーブラー）で把持し、ケーブルを支持できるようにします。

・ケーブル敷設方向

ケーブル敷設する方向は、最上階からケーブルを下ろしながら敷設する方法と、上階へ向かって敷設する方法があります。現場の状況、敷設する階層により検討をすることが重要です。

・光ファイバーケーブルのほう縛

フロアごとにインシュロックでメッセンジャーワイヤーへ留めます。高速エレベーターは1.5 mピッチで、高速エレベーター以外は3 mピッチでほう縛します。

・光ファイバーケーブルの蛍光表示

反射率の高いシールを貼り付けます。さらに、横系光ファイバーにもシールを貼り付け、判別可能とすることが必要です。

④ 共用部IDF盤から住戸内への敷設

IDF盤から住戸内機器収納庫までは、各住戸別の専用配管を敷設し、通線敷設します。IDF

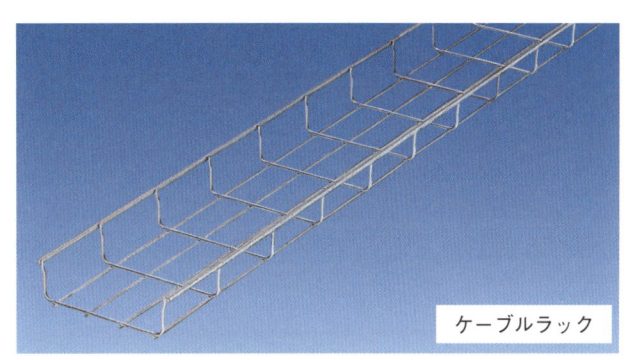

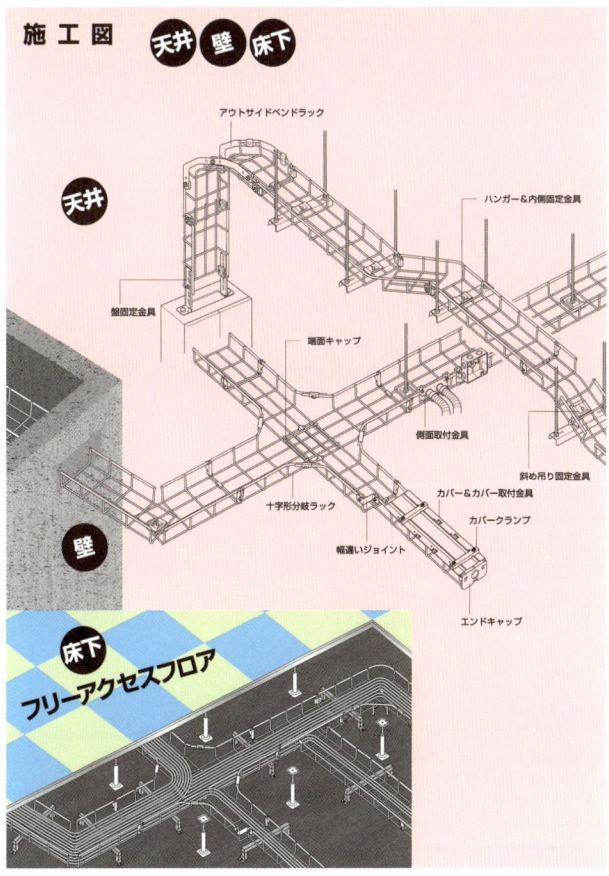

盤内で分割された各住戸専用 4 芯（以上）光ファイバーケーブルを住戸内機器収納庫まで敷設し、4 芯光成端箱に接続します。

(6) スマートマンションの定義（提案）

> ## 「スマートマンション」の定義の提案

　過去、インテリジェントマンション、光マンションなど、いろいろなマンションの名称がありましたが、いずれも明確な定義がないことから、同じ名称であっても内容に大きな隔たりがあったといわざるを得ません。そういった観点から、本書では、スマートマンションと称するマンションについて、以下の定義を提案します。

> ✓ **HEMSおよびMEMSを有するマンション**
> 　スマートグリッド環境対応型のマンションであること。
>
> ✓ **建築物情報化設備を有するマンション**
> 　マンション共用部にファイバースペース[※1]、各住戸内に住戸内機器収納スペース[※2]を設置し、ファイバースペース〜各住戸間に4芯以上の住戸専用光ファイバー配線を敷設し、通信、放送、防犯、防災、医療などさまざまな業界のサービス提供が享受できる光配線インフラが整備されているマンションであること。
>
> ✓ **非常電源設備を有するマンション**
> 　停電などの非常時に機能不全に陥ることのないように自家発電設備や蓄電池などの設置といった、非常時に電力確保できる設備が設置されているマンションであること。

　東日本大震災以降、日本のマンションにおける非常時の電力供給の確保と、エネルギーマネージメントを行うにあたって、情報通信設備の設置は、必要不可欠であるとの考えにもとづいて、本書では上記3点の条件を満たすマンションを「スマートマンション」とすることを提案します。

> **※1 ファイバースペース**
> 情報通信集中管理室のこと。情報伝送を必要とする各種設備、提供サービスの基点となる制御機器および集合機器の設置スペース。棟内情報伝送（棟内ネットワーク）の基点となるスペース。

> **※2 住戸内機器収納スペース**
> 住戸内に分電盤や光ファイバーを端末処理するための成端装置、光信号から住戸内メタル配線へ接続するための信号変換装置などの住戸内設備の制御機器を1カ所に設置し、住戸内情報伝送（住戸内ネットワーク）の基点となるスペース。

2. 現状の設備配線と情報化設備配線の比較

（1） マンション敷設の情報伝送配線

現状のマンションにおいて、前項1の（1）の1）から6）までの設備対応でどんな情報伝送配線が敷設されているのか解説します。

1) 電話

電気通信事業者の局舎から住戸内の電話機まで電話線（メタル線）で接続されて、情報の伝送が行われています（この電話配線を利用してADSLとよばれるアナログ信号によるインターネット接続サービスも提供可能であり、ADSL利用IP電話も利用することが可能。ただし、050で始まる電話番号になります）。

2) インターネット

電気通信事業者の局舎からマンション共用部にあるMDF盤（情報化設備ではファイバースペース。以下同じ）まで光ファイバーケーブルで接続されています。マンション構内では、マンションによって、下記①～③の3種類のうち1種類か2種類の方式が採用され、方式別の配線が活用されています（IP固定電話の利用が可能です。基本的にアナログ固定電話と同じ電話番号を利用することが可能です）。

① 光配線方式

利用可能な配管を利用して電気通信事業者が自社所有の配線として敷設する光ファイバーケーブルでサービス提供をしています。住戸内に光信号を電気信号に変換する装置（ONU）が事業者によって設置されます。ONUとPCなどの端末接続は、UTPケーブルか無線接続になります。電気通信事業者が各住戸まで光ファイバーケーブルを敷設できる配管の用意がされていなければ、光配線方式でのサービス提供はされません。

② LAN方式

電気通信事業者がMDF盤やその付近にラックを設置して、光信号から電気信号に変換し、各住戸に振り分ける装置を設置し、住戸内まで配線されたUTPケーブル（通称LANケーブル）を利用してサービス提供を行っています。LAN方式の場合、ほかの方式と違って、住戸内に取り付ける電気通信事業者のレンタル装置は必要がなく、LANコンセントからPCや無線ルーターにUTPケーブルを接続して利用します。

③ VDSL方式

電気通信事業者がMDF盤内や盤付近にラックを設置して、光信号から電気信号に変換し、各住戸に振り分ける装置（VDSL装置）を設置し、住戸内まで配線されたツイストペアケーブルを利用してサービス提供を行っています。住戸内では、電話線のモジュラージャック付近にVDSL住戸内装置が事業者によって設置され、電話線で接続されます。住戸内装置からは、UTPケーブルでPCや無線ルーターに接続して利用します。

3) 放送（地デジ・BS・CS）

放送用の配線は、アンテナ利用の場合はアンテナから各住戸、CATV事業者供給の場合はMDF盤から各住戸まで、基本的には同軸ケーブルが利用されていますが、敷設距離が長距離になる大型のマンションでは、すでに光ファイバーケーブルを敷設しています（CATV事業者による多チャンネル放送のサービス提供がされているマンションでは、この同軸ケーブルを利用し

たインターネット接続サービスも提供されています。また、CATV 局舎からマンション共用部 MDF 盤まで同軸ケーブルではなく、光ファイバーケーブルを敷設してサービス提供を行っている事業者もあります)。

＊ CATV 事業者の引き込み線が同軸ケーブルの場合、CATV 事業者の放送サービスは提供可能ですが、通信サービスは提供できません。

4) 防災設備

代表的な防災設備は火災報知器ですが、火災報知器が火災を感知するためには、煙感知器や熱感知器といったセンサー装置が必要となります。これらの装置は、煙や熱を感知したら、発報装置に情報を伝送しなければなりませんので、その配線は電話線と同じメタルケーブルを利用しています。ただし、火災報知器に関しても、伝送距離が長距離となる大型マンションにおいては、共用部伝送路に光ファイバーケーブルをすでに利用しています。

5) 防犯設備

防犯カメラは、ビデオカメラで撮影した映像を管理人室などのビデオデッキや HD レコーダーに保存するために伝送を行う同軸ケーブルか LAN ケーブルが敷設されています。

また、オートロックシステムも防犯設備です。オートロックシステムは、集合玄関、管理人室（集合施設）、住戸インターホン、住戸玄関呼び鈴（カメラ付きも含む）で構成され、音声や映像の情報をそれぞれが双方向通信するものです。インターホンが多機能になっていることから、その機能によって、配線はツイストペアケーブルの 2 ペアケーブル・3 ペアケーブル・LAN ケーブル（Cat5e）や光ファイバーケーブルが端末機器レベルに合わせて利用されています。

6) スマートハウス関連設備

エネルギーが、なぜ情報通信と関係あるのか？　と思われるかもしれませんが、HEMS（ホームエネルギーマネージメントシステム）は住戸内の電力利用情報を収集し、人感センサーや音感センサーなどを活用して、リアルタイムで必要としないむだな電力を自動的に制御することが可能なシステムです。現状は、法律上の規制によって「使用電力の見える化」といった、住戸内で人為的に電力制御するためのシステムとなっていますが、今後、法律改正が前提となるものの、自家発電設備や電力供給事業者と各住戸間の双方向通信によって、高効率なエネルギー供給（コントロール）も可能になります。

さらにマンションの場合、HEMS に集められたマンションの各住戸の電力利用情報と共有部の電力利用情報を MEMS（マンションエネルギーマネージメントシステム）に情報伝送して、マンション全体の電力利用をリアルタイムでコントロールできる技術なのです。すなわち、情報収集できても、情報伝送ができなければなにも始まらないのです。したがって、マンション内に情報伝送するネットワーク配線が必要になるのです。現状、そのマンション構内にネットワーク配線が存在しないことから、情報伝送を各住戸からインターネット経由でといった考え方がされていますが、電力使用量のような在宅・不在宅の判断ができてしまう、極めてデリケートな「リアルタイム個人情報」をセキュリティの甘いオープンネットワークで、しかもセキュリティレベルに個人差が出てしまう、個別契約のインターネット経由にすることは大きな問題点であるといわざるを得ません。その問題点を解消するためにも、建築物情報化設備が重要なものになってきます。

(2) 配線種類の比較

現状の建築物で各種弱電設備の配線として利用されているメタルケーブルと光ファイバーケーブルを比較してみます。

1) メタルケーブル

芯線に金属材料を用いたケーブルで、電力供給や情報伝送などに用いられています。銅などの金属でできた芯線をシースと呼ばれる被覆で覆った構造になっており、芯線に電気が流れます。したがって、情報伝送の場合は電気信号が流れます。

メタルケーブルは内部構造によって、ツイストペアケーブルと同軸ケーブルに分類されます。芯線の材料には主に銅線が使われます。

メタルケーブルの特性として、周波数が高くなるほど、また、伝送距離が長くなるほど信号が減衰するということがあげられます。基本的に、敷設距離が100 mを超える場合、増幅器などの設置が必要となります。また、ノイズにも弱く、自らが流す電流による電磁波や外部からの電磁波の影響を受けやすいケーブルです。

① ツイストペアケーブル（UTPケーブル）

ツイストペアケーブルとは、撚り対線ともいい、電線を2本対で撚り合わせたケーブルです。撚り対線1組のツイストペアケーブルよりも2組のツーペアケーブル、3組のスリーペアケーブルと組数の多いケーブルが情報伝送能力に優れており、撚り対線4組で構成されて、両端にRJ-45コネクタという8極8芯のモジュラージャックを取り付けてパソコンなどの機器に接続されるケーブルを通称LANケーブルといいますが、LANケーブルもツイストペアケーブルの1種なのです。ちなみにLANとは、ローカル（L）・エリア（A）・ネットワーク（N）の略で、LANケーブルとは「ローカルエリアネットワークを構築するための配線」を意味する呼称であり、配線の種類を指すものではありません。

② 同軸ケーブル

同軸ケーブルとは、断面が同心円を何層にも重ねたような形状のため、このように呼ばれています。マンションでは、主にテレビ視聴用のケーブルや、防犯カメラ用の配線として使われています。

銅などでできた芯線（内部導体）をポリエチレンなどの絶縁体で包み、さらに細い導線を編んだ網状の編組線と呼ばれるシールド層（外部導体）で包み、最後に外側をビニールなどの保護被覆で覆った構造になっています。電気信号は芯線を流れます。編組線が外界からの電磁波を遮断するため、減衰やノイズを低く抑えることができ、内部からの電磁波の漏洩も少ないケーブルですが、中間で増幅器を使わない限り、伝送距離は100 mが限界です。

2) 光ファイバーケーブル

ガラスやプラスチックの細い繊維でできている、光を通す情報伝送ケーブルです。非常に高い純度のガラスやプラスチックが使われており、光をスムーズに通せる構造になっています。光ファイバーケーブルを使って情報伝送を行うには、接続機器の電気信号を、レーザーを使って光信号に変換し、できあがったレーザー光を光ファイバーに通してデータを伝送します。伝送を光信号で行うため、電気ノイズの影響を受けません。

① シングルモード光ファイバーケーブル

光ファイバー内の伝搬経路（モード）が1つしかない光ファイバーケーブルです。モードが1

つなので長距離を伝送しても遅延時間差がなく、短い光パルス信号を伝送しやすい光ファイバーです。このため、広域・大容量・超高速に対応が可能なケーブルで、マンション情報化配線としては、このシングルモード光ファイバーを使用します。4芯以上の光ファイバーテープ芯線を各住戸専用線として敷設します。通信キャリアが幹線網および引き込み配線に利用しているケーブルもシングルモード光ファイバーケーブルです。

② マルチモード光ファイバーケーブル

　光を通すコアの部分が太い光ファイバーケーブルです。ケーブル内を光が反射しながら伝わると、分散して信号が劣化してしまうため、長距離伝送や超高速伝送には適していません。そのことからマンション情報化配線としてマルチモード光ファイバーは使用しません。マルチモード光ケーブルを誤って使用した場合、通信キャリアは接続しませんので、注意してください。

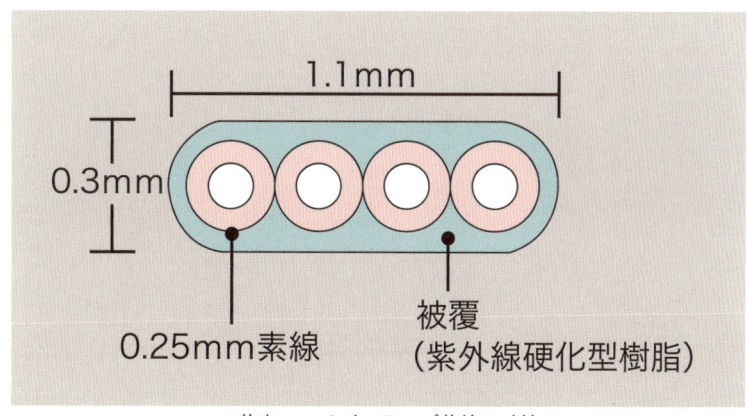

4芯光ファイバーテープ芯線の寸法

(3) マンション構内配線系統の比較

下図は放送サービスをCATV事業者が提供するマンションを例にした、現状マンションの配線系統図です。引き込み柱からMDF盤（情報化設備ではファイバースペース。以下同じ）までが、サービス提供事業者の配線の施工区分となり、MDF盤から先のマンション構内が建築主側の配線の施工区分になります。ただし、入居者からの個別契約の申し込みによって、竣工引き渡し後にサービス提供事業者がMDF盤から各住戸まで自社光ファイバーを敷設して、インターネット接続サービスを提供するケースもあります。本項(1)で説明したとおり、マンション各設備の配線は現在、それぞれ住戸別に専用メタル線で敷設されています。メタル線構築の場合、伝送可能距離に限りがあるので、敷設距離が約100 mを超える場合、途中に増幅器などを設置しなければなりません。

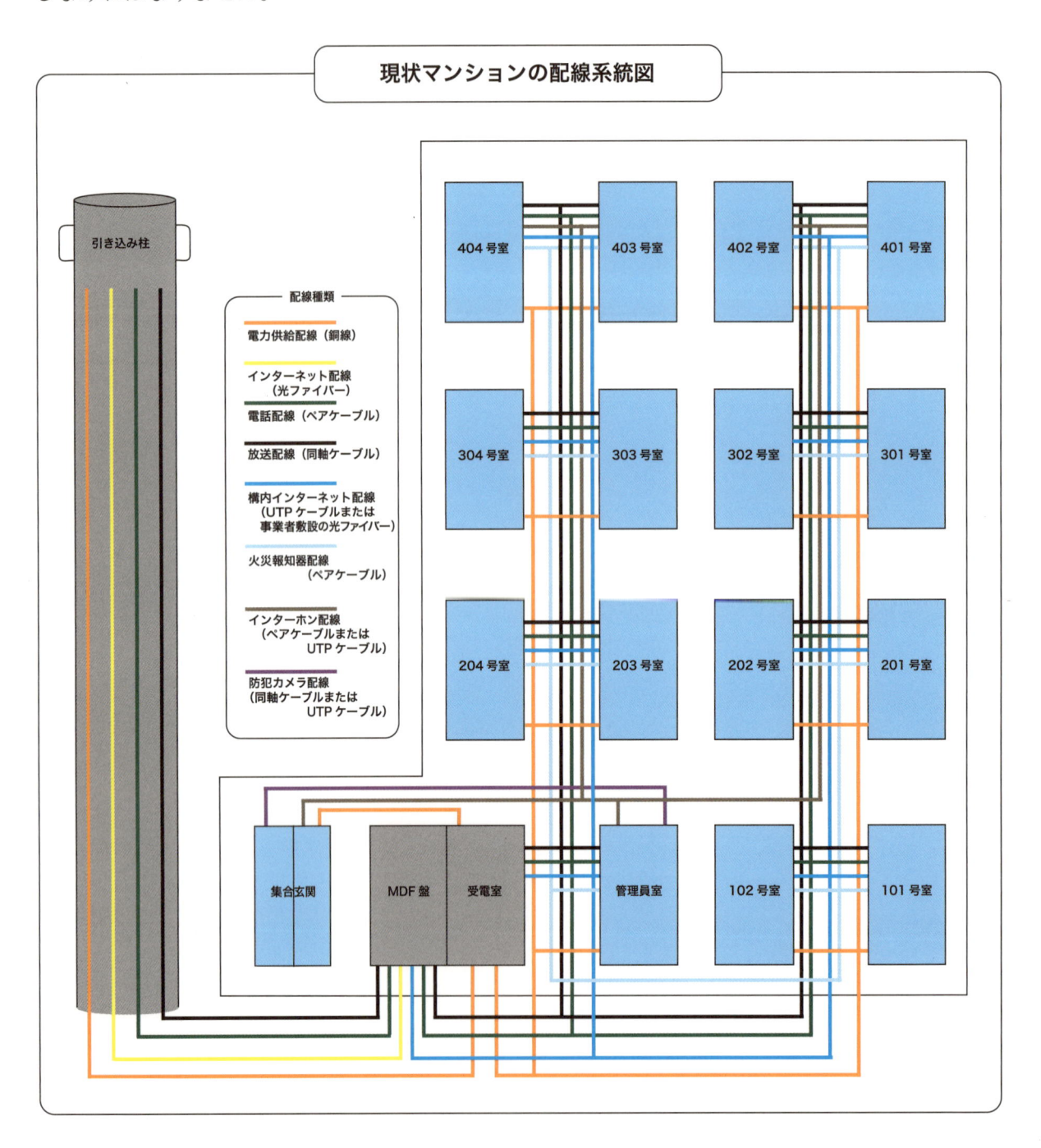

現状マンションの配線系統図

配線種類：
- 電力供給配線（銅線）
- インターネット配線（光ファイバー）
- 電話配線（ペアケーブル）
- 放送配線（同軸ケーブル）
- 構内インターネット配線（UTPケーブルまたは事業者敷設の光ファイバー）
- 火災報知器配線（ペアケーブル）
- インターホン配線（ペアケーブルまたはUTPケーブル）
- 防犯カメラ配線（同軸ケーブルまたはUTPケーブル）

36ページの現状構築されているマンション配線系統に対して、下図は建築物情報化によって構築される配線系統図です。現状マンションの配線系統図と比べて、マンション情報化の配線系統は、きわめてシンプルなものになります。

　2つの図を比較していただくとわかるとおり、マンション情報化設備の構築で、現状マンションの配線系統図にある電力供給配線以外の6系統の構内共用部配線を1系統に統合することになります。もちろんそれにともなって配管も1系統に統合されます。したがって、パイプスペースに余裕が生まれます。

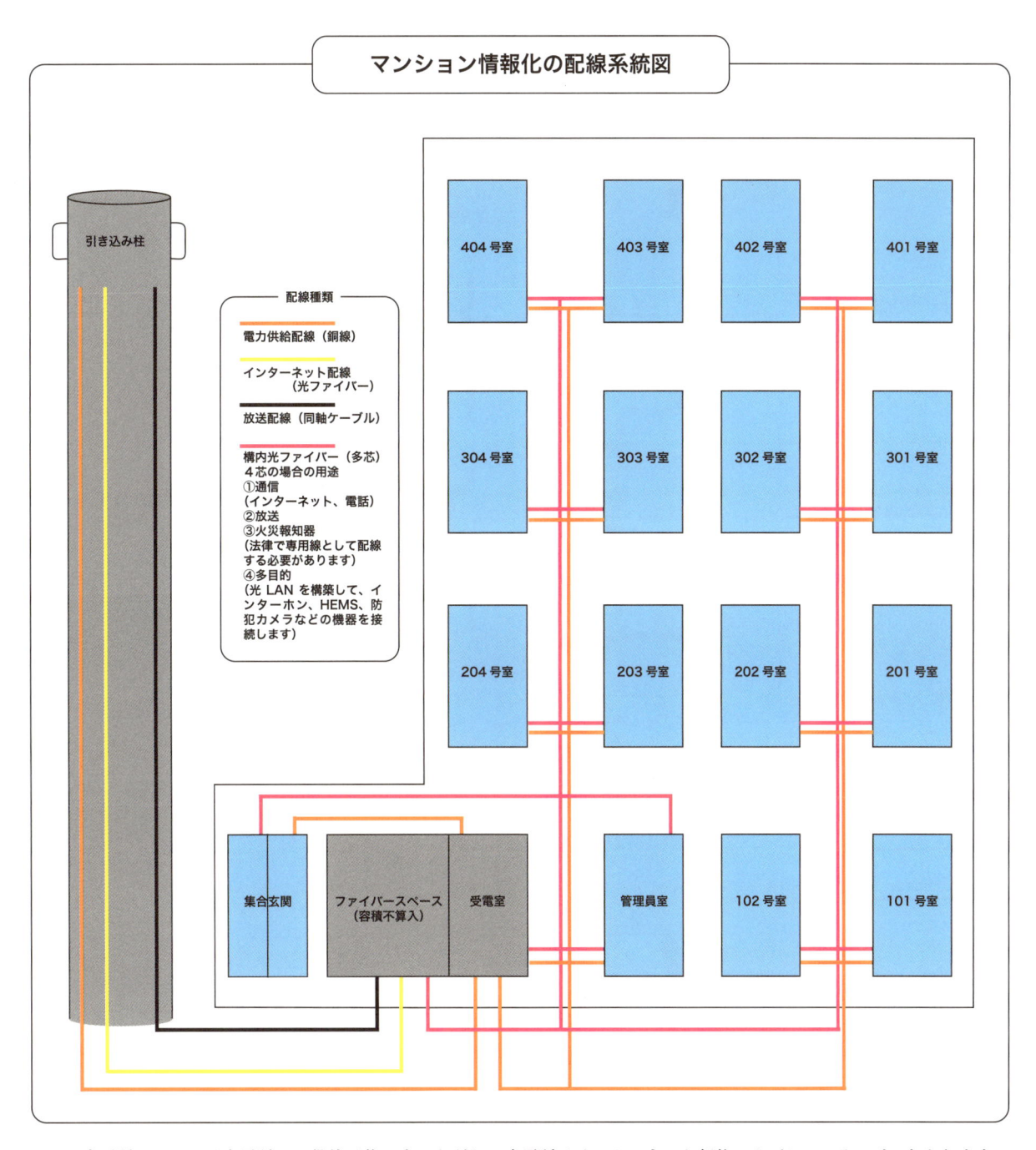

マンション情報化の配線系統図

配線種類
- 電力供給配線（銅線）
- インターネット配線（光ファイバー）
- 放送配線（同軸ケーブル）
- 構内光ファイバー（多芯）
  4芯の場合の用途
  ①通信（インターネット、電話）
  ②放送
  ③火災報知器（法律で専用線として配線する必要があります）
  ④多目的（光LANを構築して、インターホン、HEMS、防犯カメラなどの機器を接続します）

※　固定電話については光電話のみ供給可能です。ただし、光電話はインターネット契約のオプションサービスとなります。

（4） 住戸内配線系統の比較

　現状マンションの住戸内配線は、マンション共用部の配線がそれぞれ専用配線として敷設されていることから、電力供給配線は分電盤へ、通信配線は情報分電盤へ、テレビの同軸配線や電話のペアケーブルは天井点検口が浴室天井にあることから浴室天井裏に分配器が設置され、それぞれ別々の場所に設置された分電盤、情報分電盤、分配器を起点として、各居室コンセントや装置、器具に配線されています。ただし、情報分電盤の設置は、分譲マンションでは増えてきているものの、賃貸マンションでは設置されるケースはきわめてまれです。また、起点からコンセントなどまで配管しないでメタル配線の敷設をしていることもあり、その場合、経年劣化による配線交換が必要となっても、工事が容易に行えません。

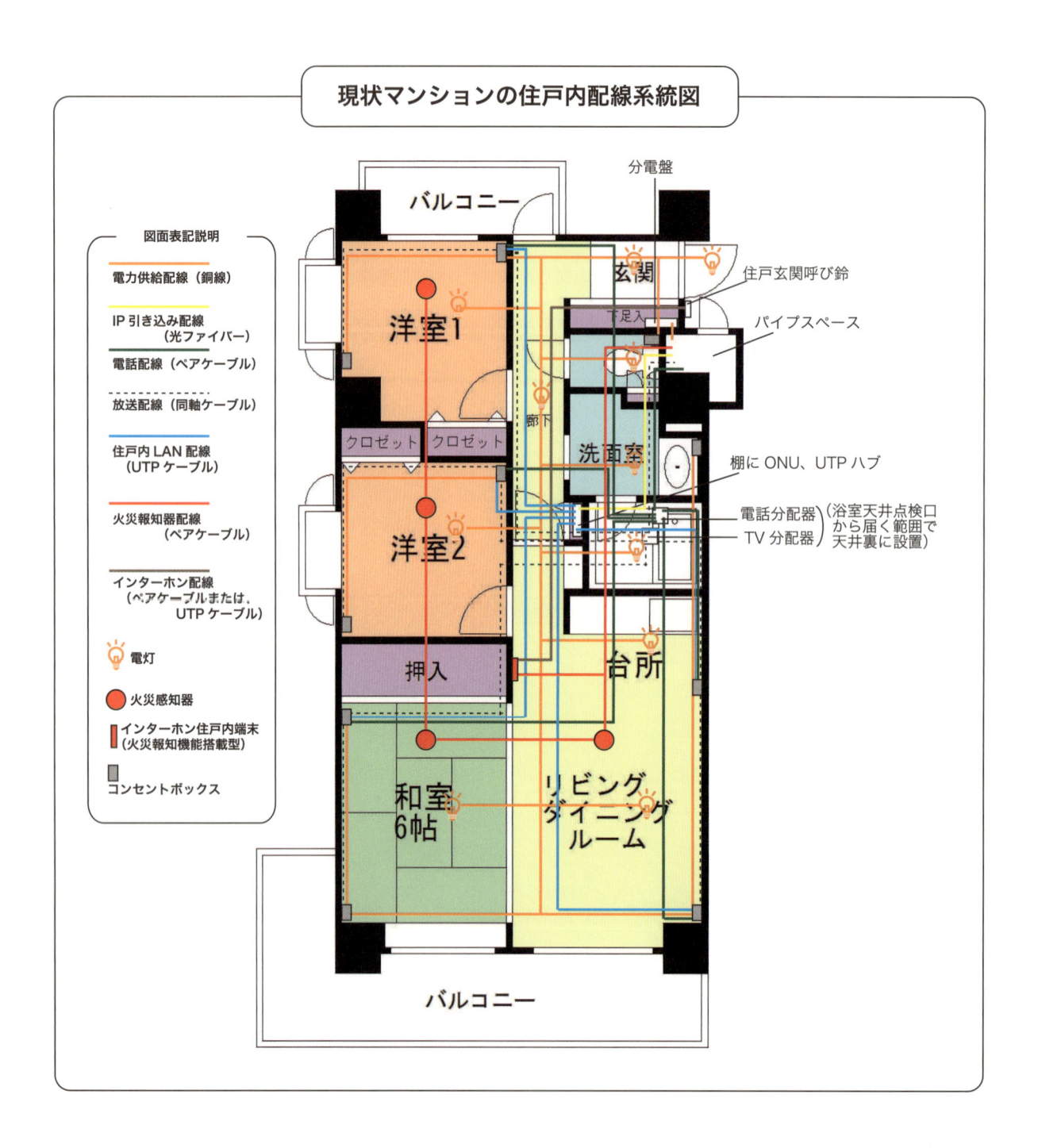

マンション情報化の住戸内配線の構築は、住戸内に住戸内機器収納スペース（天井高までの19インチキャビネットを住戸内機器収納庫として設置した場合は容積率緩和の対象）を設置し、そのスペースを起点として各居室コンセントや装置、器具まで配管を敷設し、配線します。現状、装置、器具などが直接光ファイバーを接続できる差し込み口を有していないため、住戸内配線については、メタル線を敷設します。配管内敷設は将来、配線交換（オール光化の可能性も考えられる）が必要となった場合でも、問題なく交換工事が行えるようにするための配慮です。住戸内機器収納スペースについては、第Ⅲ章4項（2）で詳しく説明しますが、住宅の生活インフラと情報通信を融合し、快適な住生活環境を提供するための住戸内コントロールターミナルとしての役割を担います。

マンション情報化の住戸内配線系統図

図面表記説明
- 電力供給配線（銅線）
- 構内光LAN配線（光ファイバー4芯テープ）
- 電話配線（ペアケーブル）
- 放送配線（同軸ケーブル）
- 住戸内LAN配線（UTPケーブル）
- 火災報知器配線（ペアケーブル）
- 電灯
- 火災感知器
- インターホン住戸内端末（火災報知機能搭載型）
- コンセントボックス

住戸玄関呼び鈴
パイプスペース
住戸内機器収納スペース
※分電盤、信号変換器（ONUなど）、情報分電盤、TV分配器などの各種住戸内制御装置の設置スペース

※　戸建て住宅でも同様の住戸内配線系統となります。

(5) 住戸内機器収納庫について

　ここで前述の設置床面積が容積率緩和対象となる住戸内機器収納庫（19インチキャビネット）について、説明しておきます。

　「平成23年3月25日国住街第188号」として各都道府県建築行政主務部長に宛てて国土交通省住宅局市街地建築課長が通知した「建築基準法第52条第14項第1号の規定の運用等について（技術的助言）」に記載されている「今後の技術革新等による新たな新エネ・省エネ設備等、環境負荷の低減等の観点からその設置を促進する必要性の高い設備」に該当する設備機器を収納するための器として設置床面が容積率緩和の対象となります（120～126ページに全文掲載）。

　ただし、エコキュートの貯湯ユニットが温水を貯める用途に限定されているのと同様に、用途が該当設備の設置のみに限定されている場合に限ります。

　例えば、キャビネット内に更新時追加設備のための空きスペースがあったしても緩和対象となりますが、キャビネット上部に押し入れ天袋のような収納スペースを設置したり、中層部に下駄箱などの別用途に使用するスペースが存在したりしますと対象外となります。

　また、住戸内機器収納スペースを確保し、壁掛け設置した場合も、その当該スペースを物置として活用することが可能なため、対象外になると判断しなければなりません。すなわち、**住戸内機器収納庫を設置し、用途を限定することで、容積率緩和措置の対象になると判断してください。**
サイズなどに関しては、41ページの図面（参考例）を参照ください。

住戸内機器収納庫参考図

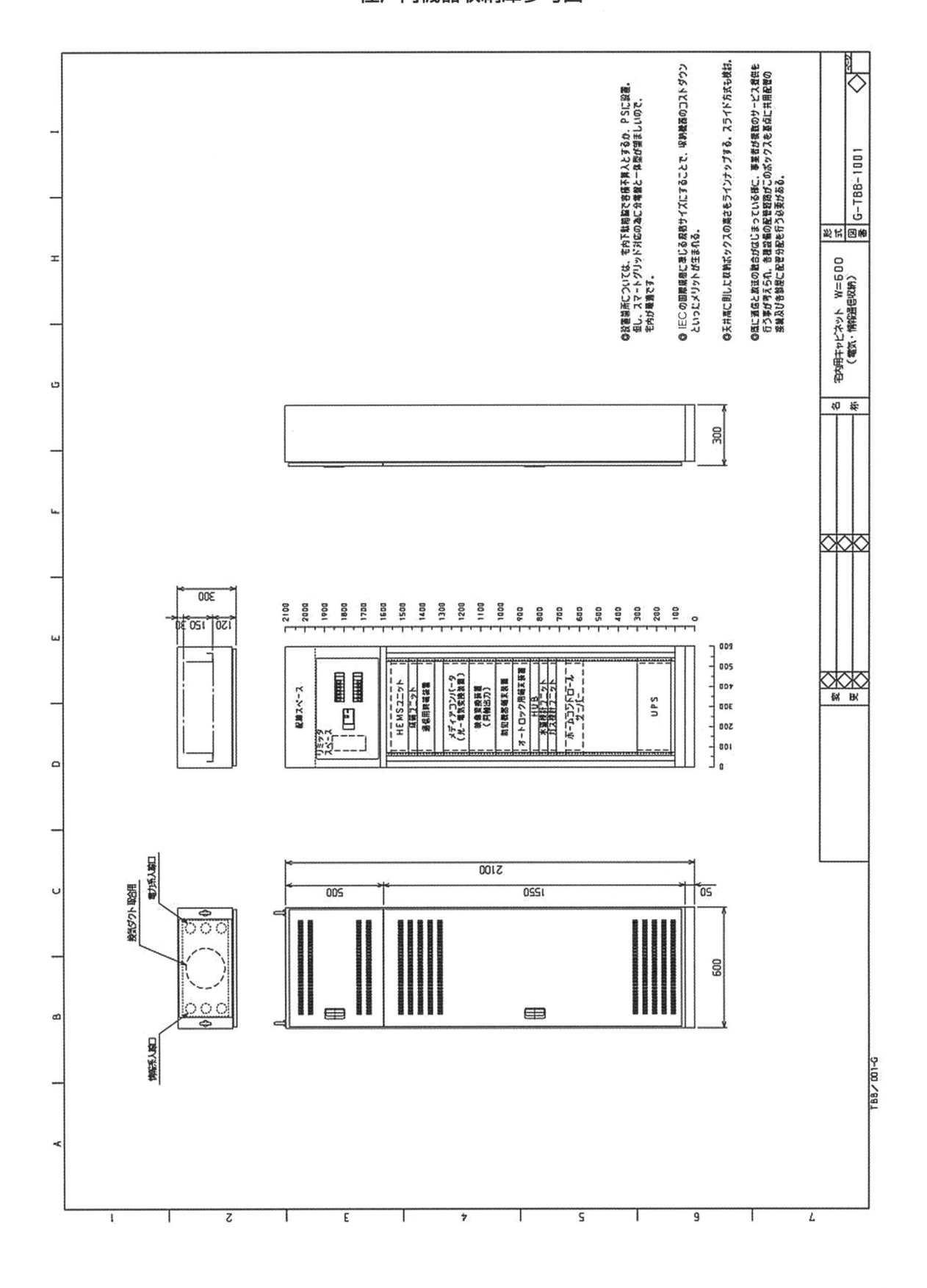

第Ⅰ章　建築物情報化とは　41

3. 建築物情報化のメリット

(1) 個別契約に依存しない情報通信の利活用

　従来の考え方と最も異なる点は、マンションは共同住宅であるといった観点から、インターネット接続に関して、省エネルギーや防犯、防災といった共同住宅全体で外部と双方向の情報伝送をするため、インターネット接続を必要とする提供サービスに関して、管理組合などで1回線を契約し、共同利用するという考え方で運用できる点です。マンション全体で活用するシステム導入に対して、全世帯での個別契約によるインターネット回線に依存しない設備を構築しておくことが最大のメリットといえます。個別契約のインターネット回線契約について、各住戸（各世帯）が「利用する、しない」「どの電気通信事業者を利用するか（同条件の光配線方式で）」といった、選択の自由を最大限担保する考え方です。43ページの図を参照ください。

(2) 配線系統と配管の統合化による建築費用のコストダウン

　実は、現状マンションにおいても敷設距離の関係で、大型マンションには、すでにインターホン端末や火災報知器などの設備において、共用部配線に光ファイバーが採用されています。映像情報を伝送する放送配線も同様です。ところが、設備用途ごと、個別に配管および配線されていることから、「系統図」としては、本章2項（3）に記載の「現状マンションの配線系統図」と何ら変わらない6系統で構築されているため、設備単独でメタル配線を光ファイバーに仕様変更する形でコストアップとなり、「光ファイバー＝高価な配線」といったイメージが形成されています。

　「マンション情報化の配線系統図」のように電力供給配線以外の6系統の配線を1系統に統合化して、マンション構内の共用部配線について光ファイバーケーブルと電力供給配線の2系統にした場合、それぞれの工事費用も統合されることになりますから、コスト面への影響はほとんどなくなるか、逆にコストダウンにつながることでしょう。さらにメタル線の場合、電力供給配線からの電気ノイズを拾ってしまうと情報伝送に影響が出てしまうことから、シールド線を使うなどの電気ノイズを拾わないための工夫が必要でしたが、光ファイバーは電気ノイズの影響を受けませんので、仮に電力供給配線に沿わせて敷設しても、その点でコストアップすることはありません。

　そもそも、大型のマンションではメタル線と光ファイバーを併用し、それ以外のマンションではメタル配線で構築するといった現状は、マンション構内の共用部配線構築技術の二重化となってしまい、いつまでたっても、販売数量で可能になるコストダウンが期待できなくなってしまいます。大型マンションに限らず、今後新築されるマンションが、情報伝送配線として光ファイバーを利用することで、光ファイバーケーブルそのものや、関連製品のコストダウンが期待できます。

　建築物情報化は、配線系統と配管の統合化をすることになりますので、建築費用のコストダウンのメリットが生まれます。

情報化マンション運用事例

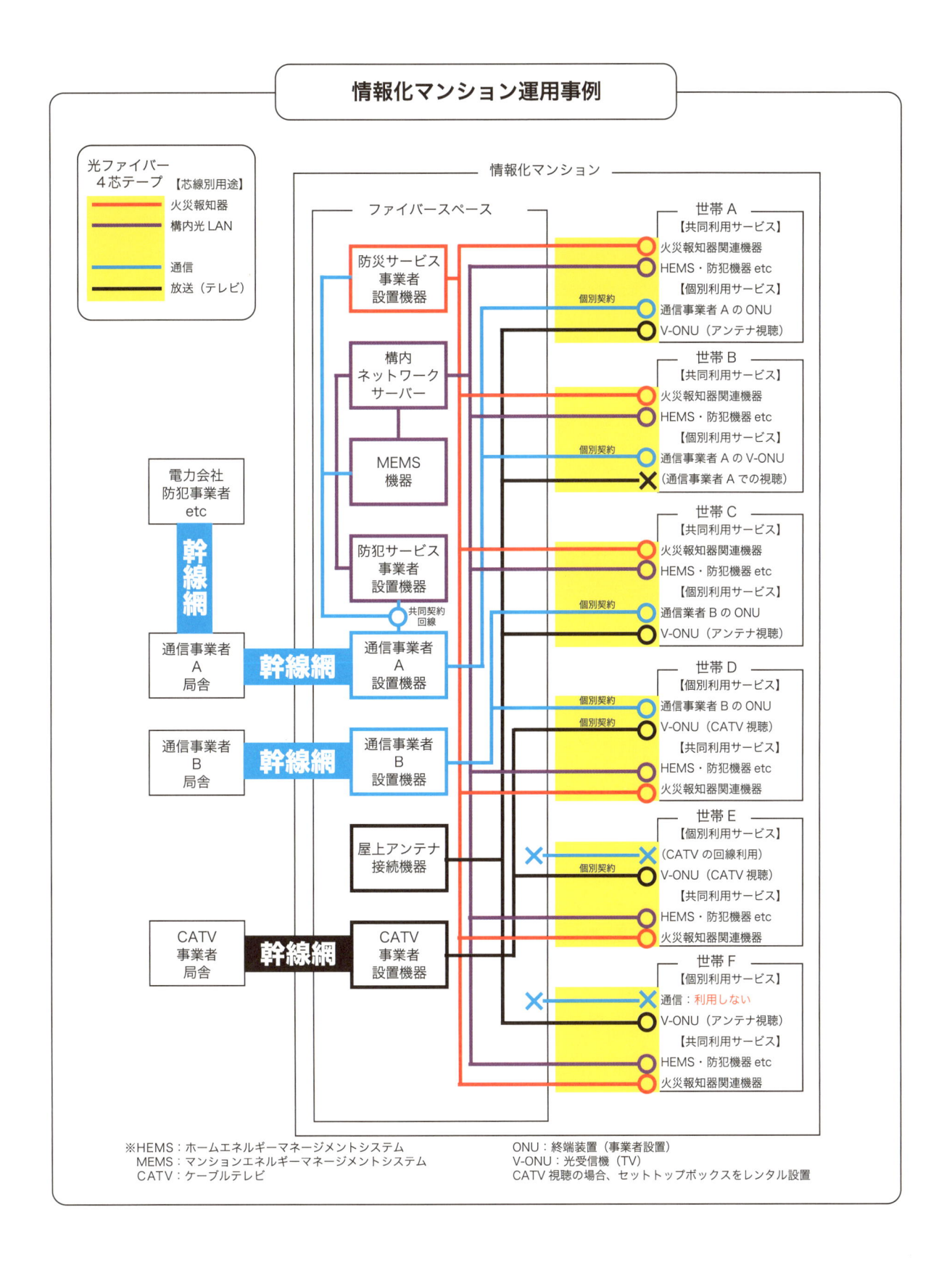

光ファイバー4芯テープ【芯線別用途】
- 火災報知器
- 構内光LAN
- 通信
- 放送（テレビ）

情報化マンション

ファイバースペース
- 防災サービス事業者設置機器
- 構内ネットワークサーバー
- MEMS機器
- 防犯サービス事業者設置機器
- 通信事業者A設置機器
- 通信事業者B設置機器
- 屋上アンテナ接続機器
- CATV事業者設置機器

電力会社・防犯事業者etc — 幹線網
通信事業者A局舎 — 幹線網
通信事業者B局舎 — 幹線網
CATV事業者局舎 — 幹線網

共同契約回線

世帯A
【共同利用サービス】
- 火災報知器関連機器
- HEMS・防犯機器 etc

【個別利用サービス】（個別契約）
- 通信事業者AのONU
- V-ONU（アンテナ視聴）

世帯B
【共同利用サービス】
- 火災報知器関連機器
- HEMS・防犯機器 etc

【個別利用サービス】（個別契約）
- 通信事業者AのV-ONU
- ✕（通信事業者Aでの視聴）

世帯C
【共同利用サービス】
- 火災報知器関連機器
- HEMS・防犯機器 etc

【個別利用サービス】（個別契約）
- 通信事業者BのONU
- V-ONU（アンテナ視聴）

世帯D
【個別利用サービス】（個別契約）
- 通信事業者BのONU
- V-ONU（CATV視聴）

【共同利用サービス】
- HEMS・防犯機器 etc
- 火災報知器関連機器

世帯E
【個別利用サービス】（個別契約）
- ✕（CATVの回線利用）
- V-ONU（CATV視聴）

【共同利用サービス】
- HEMS・防犯機器 etc
- 火災報知器関連機器

世帯F
【個別利用サービス】
- ✕ 通信：利用しない
- V-ONU（アンテナ視聴）

【共同利用サービス】
- HEMS・防犯機器 etc
- 火災報知器関連機器

※HEMS：ホームエネルギーマネージメントシステム
MEMS：マンションエネルギーマネージメントシステム
CATV：ケーブルテレビ
ONU：終端装置（事業者設置）
V-ONU：光受信機（TV）
CATV視聴の場合、セットトップボックスをレンタル設置

第Ⅰ章　建築物情報化とは

(3) 1系統の配線経路でも複数の情報伝送路を確保

　統合配管・統合配線といっても、すべての伝送信号を1本の光ファイバーで伝送しようというわけではありませんので、火災報知器のように専用伝送路が必要な場合、多芯テープのうちの1芯を利用することで問題は解決します。1系統の配線経路でありながら、複数伝送路を確保できるのが光ファイバー多芯テープです。本書では、各住戸4芯テープ敷設で各住戸標準芯線数を4芯としています。構築芯線数の考え方については、第Ⅲ章2項(2)で詳しく説明します。

(4) 容易な保守維持管理対応

　従来のIT・ブロードバンドLANに加えて、MEMS・HEMSによるエネルギー管理、さらにはホームセキュリティのためのインタラクティブなアドバンストITネットワークの構築を可能にします。分電盤、電話・IP、TV共聴システム、火災報知器、防犯設備の個別ターミナル機器、さらに電気、ガス、水道の使用量計測器、HEMSターミナル機器など、これまで個別のターミナルとして設置されていたものを、住戸内機器収納庫（19インチキャビネット）1カ所に統合し、HEMSやUPSなどの新しい機能・機器を付加したマンション設備の保守維持管理対応を容易にします。

(5) 設備更新の優位性を担保

　従来のメタル配線を用いた共用部配線の場合、共用部配線を必要とする設備や装置が不可欠となるほか、器具の追加を計画すると専用配線となるため、必ず共用部の配線追加工事をともないます。このため、時代の進歩に適応する際に高額な修繕費用が必要となってしまいますが、光ファイバー統合配線を敷設することで、その光ファイバー構内ネットワークに接続する工事のみで済ませられ、設備更新時の費用を軽減します。

第 II 章

マンションにおける建築物情報化の流れ

1. 建築物情報化設備構築フロー

(1) 新築マンションの情報化設備構築フロー

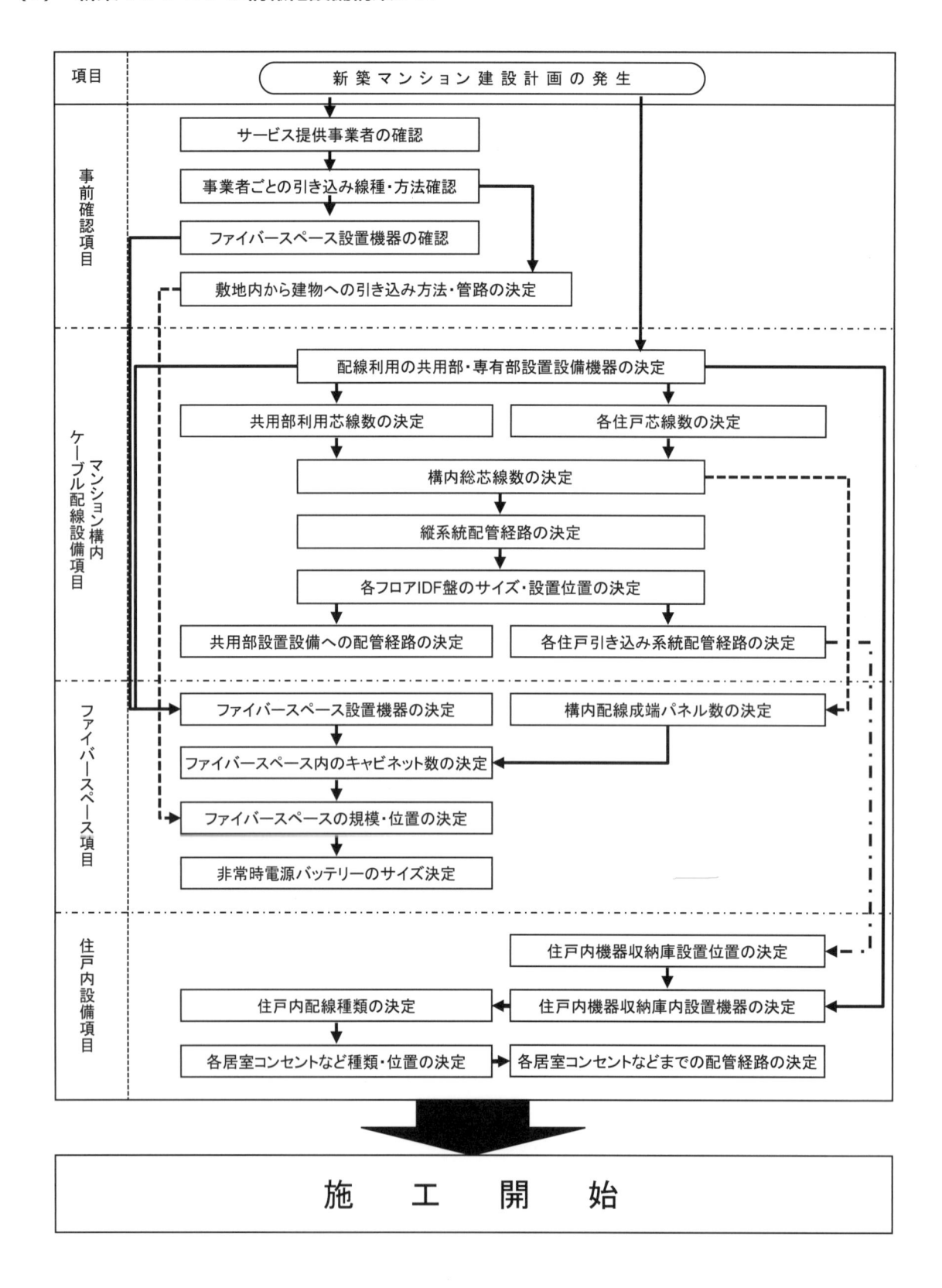

項目	フロー
事前確認項目	新築マンション建設計画の発生 → サービス提供事業者の確認 → 事業者ごとの引き込み線種・方法確認 → ファイバースペース設置機器の確認 → 敷地内から建物への引き込み方法・管路の決定
マンション構内ケーブル配線設備項目	配線利用の共用部・専有部設置設備機器の決定 → 共用部利用芯線数の決定／各住戸芯線数の決定 → 構内総芯線数の決定 → 縦系統配管経路の決定 → 各フロアIDF盤のサイズ・設置位置の決定 → 共用部設置設備への配管経路の決定／各住戸引き込み系統配管経路の決定
ファイバースペース項目	ファイバースペース設置機器の決定／構内配線成端パネル数の決定 → ファイバースペース内のキャビネット数の決定 → ファイバースペースの規模・位置の決定 → 非常時電源バッテリーのサイズ決定
住戸内設備項目	住戸内機器収納庫設置位置の決定 → 住戸内配線種類の決定／住戸内機器収納庫内設置機器の決定 → 各居室コンセントなど種類・位置の決定 → 各居室コンセントなどまでの配管経路の決定

↓

施 工 開 始

```
                          ▼
┌─────────────────────────────────────────────────────┐
│                  施 工 作 業 終 了                    │
└─────────────────────────────────────────────────────┘
                          ▼

┌──┬──────────────────────────────────────────────────┐
│施│         ┌──────────────┐                         │
│工│         │  ロス検査    │                         │
│完│         └──────┬───────┘                         │
│了│                ▼                                 │
│検│    ┌──────────────────┐     ┌──────────────────┐│
│査│    │工事仕様完成図書の作成├───▶│建築物情報化設備構築の完了││
│  │    └──────────────────┘     └─────────┬────────┘│
├──┼──────────────────────────────────────────┼──────┤
│施│                                          ▼       │
│工│    ┌────────────────────────────────────────┐   │
│完│    │ファイバースペースまでの幹線引き込み工事(事業者)│   │
│了│    └────────────────┬───────────────────────┘   │
│時│                     ▼                            │
│項│    ┌────────────────────────────────┐           │
│目│    │建築主への設置設備に関する説明会の実施│           │
│  │    └────────────────┬───────────────┘           │
│  │                     ▼                            │
│  │    ┌────────────────────────────┐               │
│  │    │建築主への工事完成図書の提出  │               │
│  │    └────────────────┬───────────┘               │
├──┼─────────────────────┼────────────────────────────┤
│竣│                     │                            │
│工│                     ▼                            │
│引│    ┌────────────────────────────┐               │
│き│    │建築主の工事完成図書の保管    │               │
│渡│    └────────────────────────────┘               │
│し│                                                  │
│時│                                                  │
│項│                                                  │
│目│                                                  │
└──┴──────────────────────────────────────────────────┘
```

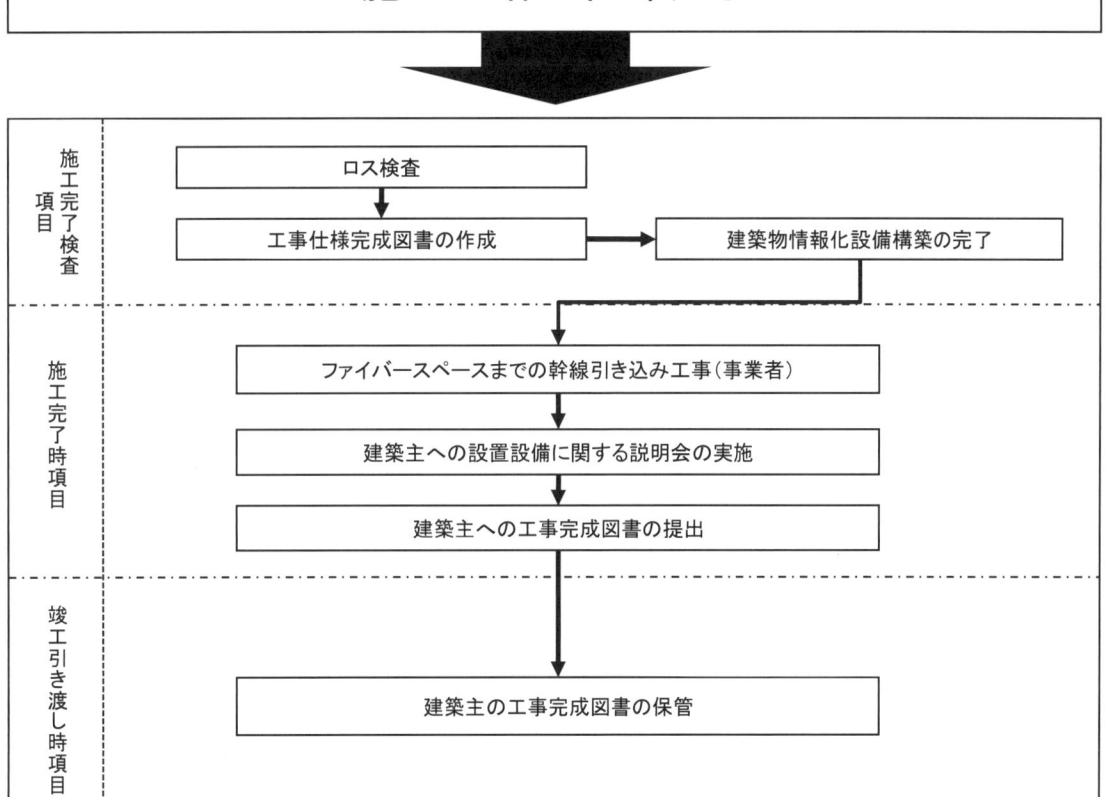

（2） 既存マンションの情報化設備構築フロー

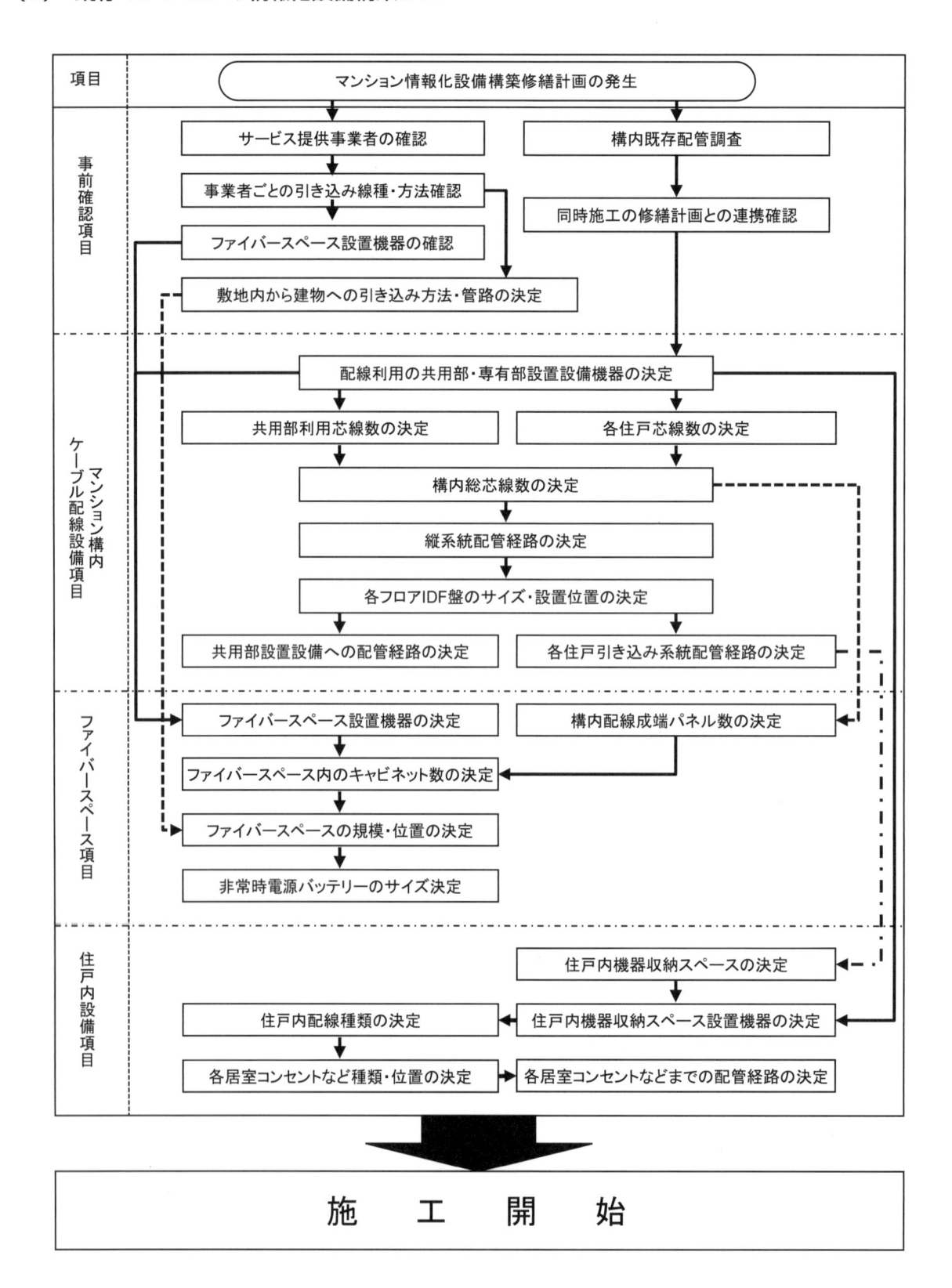

項目	フロー
事前確認項目	マンション情報化設備構築修繕計画の発生 → サービス提供事業者の確認 / 構内既存配管調査 → 事業者ごとの引き込み線種・方法確認 / 同時施工の修繕計画との連携確認 → ファイバースペース設置機器の確認 → 敷地内から建物への引き込み方法・管路の決定
マンション構内ケーブル配線設備項目	配線利用の共用部・専有部設置設備機器の決定 → 共用部利用芯線数の決定 / 各住戸芯線数の決定 → 構内総芯線数の決定 → 縦系統配管経路の決定 → 各フロアIDF盤のサイズ・設置位置の決定 → 共用部設置設備への配管経路の決定 / 各住戸引き込み系統配管経路の決定
ファイバースペース項目	ファイバースペース設置機器の決定 / 構内配線成端パネル数の決定 → ファイバースペース内のキャビネット数の決定 → ファイバースペースの規模・位置の決定 → 非常時電源バッテリーのサイズ決定
住戸内設備項目	住戸内機器収納スペースの決定 → 住戸内配線種類の決定 / 住戸内機器収納スペース設置機器の決定 → 各居室コンセントなど種類・位置の決定 / 各居室コンセントなどまでの配管経路の決定

↓

施　工　開　始

```
                    ▼
┌─────────────────────────────────────────────┐
│           施 工 作 業 終 了                  │
└─────────────────────────────────────────────┘
                    ▼
```

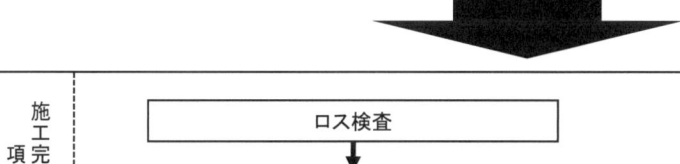

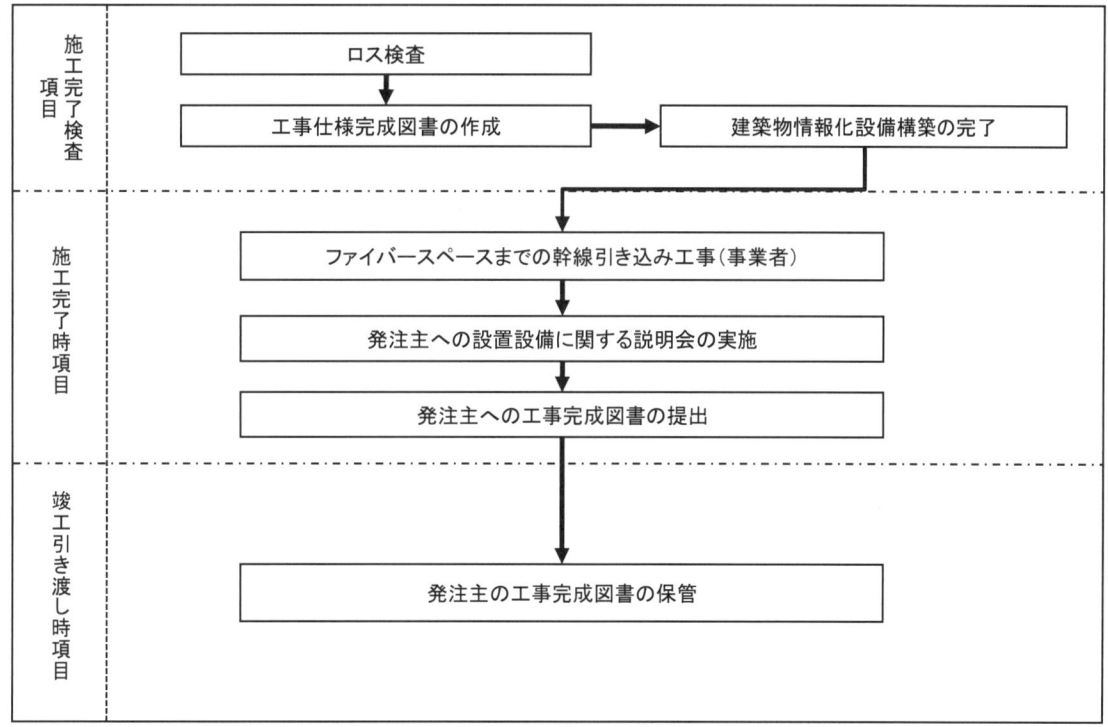

施工完了検査項目	ロス検査 → 工事仕様完成図書の作成 → 建築物情報化設備構築の完了
施工完了時項目	ファイバースペースまでの幹線引き込み工事（事業者） → 発注主への設置設備に関する説明会の実施 → 発注主への工事完成図書の提出
竣工引き渡し時項目	発注主の工事完成図書の保管

2. 建築物情報化設備構築工程・工事区分

(1) 設計・施工・運営 工程表

工程			主な作業内容	備考
設計	基本計画		・建築物情報化設備概要の構築	
	基本設計		・建築物情報化設備概要の決定 ・概略仕様の決定	
	実施設計		・設計図書の作成 ・仕様書の決定	
受注契約	見積り 折衝		・仕様の見直し、決定	(契約図書)
施工	躯体工事	型枠	・スリーブ入れ	
		配筋		(先行施工業者へ依頼)
		コンクリート打設		(先行施工業者へ依頼)
	仕上工事	外壁工事		
		内部間仕切壁	・配管配線	
		仕上工事	・機器、器具取付	
		クリーニング		
	検査		・試運転調整 ・性能確認検査	
竣工引き渡し				(竣工図書) (運営、メンテナンス)

(2) 工事区分表（情報化設備に関する項目）

分類	工事項目	建築	電気	情報化	備考
躯体貫通	1. 梁貫通スリーブ		○	依頼	・情報化用スリーブは電気に依頼、補強は建築工事
	2. 壁・床貫通スリーブ				
	3. スリーブのモルタル穴埋め				
躯体以外の貫通	4. 工場製作の間仕切り、床開口	○			・取り付け枠および補強は建築工事
	5. 現場製作の間仕切り、床開口			○	・木造を含む補強は建築工事
点検口	6. 点検口（床、壁、天井、シャフト類）	○			
その他	7. 配管配線			○	
	8. 機器、器具本体および取り付け			○	
	9. 区画貫通処理			○	
	10. 試運転調整			○	

第Ⅲ章

建築物情報化設備構築フローにもとづく各項目説明

1. 事前確認項目

(1) サービス提供事業者の確認

　建築物情報化設備の構築を行うマンションの所在地域で情報通信を利活用してサービス提供を行う事業者の存在を確認します。電気通信事業者やCATVなどの放送事業者が代表的なインターネット接続サービス提供事業者ですが、警備会社の警備システムも双方向情報通信を活用したサービスを提供していますし、地域防災システムや地域医療連携システムなどを導入している自治体もありますので、地域の情報通信利活用がどのように展開されているか調査することが大切です。

　インターネット接続サービスを提供する電気通信事業者については、入居者の選択の自由を担保するために、マンション所在地域におけるすべての電気通信事業者が提供可能となる設備構築が必要であると考えます。その他の地域提供サービスについては、竣工時にサービス提供事業者の設備を設置するか否かは建築主の判断で構いませんが、設置スペースの確保など、入居者がサービス提供を希望した際に、対応可能な設備構築をしておくことが、維持管理対応型マンションとして資産価値維持のポイントとなります。

　ファイバースペース内に自社設備機器の設置が必要となるサービス提供事業者に対して、建築主が機器設置の承諾書などを提出しなければならない場合がありますので、諸手続きの方法についても打ち合わせ時に確認しておきます。

(2) 事業者ごとの引き込み線種・方法確認

　電気通信事業者や放送事業者は、サービス提供にあたって、幹線網の引き込み線をマンション構内に引き込みます。引き込み方法は、電信柱からの架空引き込み方法と地下埋設管からの埋設引き込み方法のいずれかになります。建設地域の電線地中化が行われているか否かで、その引き込み方法は変わります。

　引き込み配線種については、現状、電気通信事業者が光ファイバーと電話線を、放送事業者が光ファイバーか同軸ケーブルのいずれかを引き込むことになります。

　電気通信事業者、放送事業者とも、引き込み線が光ファイバーの場合、そのまま構内配線に接続できるため、事業者の設備によってサービス提供が可能になります。

　電気通信事業者の電話線については、アナログ式固定電話（従来からある加入電話）が基礎的電気通信役務（ユニバーサルサービス）であることから、常設設備として引き込まれてきましたが、現状の基礎的電気通信役務には、携帯電話や光IP固定電話も対象となっていることから、加入者が減少傾向にあり、光IP電話で、加入電話と同じ電話番号が使える現状において、加入電話対応をするか否かは建築主の判断が必要です（従来のアナログ式固定電話に対応する場合、構内に敷設する光ファイバーと電話線を抱き合わせて配線しなければなりません）。

　放送事業者の引き込み線が同軸ケーブルだった場合には、構内の光ファイバー配線で信号を伝送するために、電気信号を光信号に変換する装置などが必要になります。それらの装置が高額製品であることから、放送事業者負担で設置できるかを確認し、できないようであれば、信号変換装置などを設置するか、アンテナ受信設備（地デジおよびBS・CS）を設置するか検討する必要があります。現状、仮にアンテナ受信であっても、多チャンネルの有料放送の対応は可能ですし、

地域が限定されていますが、電気通信事業者による多チャンネル有料放送、もしくはIP放送による多チャンネル有料放送も提供されています。

(3) ファイバースペース設置機器の確認

ファイバースペースとは、情報通信設備の集合装置を設置するスペースを指します。既存のマンション設備で必要な集合機器の大半は、管理人室や共用部の壁面に設置されています。竣工後に導入された設備であれば、ほぼ100％壁取り付けになっています。構内共用部に集合機器の設置スペースがないことで、新たに外壁に壁掛けラックを設置して追加設備の対応をする場合も多くみられます。集合機器の設置場所がないことから、新たな設備導入を断念するケースもあります。

このような経緯から、マンション設備の集合機器設置スペースの確保が、設備更新などのマンションの維持管理面において重要です。したがって、本書ではファイバースペースを標準的設備として考えます。ファイバースペースの詳細については、本章3項にて説明しています。

ファイバースペースのサイズおよび設置ラック架台数を決定するために、所在地域のサービス提供事業者がマンションへのサービス提供のために、どのような集合機器の設置が必要となるのか確認が必要です。

(4) 敷地内から建物への引き込み方法・管路の決定

幹線の引き込みが埋設管による引き込みの場合、建物までも埋設管路で引き込むことになると思いますが、電信柱からの架空引き込みの場合でも、敷地内に引き込み柱を設置し、建物までの敷地内管路は埋設配管を設置する方法を推奨します。

2. マンション構内ケーブル配線設備項目

(1) 配線利用の設置設備・機器の決定

建設するマンションにどのような機能をもたせるのかといった観点から考えることが重要です。

まずは、共用部設置設備から考えてみます。設置が義務づけられている設備として、火災報知器があります。次に現状スタンダードとなっている設備として、集合玄関のオートロックが考えられます。さらに集合玄関周りの設備として、防犯カメラ、宅配ボックスなどがあげられます。

また、エレベーターもマンション設備として設置するか否かの判断が必要ですが、エレベーターも防犯カメラや緊急地震速報連動制御など、高機能化が進んでいます。マンション共用部にどのような機能のどのレベルの設備を設置するのかを検討し、設置を決定した設備がどのような機器端末を必要とするのか確認します。

専有部の機能に関しては、インターホンシステムをはじめとする居住者の安全・安心を担保する機能と、スマートグリッドシステムや蓄電システム、照明やエアコンのオンオフ、カーテンの開閉などを各種センサーによって制御するシステムなどの省エネルギー関連の機能、電子回覧板などの居住者の利便性を向上させる機能など、共用部以上に高機能、多機能な設備が開発されています。建設するマンションに導入する機能レベルを検討し、そのレベルによって設置する設備機器端末が決まります。

仮に、建築コストの削減などにより、建設時に導入する設備の機能レベルを低く設定した場合であっても、共用部配線などの構内インフラについては、資産価値を維持するために行う修繕時の設備更新において、設備接続対応（バージョンアップ）が可能なレベルで構築しておくことが、更新時のコスト削減につながることを忘れてはなりません。

(2) 敷設芯線数の決定

本書における標準的な敷設芯線数は、各住戸4芯です。①通信、②放送、③火災報知器、④構内光LANがその用途です。ただし、この考え方の場合、④の構内光LANは複数の設備が共用することになりますので、防犯設備などで専用線が必要となる場合には、プラス2芯の6芯敷設が必要です。また、タワーマンションのように携帯電話の電波の受信が難しい場合は、フェムトセル（携帯電話用の超小型基地局）を設置するためにプラス4芯（上下各1芯で携帯電話の方式が2種類あることから4芯）の8芯敷設といった対応が必要になります。

共用部敷設芯線数については、共用部設置設備の数によって変わってきますが、設備更新時の対応を考えて、共用部敷設芯線必要数プラス4～32芯程度の予備芯線数を確保することが望ましいと考えます。

専有部敷設芯線数と共用部敷設芯線数を合計した芯線数がマンションに敷設する総芯線数となります。

(3) 縦系統配管経路の決定

縦系統の配管経路については、光ファイバーが電気ノイズを拾わないことから、電力線と同一経路に配線するといった考え方でもまったく問題ありませんが、エレベーター（以下、EV）を

取り付けるマンションでは、光ファイバーがEVシャフト内に敷設可能であること（118～119ページ参照）を認識した上で、経路決定することを勧めます。EVシャフト内に光ファイバーを敷設する場合、配管敷設することは認められていないので、配管コスト減となることや、経年後、給排水管の交換が必要となるパイプスペースに余裕がもてることなどを忘れてはなりません。また、EVの緊急地震速報連動制御システム導入時のEV機械室への配線も容易に行えます。

(4) 各フロアIDF盤のサイズ・設置位置の決定

各フロアにフロア住戸分の4芯テープを振り分ける光接続箱を取り付けるためのIDF盤の設置が必要となります。1つのIDF盤で何世帯の住戸をカバーするかによって、光接続箱のサイズが決まり、設置のためのIDF盤サイズが決まります。

(5) 共用部設置設備への配管経路の決定

共用部設備への配管経路については、基本的に設備の設置位置まで配管します。ただし、前述のIDF盤を基点と考え、基本的には、住戸までの配管をできるかぎり活用することで、コストを抑える経路設計を推奨します。共用部設置設備の多くは集合玄関周りに集中しています。オートロック集合玄関機、防犯カメラ、宅配ロッカーなどですが、集合玄関付近にもIDF盤を設置し、盤までは共用配管とし、IDF盤から機器までの配管経路を確保します。

建築時点で設置されない設備についても、更新時の設置対応を考えて、集合玄関への配線芯線数には、余裕をもたせることが重要です。防犯カメラについては、最近、廊下にも設置されていますので、カメラ設置位置付近の各フロアIDF盤までは住戸配線の共用配管を利用し、IDF盤から機器までの配管経路を確保します。共用部設置機器への接続のために必要な、光信号を電気信号に変換するメディアコンバーターをIDF盤か、機器取り付け位置に設置する必要があります。

火災報知器の発報装置は廊下に設置されますので、設置位置までの配管経路を確保する必要があります。

(6) 各住戸引き込み系統配管経路の決定

IDF盤から各住戸までの配管経路は、それぞれ個別配管を確保する必要があります。IDF盤に設置された光接続箱で分岐された各住戸引き込みテープ芯が、経年後、なんらかの事由によって断線した場合でも、必要最低限の改修で済むようにIDF盤から交換できるようにするための配慮です。

(7) 設計・施工などに関する留意点

1) 配管の区間長

配管の区間長については、通線時の断線リスクを回避するために下記の点に留意してください。

① 水平配管の1区間の長さは20m以内としてください。ただし、配管が同一水平面上にあり、かつ直線部分のみである場合は25m以内まで延ばすことができます。

② 垂直配管の1区間は8m以内としてください（56ページの図参照）。

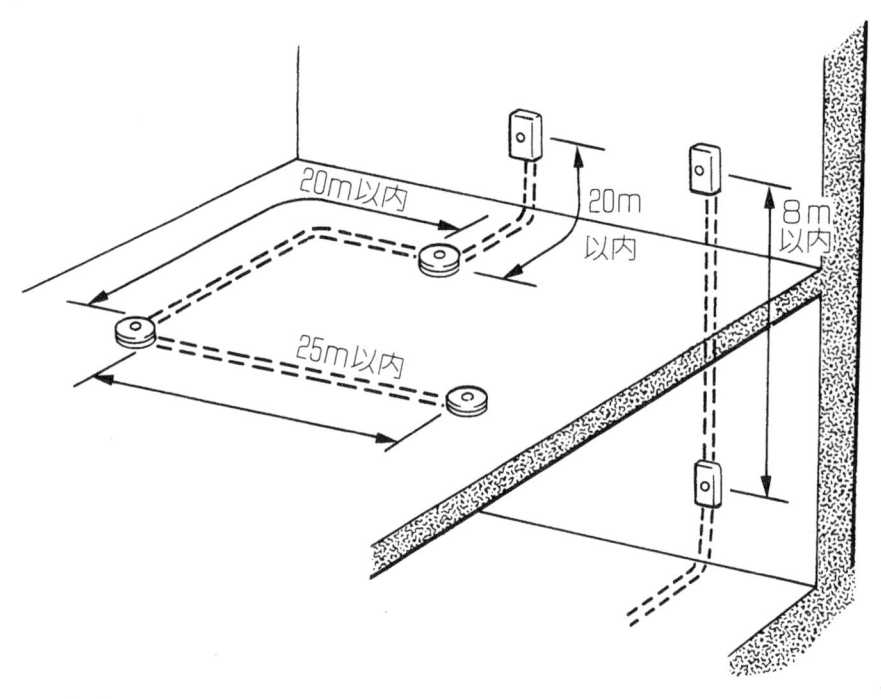

2) **配管の曲がり角度**

　共用部に敷設される各住戸振り分け前の光ファイバー多芯線（25芯以上）は、曲げづらい配線になりますので、配管敷設の際には下記の点に留意してください。

① 配管の曲がり角度は90度以内にしてください。

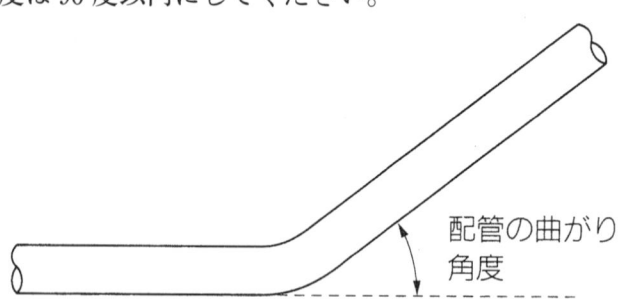

② 曲がり配管の曲率半径は管内直径の6倍以上にしてください。ただし、屋内線のみ収容する場合は、JIS規格に適合したノーマルベンドを使用して差し支えありません。

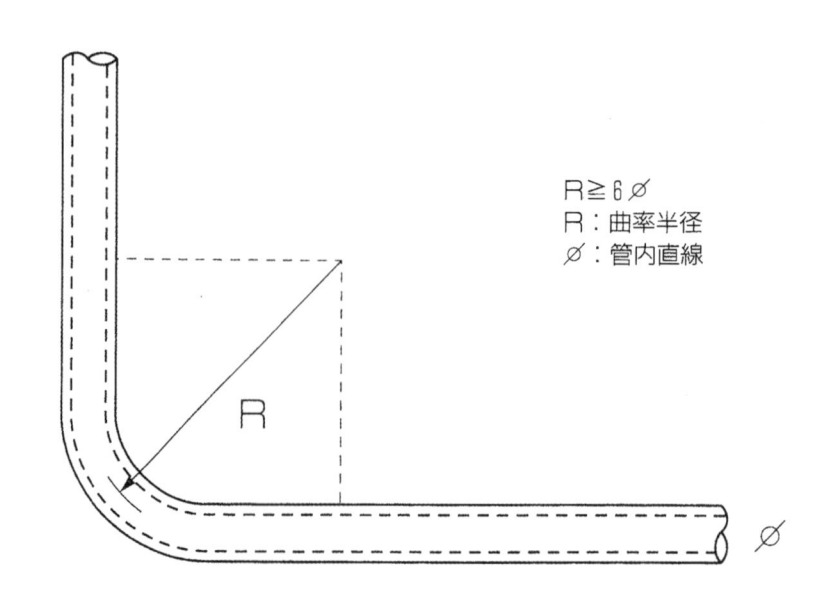

R ≧ 6∅
R：曲率半径
∅：管内直線

③ 1区間の配管の中間において、90度の曲がりが1m以内に接近して2カ所あるときは、曲がり個所にプルボックスを設けてください。ケーブル敷設時、ケーブル牽引時と敷設後の許容曲率半径と許容張力の確保およびケーブルのよじれ、捻回発生の防止など、工法書の留意点を順守することが重要です。

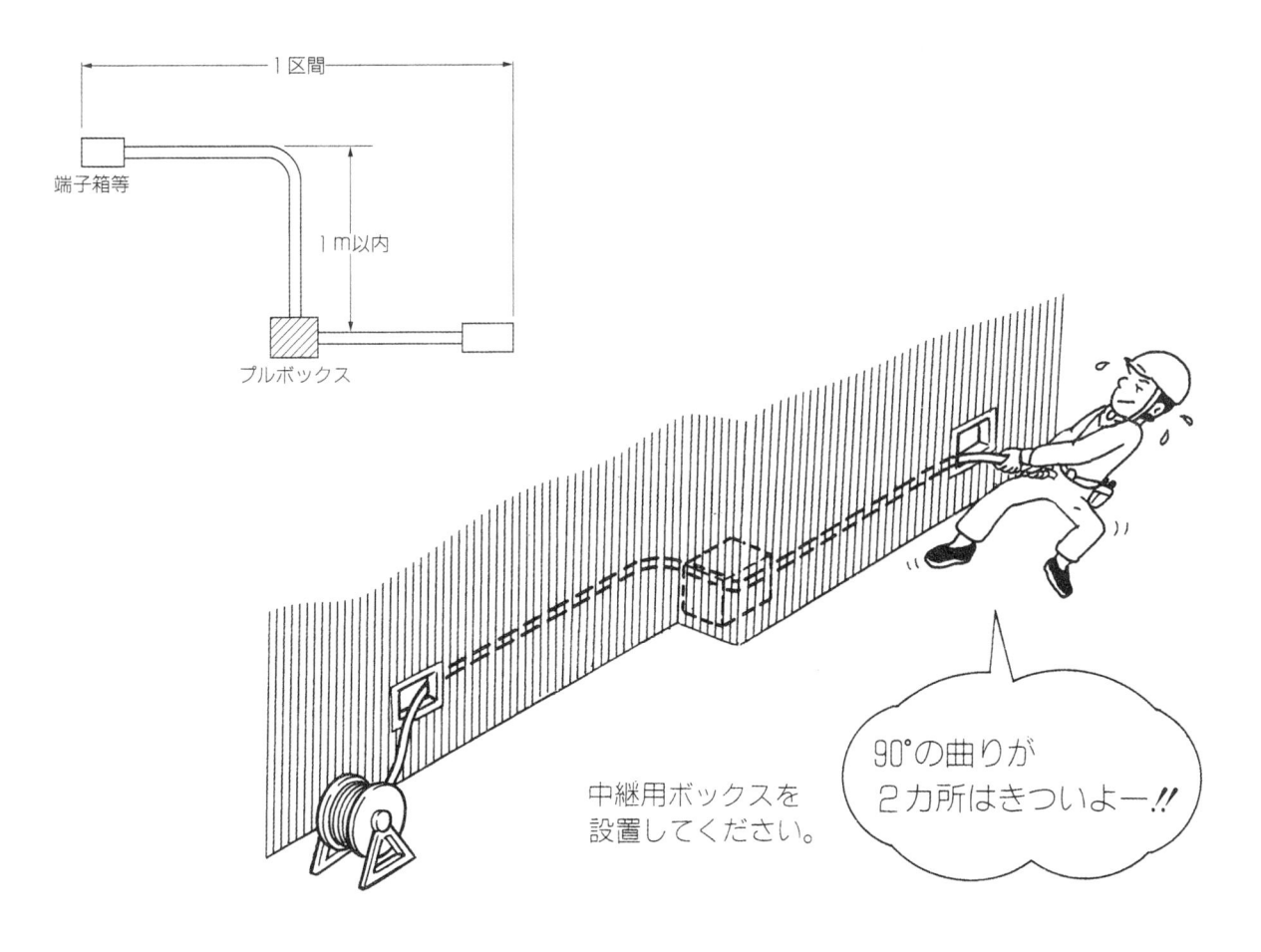

④ 1区間内の配管の曲がり個所は3カ所以内で、その曲がり角度の合計は180度以内としてください。

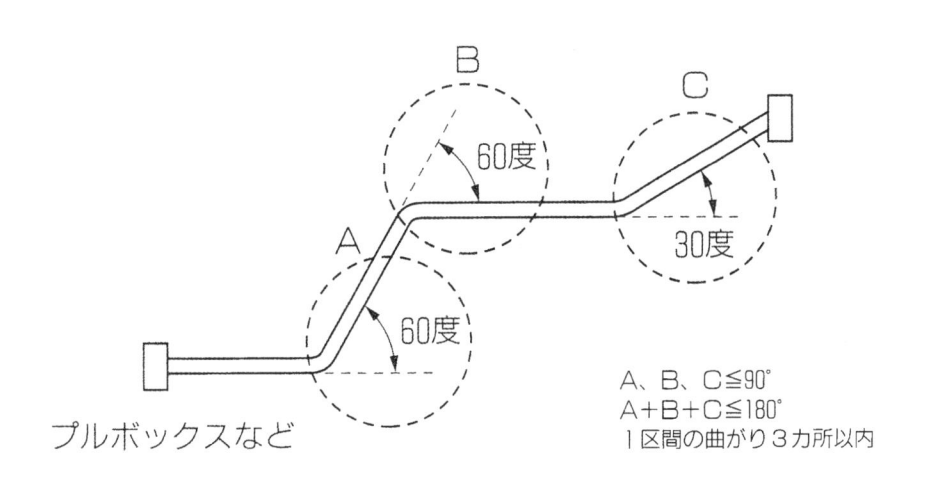

⑤　機能向上、刷新のための設備バージョンアップ対応型マンションとする場合には、予備配管の設置を勧めます。光ファイバー配線増量時に利用します。

3) **既存マンション構内配線**

① 既存マンションの場合、予備配管や既存電話線配管の利用が可能か、配管調査をする必要があります。配管曲がり角度の問題や専有部のリフォーム、経年劣化により、一部の住戸で既存配管が利用できないケースが多くみられていますので、配管調査は一部の住戸だけで行わず、全戸調査を実施します。施工開始後に配管の利用不可が判明した場合、該当住戸までの配管ルートの対応ができない場合や、対応ルートの意匠、費用負担などが問題になります。調査結果により、配管の新設の可否決定、新設配管ルートの検討が必要になります。

② 既存配管の利用ができなかった場合、パイプスペースに配管を新設します。パイプスペースを利用して配管新設を行う際は、パイプスペースに敷設されている給排水管などの交換修繕工事とあわせて施工すると、工事費用などにメリットが生まれます。

③ パイプスペースに配管を新設する余裕がない場合は、縦系の配管としてEVシャフトを利用することも可能です。EVシャフトを利用して配線する場合、各階共用部は露出配管となりますが、廊下の天井と壁面の角に三角の露出モール（回り縁型）を利用するなど、意匠的な配慮が必要になります。また、住戸内に光ファイバーを引き込む際は、壁にコアあけが必要になります。

3. ファイバースペース項目

　ファイバースペースとは、情報通信集中管理室の役割を担うマンション設備の集合装置を設置するスペースを指します。従来、管理人室などに設置されてきたオートロック、インターホン、火災報知機の集合装置や電気通信事業者の引き込み端子盤など、設備をコントロールするために必要な機器を設置する場所です。ファイバースペースは、容積率緩和の対象となります。

(1) ファイバースペース設置機器の決定

　本章1項 (3) で確認したサービス提供事業者が設置する集合機器および本章2項 (1) で決定した設備の集合装置が、ファイバースペース設置機器となります。また、それら設置機器の停電時電源の確保を目的として、EVやオートロックシステムの電源確保と共用の蓄電池室設置の可否を検討し、蓄電池室を設置しない場合は、ファイバースペースラック内に無停電電源装置および蓄電池を設置する必要があります。災害時の2次情報収集のために電源の確保は、居住者の安全・安心を担保する上で絶対に必要となります。

(2) 構内配線成端パネル設置数の決定

　構内配線の成端パネルについては、本章2項 (2) で決定した敷設芯線数分の光ファイバーが成端できるパネル数を確保しなければなりません。マンション構内に光ファイバーを敷設しても、成端パネルが設置されていない場合、電気通信事業者は接続不可能物件として、サービス提供を行いません。

(3) 設置キャビネット数の決定

　本項(1)で決定した設置機器が収まるキャビネット数を設置します。ただし、経年後の新規サービス提供を享受するために、新たな設備を設置する可能性がありますので、設備構築時点でのキャビネットの機器占有率は、80％以内に抑えることを推奨します。

(4) ファイバースペースの位置・規模の決定

　ファイバースペースの設置位置については、浸水によるマンション全体の機能不全を防ぐために、建設地域のハザードマップに準じてファイバースペースの設置階を決定することが居住者の安全・安心の担保につながります。
　規模については、本項 (3) の設置キャビネット数を収めた上で、キャビネット前面に1000 mm以上、背面および左右どちらかの側面に700 mm以上の作業スペースを確保します。また、19インチキャビネットの追加が可能な床面積を確保するか否かを検討します。

(5) 停電時電源バッテリーのサイズ決定

　本項 (1) でも触れましたが、停電時に動作しなくなることが問題となるEVやオートロックシステムの電力確保を考えた場合、自家発電室や蓄電池室をファイバースペース脇に設置することが望ましいと考えます。自家発電室や蓄電池室の設置が難しい場合でも、最低限、防犯、防災のシステムなどのファイバースペース内に設置した機器を稼働させることが可能な蓄電池および

無停電電源装置をファイバースペースに設置することで、居住者の安全・安心を担保する必要があります。

(6) 設計・施工などに関する留意点
1) ファイバースペース設置位置
① マンション内の情報通信機能の中枢部であるため、防火、防水、セキュリティを考慮してください。地域のハザードマップに準拠して浸水リスクを回避します。
② 運用上支障を及ぼす塵埃（じんあい）、振動、電磁雑音などの影響のないところに設置してください（19インチキャビネットの中に設置した機器の低周波騒音対策も考慮してください）。
③ 装置の施工、保守に支障のないところに設置してください。
④ マンション内外とのケーブル接続が無理なく行える場所に設置してください（縦系統付近）。

2) ファイバースペースの雷対策
ファイバースペースに設置された19インチキャビネットの電源線からの雷サージ侵入に対し、キャビネット内にSPD（サージ防護デバイス）を内蔵したSPD盤を設置します。この盤を経由して電源線の配線を行います。また、キャビネット内の接地線はこのSPD盤に接続し、フロアの共通接地に接続します。

ファイバースペース設置例イメージ図

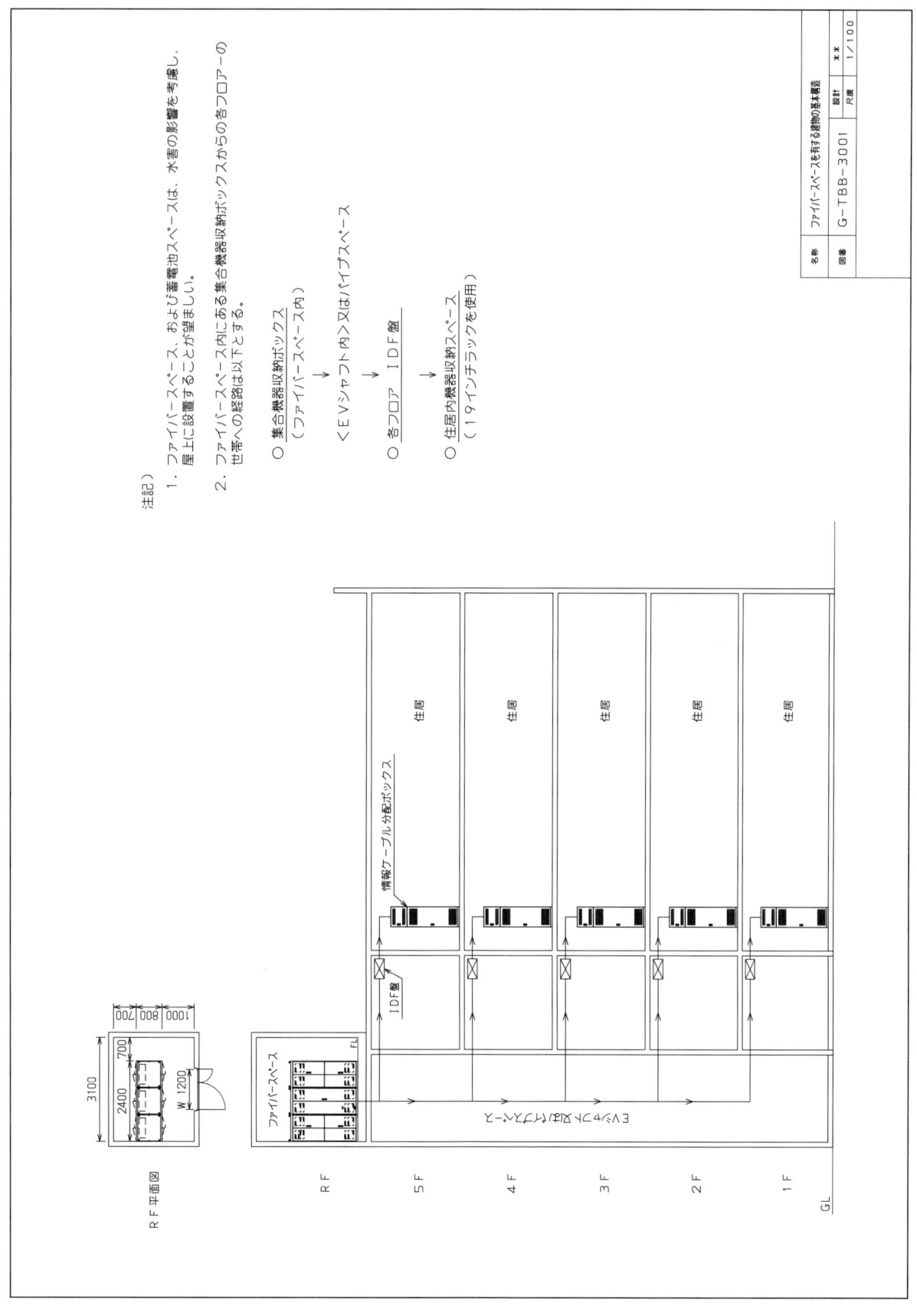

注記)
1. ファイバースペース、および蓄電池スペースは、水害の影響を考慮し、屋上に設置することが望ましい。
2. ファイバースペース内にある集合機器収納ボックスからの各フロアの世帯への経路は以下とする。

○ 集合機器収納ボックス
（ファイバースペース内）
↓
＜EVシャフト内＞又はパイプスペース
↓
○ 各フロア IDF盤
↓
○ 住居内機器収納スペース
（19インチラックを使用）

名称	ファイバースペースを有する建物の基本構造
図番	G-TBB-3001
設計	××
R.妻	1/100

第Ⅲ章　建築物情報化設備構築フローにもとづく各項目説明　61

ファイバースペース・蓄電池室設置例イメージ図

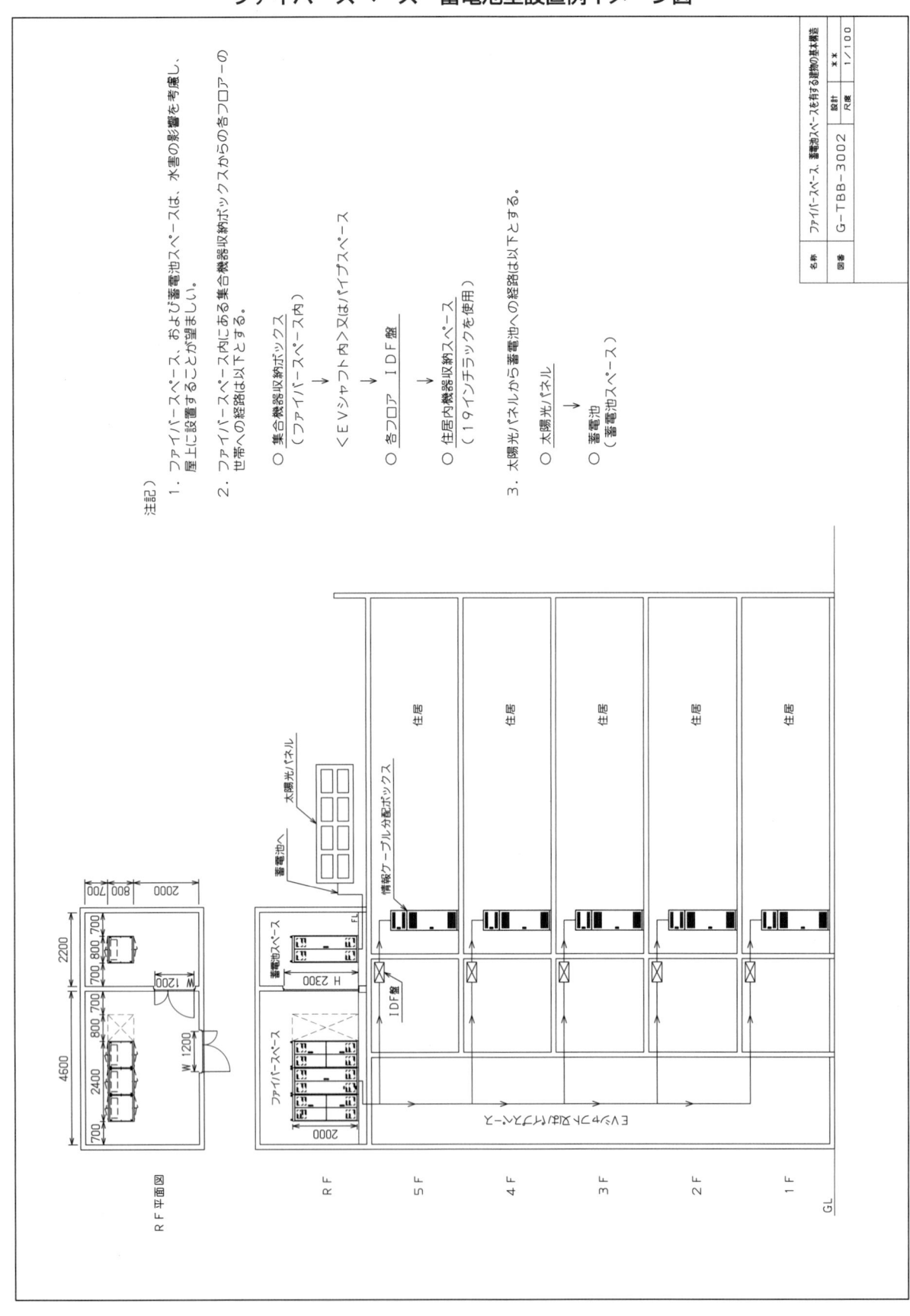

注記）
1. ファイバースペース、および蓄電池スペースは、水害の影響を考慮し、屋上に設置することが望ましい。
2. ファイバースペース内にある集合機器収納ボックスからの各フロアーの世帯への経路は以下とする。

○ 集合機器収納ボックス
（ファイバースペース内）
↓
〈EVシャフト内〉又はパイプスペース
↓
○ 各フロア IDF盤
↓
○ 住居内機器収納スペース
（19インチラックを使用）

3. 太陽光パネルから蓄電池への経路は以下とする。

○ 太陽光パネル
↓
○ 蓄電池
（蓄電池スペース）

名称	ファイバースペース、蓄電池スペースを有する建物の基本構造
図番	G-TBB-3002
設計	××
R度	1/100

3) ファイバースペースの環境条件
① ファイバースペースのサイズ

　装置のレイアウト、装置間の離隔距離、保守作業、装置の増設などを考慮し、ファイバースペースのサイズを決定します。また、装置の高さや配線方法（2重床の採用、ケーブルラックの取り付けなど）がファイバースペースの高さに影響します。

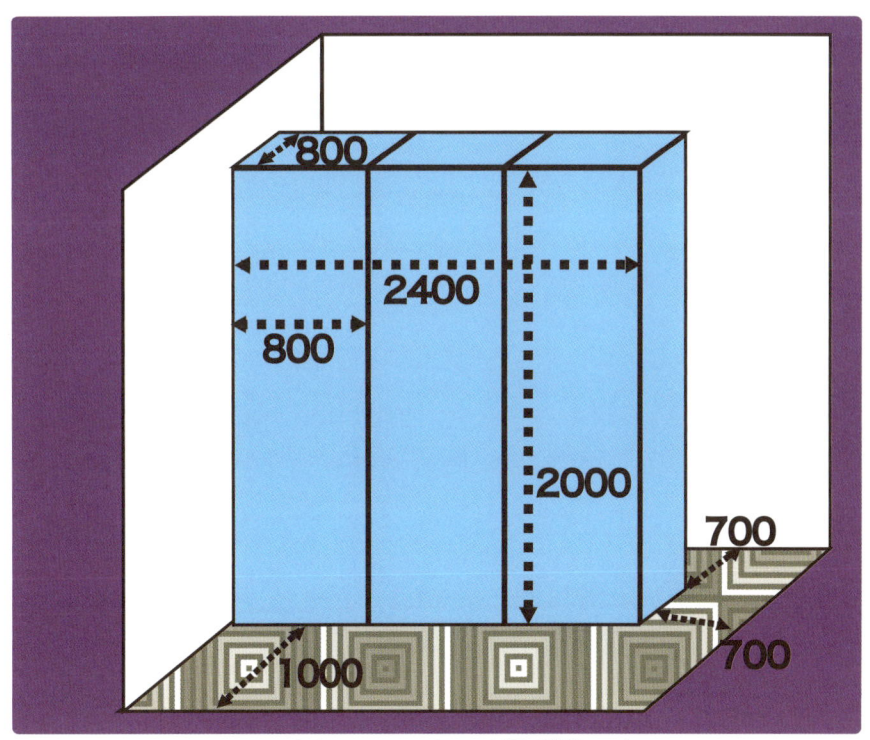

ファイバースペースイメージ図（単位mm）

② キャビネット荷重

　設置数の重量に耐えられる床荷重が必要です。上図の3台設置した場合の荷重目安は1500kgです。また、増設スペースを確保する場合は増設分を含めた床荷重が必要です。

③ 温湿度、照明

　一般事務室と同程度とし、機器類の発熱によりCPU限界温度を超えた場合の故障や通信断を避けるため、エアコンなどを設置してください。

　温度　　周辺温度　0～40℃
　湿度　　相対湿度　15～90％

※　熱設計については、
　・建物設置エリアの外気温
　・搭載機器の発熱量
により計算します。この条件にもとづいて、空調機器メーカーに相談してください。

④ 貫通孔の耐火対策

配線などが防火区画を貫通するときは、耐火遮断が必要になります。

⑤ その他

装置用電源、保守コンセント、配線用配管、アースなどについては装置側条件を満たすように設置してください。

4）ファイバースペースの適用標準面積

<table>
<tr><th rowspan="9">ファイバースペース</th><th>世帯数</th><th>最大世帯構内光成端数</th><th>適用面積</th><th>19インチキャビネット設置数</th></tr>
<tr><td>〜10</td><td>56 以上</td><td>3.75㎡以上</td><td>1</td></tr>
<tr><td>11〜25</td><td>116 以上</td><td>5.75㎡以上</td><td>2</td></tr>
<tr><td>26〜50</td><td>216 以上</td><td>7.75㎡以上</td><td>3</td></tr>
<tr><td>51〜100</td><td>424 以上</td><td>11.75㎡以上</td><td>5</td></tr>
<tr><td>101〜200</td><td>832 以上</td><td>13.75㎡以上</td><td>6</td></tr>
<tr><td>201〜300</td><td>1232 以上</td><td>17.75㎡以上</td><td>8</td></tr>
<tr><td>301〜400</td><td>1640 以上</td><td>19.75㎡以上</td><td>9</td></tr>
<tr><td>出入り口</td><td colspan="3">幅1.2 m、高さ2.3 m以上の施錠不燃扉を設置
および関係者以外立入禁止表示</td></tr>
</table>

※世帯別光芯線：4芯　　共用部、屋上部など共用設備利用芯線16芯＋α

5）ファイバースペース適用面積の算出例

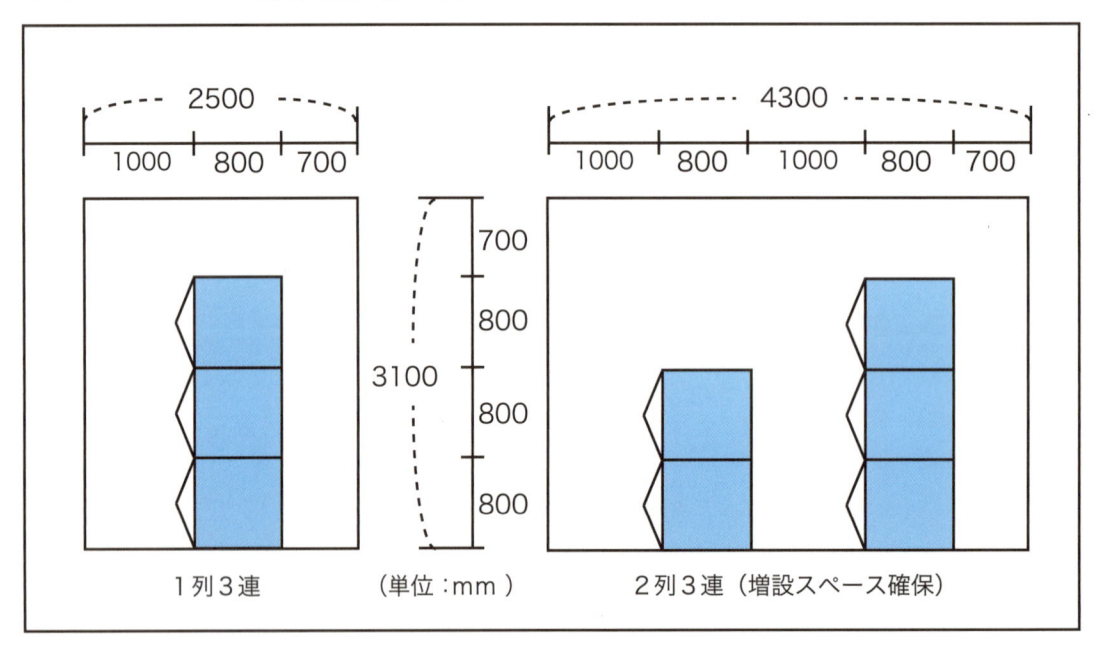

1列3連　　　　　　　　　　2列3連（増設スペース確保）
（単位：mm）

※ マンションにおけるバージョンアップを考慮した場合、予備配管の敷設と同様にファイバースペースの面積に19インチキャビネット増設スペースを確保しておくことが重要です。

6) 扉サイズ

ファイバースペースの建築工事完了後に 19 インチキャビネットを設置することから、扉は、有効開口：幅 1200 mm、高さ 2300 mm の施錠扉の設置を推奨します。

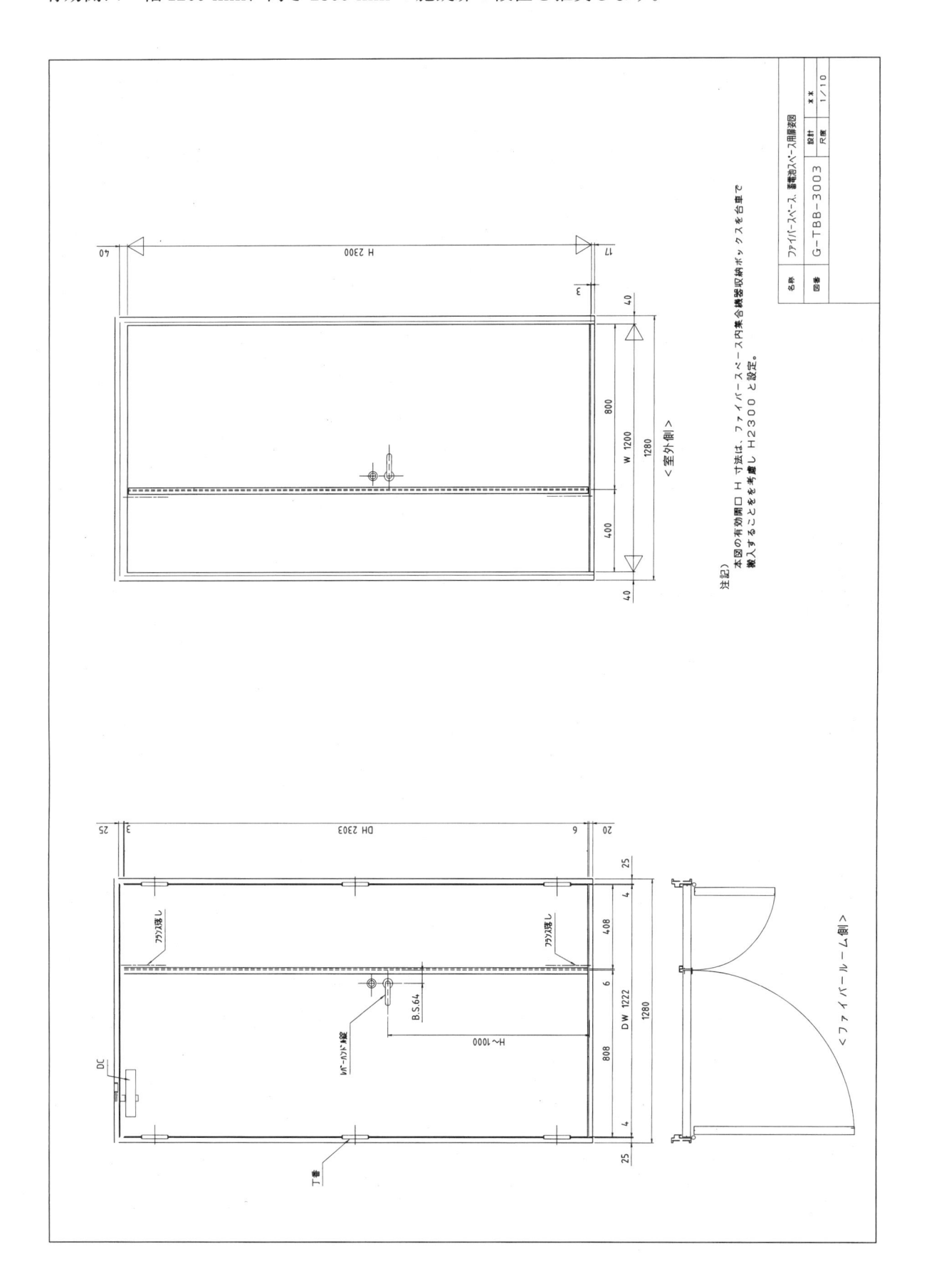

7) 既存マンションでのファイバースペースの新設

ファイバースペースの確保が難しい既存マンションについては、電気通信事業者が無人基地局に利用している置き型のファイバースペースを屋上に設置する方法があります（24ページ参照）。

8) その他

光ファイバーの接続部や機器収納時の配線施工上の留意点として、接続時の裸ファイバー芯線の扱いではファイバーの汚れ、テープ芯線では機器収納時のねじれや扉による挟み込みに細心の注意が必要です。また、光パッチコードなどのねじれ（キンク状態）や極度の曲げに注意が必要です。製品の工法書記載の作業手順を順守することが重要です。

4. 住戸内設備項目

(1) 住戸内機器収納スペースの決定

　住戸内機器を収納するスペースを確保することは、設備の維持管理面において重要であると本書は考えます。また、そのスペースに設置する設備機器は、奥行き 300 mm の住戸内機器収納庫（19 インチキャビネット）内への設置を推奨します。これは、住戸内設備のコントロール主装置を 1 カ所に設置することで、故障時に速やかな原因究明、修理対応などを可能とするためのマンション保守維持管理の条件です。

　保守維持管理の条件として考えた場合、住戸内機器収納スペースの設置位置は下駄箱付近が望ましいでしょう。日本のマンションの下駄箱の奥行き寸法は 400 mm の規格サイズであることから、奥行き 300 mm の収納庫を設置しても、下駄箱と同じデザインの扉を取り付けることで、意匠上も見栄えよく仕上げることが可能です。

(2) 住戸内機器収納スペース内設置機器の決定

　住戸内機器収納スペース内に設置する機器は、分電盤および 4 芯光ファイバーの成端装置、各居室に配線するメタル線への信号変換装置および信号変換後の分配器が、必要最小限、設置されるべき機器となります。

　その上で、住戸内のエネルギー供給を効率よく供給する HEMS をはじめ、住戸内機器の制御サーバーを設置するなど、住戸内設備のレベルによって住戸内機器収納庫への設置機器が追加されていくかたちになります。

(3) 住戸内配線種類の決定

　住戸内の各居室への配線種類を決定します。電力供給配線も含めたコンセント対応となる配線については、基本的に住戸内機器収納庫設置の分配装置と各居室コンセントの間を 1 本ずつケーブルでつなぐスター配線で配線します。放送設備は同軸ケーブル、通信設備は PC 接続用の UTP ケーブル配線と電話器接続用のペアケーブル配線が必要になります。

　端末機器に直接接続するインターホンや火災感知器などは、端末機器の接続ケーブルを設置位置まで敷設します。

　また、通信速度の安定化をはかるためには、カテゴリ 5e 以上の UTP ケーブルを利用する必要があります。

(4) 各居室コンセントなどの種類・位置の決定

　各居室のコンセントは従来どおり、部屋の形状や構造上、設置可能な位置に設置されていれば、問題はありません。

　また、居室内の利便性を向上させるために、無線 LAN を採用する場合は各居室天井部や壁面などに LAN コンセントを設置し、無線 LAN の中継器を設置すれば、無線 LAN の安定的な接続にとってたいへん有効です。

(5) 各居室コンセントなどまでの配管経路の決定

下の表に示すとおり、UTP ケーブルは、カテゴリの違いで配線性能が異なります。PC などの接続機器の能力などの関係で 1 Gbps までの伝送速度を規定した規格のカテゴリ 5e のケーブルで問題ありませんが、すでに一部の電気通信事業者では、戸建て住宅に対して最大通信速度 2 Gbps の提供サービスが開始されています。最大 2 Gbps の提供サービスを利用する場合、カテゴリ 7 の UTP ケーブルを利用しなければ、最大値に対応できず、配線の交換が必要になります。伝送能力の問題は同軸ケーブルでも同様のことがいえます。したがって、配線敷設は必ず配管内に敷設し、配線交換可能な環境整備が必要です。

UTP ケーブルの規格上位カテゴリ

UTP ケーブルの種類		Cat5 カテゴリ 5	Cat5e カテゴリ 5e	Cat6 カテゴリ 6	Cat7 カテゴリ 7
規格概要	通信速度	100 Mbps	1 Gbps	1 Gbps	10 Gbps
	適合する NIC 規格	10BASE-T 100BASE-TX	10BASE-T 100BASE-TX 1000BASE-T	10BASE-T 100BASE-TX 1000BASE-T 1000BASE-TX	10BASE-T 100BASE-TX 1000BASE-T 1000BASE-TX 10GBASE-T
	伝送帯域	100 MHz	100 MHz	250 MHz	600 MHz

(6) 設計・施工などに関する留意点

1) 住戸内機器収納スペース

① 住戸内機器収納スペースに設置される各種機器には、発熱するものもあることから、天井部で換気ダクトと接続するなどのスペース内の排熱対策を考慮してください。

② 住戸内機器収納庫を採用した場合、地震などで倒れることのないような固定方法を採用してください。また、設置の際、床面に防振ゴムを敷くなどの低周波騒音対策も考慮してください。

③ 住戸内機器収納スペース設置の機器に関する非常用電源として、最低限、通信用の ONU＝50 W／h が約 12 時間稼働する蓄電システム（無停電電源装置を含む）を設置します。ただし、居室内に設置の端末（TV や PC など）の電源を担保する非常用コンセントを設けるなどの配慮が必要かどうか、建築主（発注主）に判断を仰ぐ必要があります。非常用コンセントなどが必要と判断された場合、蓄電池のサイズを変更します。

2) 住戸内メタル配線

① 住戸内配線についても経年後、技術革新の対応で配線交換が必要になると予測できることから、住戸内のメタル配線も配管設置の上、敷設することを推奨します。

② 住戸内の各種メタル配線については、基本的に住戸内機器収納スペースからスター配線で敷設することを推奨します。

③ 既存マンションに敷設する際、各配線に三角の露出モール（回り縁型）を利用するなどの意匠的な配慮が必要になります。

3) 住戸内機器の雷対策

住戸内への情報通信ラインは、

ファイバースペース→各フロアIDF盤→住戸内機器収納スペース→機器のルート

となります。IDF盤および住戸内機器収納スペースまでは光ファイバーとなり、この光信号を電気信号に変換するための装置に電源供給が必要となるため、電源線からの雷侵入に対してSPD（避雷器）を設置し、雷対策を行う必要があります。

これらの電源線は住宅用分電盤から配線されているため、SPDの設置は住宅用分電盤内に設置します。この住宅用分電盤はほかの家電機器にも配線されていることから、家電機器の雷保護にも効果があります。

住宅用分電盤にSPDを設置する雷対策は、（一社）日本配線システム工業会において、雷保護装置が内蔵される住宅用分電盤の規格として、標準的な雷保護装置の仕様・選定および施設・施工方法の検討が進められ、JWDS0007-付3「避雷機能付住宅用分電盤」に規格化されています。2005年9月に内線規定（JEAC8001-2005）が改訂、発行され、この規定改訂により住宅用分電盤内に雷保護装置を取り付けた高機能な「避雷機能付住宅用分電盤」が普及しています。

また、この規定改訂では、新たに住宅用分電盤内に取り付ける雷保護装置について下図のように設置方法が規定されています。

避雷機能付住宅用分電盤の施設例

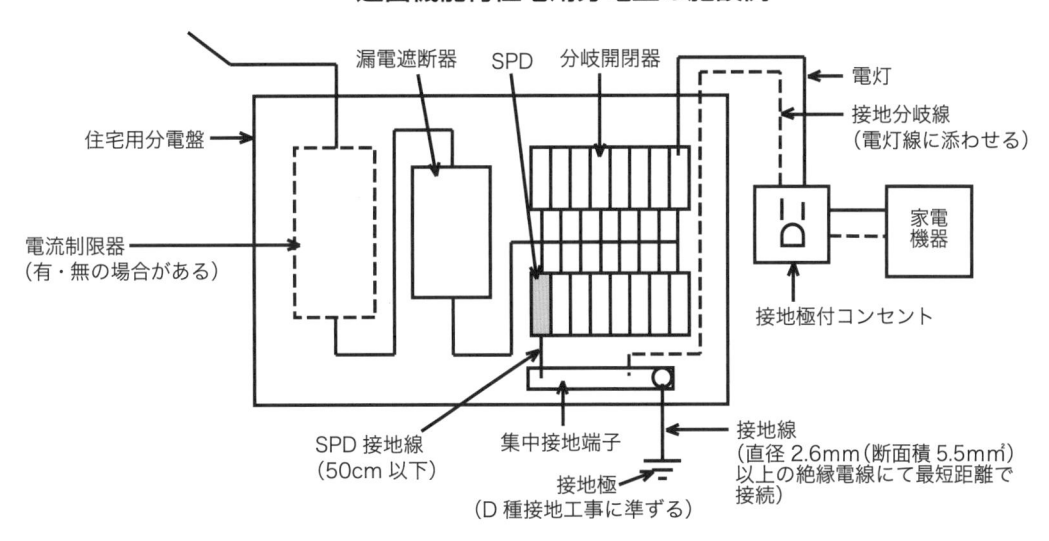

既存住宅用分電盤への雷保護装置の施設例

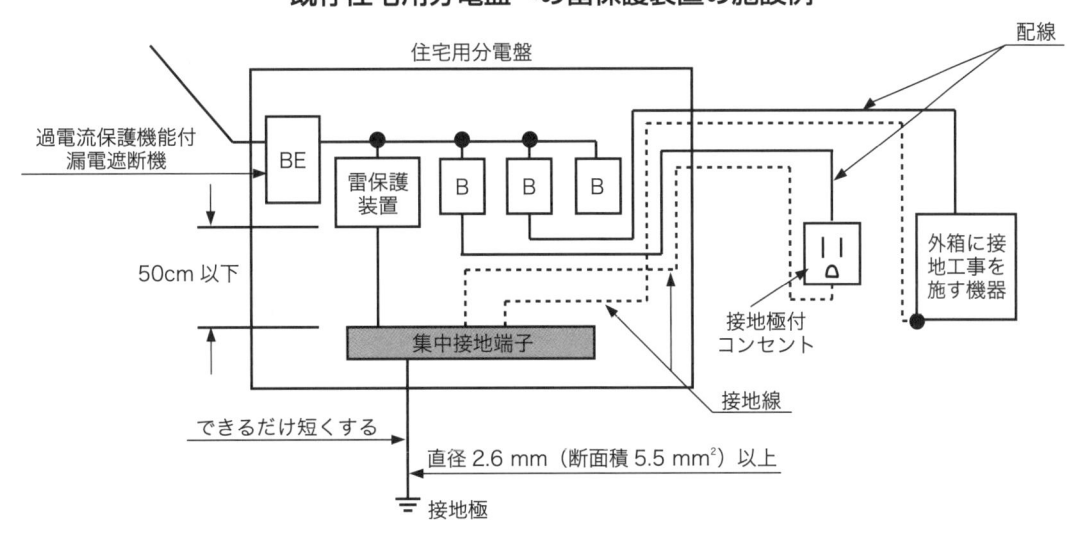

5. 施工完了検査項目

(1) ロス検査

建築物情報化設備の構築の施工完了時にロス検査をする必要があります。光ファイバーの情報伝送が損失なく行われているか、検査機器を使って検査します。検査区間の損失値が 1.60 dB 以下であれば、検査合格と判定します。検査データは工事仕様完成図書に添付します。

(2) 工事仕様完成図書の作成

建築物情報化設備の仕様について、完成図書にまとめます。どこにどのような設備が設置されているかという情報を開示、保存することで、保守維持管理対応時に役立てます。

(3) 建築物情報化設備構築の完了

工事完成図書の作成をもって、構内施工の完了となります。

なお、マンション構内の責任区分における施工完了後、電気通信事業者の引き込み工事の完了をもって、建築物情報化設備構築の完了となります。

完成図書　測定結果（例）

1. はじめに
   〇〇マンション向け、光ファイバーケーブル接続の伝送路損失測定を完了しましたので、その結果をご報告いたします。

2. 施工年月日　　平成〇〇年〇〇月〇〇日

3. 施工場所　　〇〇県〇〇市1丁目2番3号

    1F　　　ファイバースペース
    1F～7F　各居室55室（管理人室を含む）

4. 施工者　　株式会社　□□電気通信

5. 施工内容
   1 接続箱3台と、住戸内機器収納庫55台テープ4芯のインドアケーブルの配線。
     ① 住戸内機器収納庫内で、クイックSCコネクターの成端。
     ② ファイバースペース内および地下ピット内での融着接続。
   2 光伝送路損失試験
     光コネクター間全芯線

6. 使用測定機器　（融着接続機も含む）

名　称	型　式	製造会社	製造番号	備考
光マルチメーター本体	AQ2160	△△電機株式会社	27E417802	
光源ユニット	AQ4270	△△電機株式会社	27E417811	波長λ1.31μm
融着接続機	S121M	××電気工業株式会社	01614	

7. 芯線接続図　　：巻末に添付とする。

8. 検査結果
   1 外観、出来形検査：良好←　外観に汚れ、損傷なく、出来形も問題なし。
   2 員数検査　　　　：良好←　支給された資材は過不足なく全数使用。
   3 回線損失　　　　：良好←　測定結果は添付試験成績表の形式による。

9. まとめ
   検査の結果、本光伝送路は良好であると判断いたします。

1) 光ファイバー伝送損失測定方法

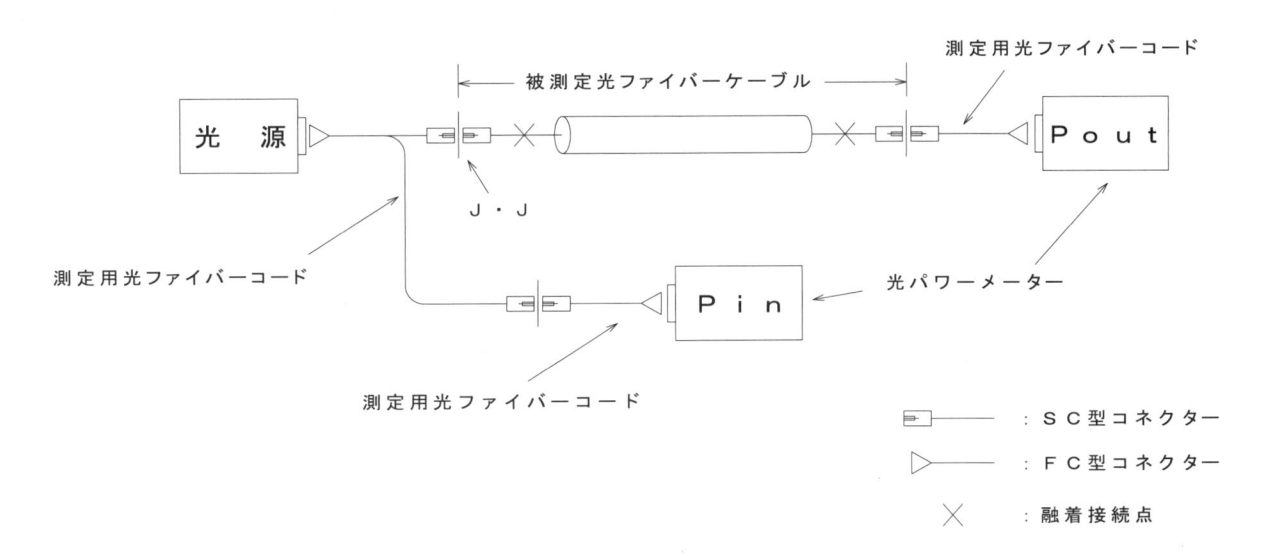

（図：光源 → 測定用光ファイバーコード → J・J → 被測定光ファイバーケーブル → 測定用光ファイバーコード → Pout（光パワーメーター）、分岐して Pin（光パワーメーター））

凡例：
- ▭〓 ：ＳＣ型コネクター
- ▷ ：ＦＣ型コネクター
- ✕ ：融着接続点

1) パワーメーターにより、入射光の基準値（Pin）を測定します。
2) パワーメーターにより、出射光パワーレベル（Pout）を測定します。
3) PinからPoutを差し引いた値が伝送損失となります。

$$伝送損失(dB) = Pin(dBm) - Pout(dBm)$$

規格値の算出
- ケーブル規格値（:L km）
  〈長波長：1.31μm〉

1≦L	:0.5 × L	（dB以下）
0.2≦L＜1	:0.375 × L ＋ 0.125	（dB以下）
L＜0.2	:0.2	（dB以下）

- 融着接続損失（1カ所）　　　　　:0.2　　　　　　　（dB以下）
- コネクター接続損失（1カ所）　　:0.5　　　　　　　（dB以下）

計算式
　　ケーブル規格値 ＋ 融着接続損失 ＋ コネクター接続損失 ＝ 伝送損失（規格値）

・ケーブル長200m以下より規格値は、下記数値をもって合格と判断しております。
・方向 A は、1階 ファイバールーム → 各居室、 方向 Bは、各居室 → 1階 ファイバールーム

・規格値
　　長波（1.31μm）：0.2(dB)＋0.2(dB)×2(カ所)＋0.5(dB)×2(カ所)＝1.60(dB)

■測定結果　　　　　　　　　　　　　　　　　　　　　　　　測定日：H○○年○○月○○日

波長	居室	番号	トレイ番号	測定方向	規格値(dB)	Pin(dBm)	Pout(dBm)	損失値(dB)	判定	備考(ケーブル番号、ケーブル長)
長波 1310nm (SM)	101	1	85	B	-1.60	-2.50	-2.74	0.24	OK	
		2	86			-2.50	-2.80	0.30	OK	
		3	87			-2.50	-2.83	0.33	OK	
		4	88			-2.50	-2.94	0.44	OK	(直接、21.1m)
	102	1	1	A		-1.00	-1.53	0.53	OK	
		2	2			-1.00	-1.55	0.55	OK	
		3	3			-1.00	-1.57	0.57	OK	
		4	4			-1.00	-1.63	0.63	OK	(1-1-1、47.9m)
	103	1	29	A		-1.00	-1.52	0.52	OK	
		2	30			-1.00	-1.40	0.40	OK	
		3	31			-1.00	-1.33	0.33	OK	
		4	32			-1.00	-1.56	0.56	OK	(1-2-3、54.6m)
	104	2	1	B		-1.00	-1.27	0.27	OK	
			2			-1.00	-1.28	0.28	OK	
			3			-1.00	-1.16	0.16	OK	
			4			-1.00	-1.33	0.33	OK	(2-1-1、87.9m)
	105	1	57	B		-1.00	-1.50	0.50	OK	
			58			-1.00	-1.69	0.69	OK	
			59			-1.00	-1.45	0.45	OK	
			60			-1.00	-2.15	1.15	OK	(1-3-5、61.3m)
	106	2	25	B		-1.00	-1.24	0.24	OK	
			26			-1.00	-1.28	0.28	OK	
			27			-1.00	-1.17	0.17	OK	
			28			-1.00	-1.30	0.30	OK	(2-2-2、82.1m)
	107	2	49	B		-2.50	-2.86	0.36	OK	
			50			-2.50	-2.95	0.45	OK	
			51			-2.50	-3.20	0.70	OK	
			52			-2.50	-2.93	0.43	OK	(2-3-3、77.9m)
	108	2	73	B		-1.10	-1.47	0.37	OK	
			74			-1.10	-1.33	0.23	OK	
			75			-6.20	-6.56	0.36	OK	
			76			-6.20	-6.60	0.40	OK	(2-4-4、81.3m)
	109	3	1	B		-2.50	-3.06	0.56	OK	
			2			-2.50	-2.98	0.48	OK	
			3			-2.50	-2.85	0.35	OK	
			4			-2.50	-2.99	0.49	OK	(3-1-1、82.7m)
	201	1	89	B		-0.99	-1.33	0.34	OK	
			90			-0.99	-1.16	0.17	OK	
			91			-0.99	-1.55	0.56	OK	
			92			-0.99	-1.11	0.12	OK	(直接、36.9m)
	202	1	5	B		-2.50	-2.66	0.16	OK	
			6			-2.50	-2.71	0.21	OK	
			7			-2.50	-2.70	0.20	OK	
			8			-2.50	-2.90	0.40	OK	(1-1-2、54.8m)
	203	1	33	A		-1.00	-1.33	0.33	OK	
			34			-1.00	-1.40	0.40	OK	
			35			-1.00	-1.50	0.50	OK	
			36			-1.00	-1.48	0.48	OK	(1-2-4、56.9m)

6. 施工完了時項目

(1) ファイバースペースまでの幹線引き込み工事（事業者）

　建築計画時の電気通信事業者や放送事業者との打ち合わせのもとに、マンションへのサービス提供を行うために幹線の引き込み工事が必要な事業者が、自社の指定工事会社による幹線引き込み工事を構内施工完了後に行います。

　サービス提供事業者がマンション一括で提供するサービスを享受する場合は、レンタル機器端末などの設置までを完了させ、建築物情報化設備構築の完了となります。ただし、専有部の個別契約にもとづくサービス提供に際して、サービス提供事業者による機器端末の設置などの2次的工事が必要となる場合があり、その工事に関しては専有部の契約者とファイバースペースの管理者の立ち会いが必要になります。

(2) 建築主（発注主）への設置設備に関する説明会の実施

　建築主に対して、どこにどのような設備が設置されているのか、工事仕様完成図書を用いて説明会を実施します。説明会実施時にマンションの管理会社が決定している場合は、管理会社担当者にも参加してもらいます。

(3) 建築主（発注主）への工事完成図書の提出

　説明会終了後、工事完成図書を建築主に提出します。
　工事仕様完成図書の詳細については、次項で解説します。

7. 竣工引き渡し時項目

（1） 工事仕様完成図書の作成について

　建築物情報化設備の構築において工事仕様完成図書の作成はもっとも重要な部分です。建築物情報化設備の評価（建築物評価と連動）、各種サービス導入、設備の円滑な運用、故障時の迅速な復旧と原因調査のためにも、工事仕様完成図書を作成し、履歴として保管していくことが重要です。工事仕様完成図書の内容として必要な項目は下記のとおりです。

1）工事概要

概要図（系統図）の例

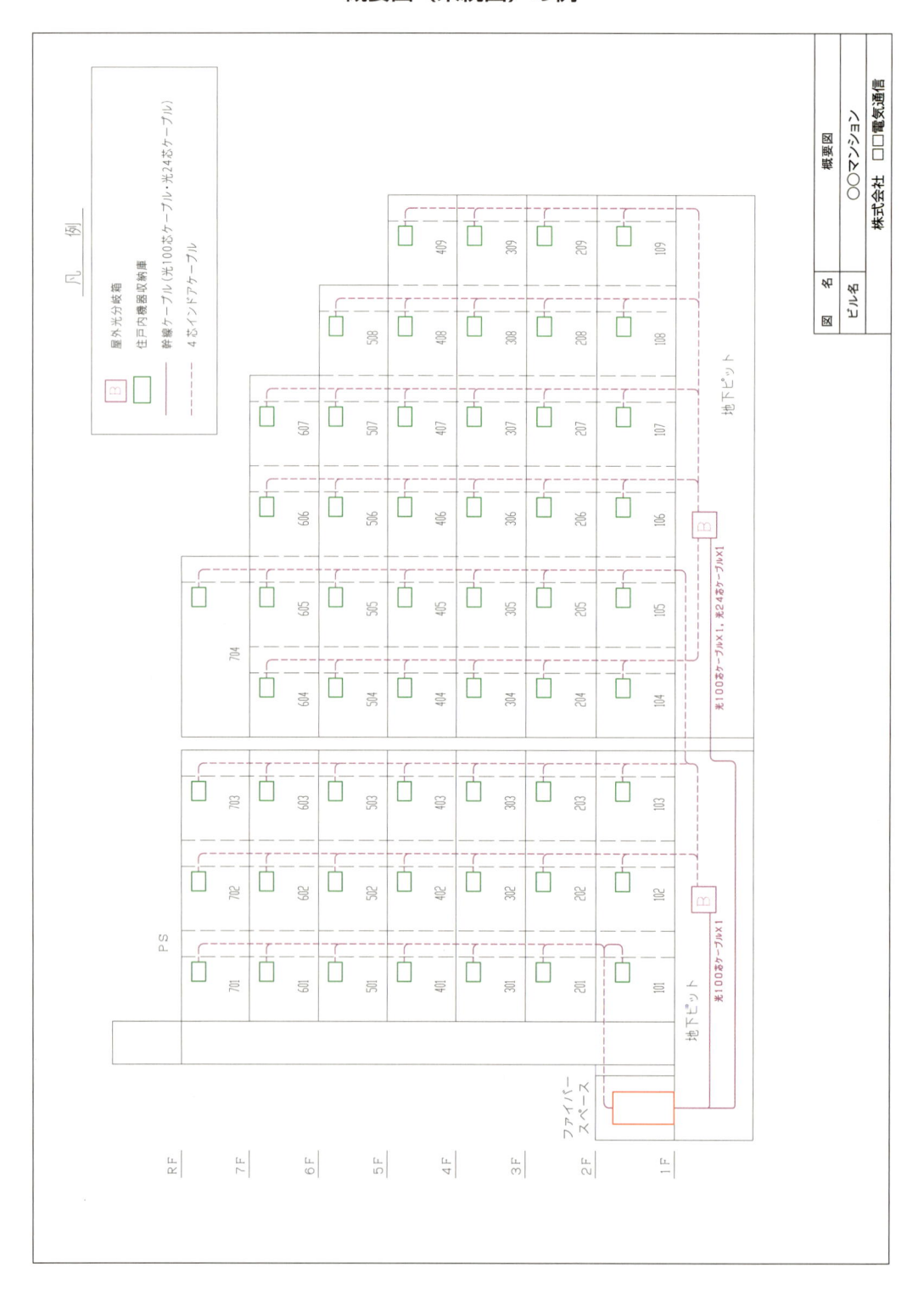

2) 幹線ルート

幹線ルート図・機器配置図の例

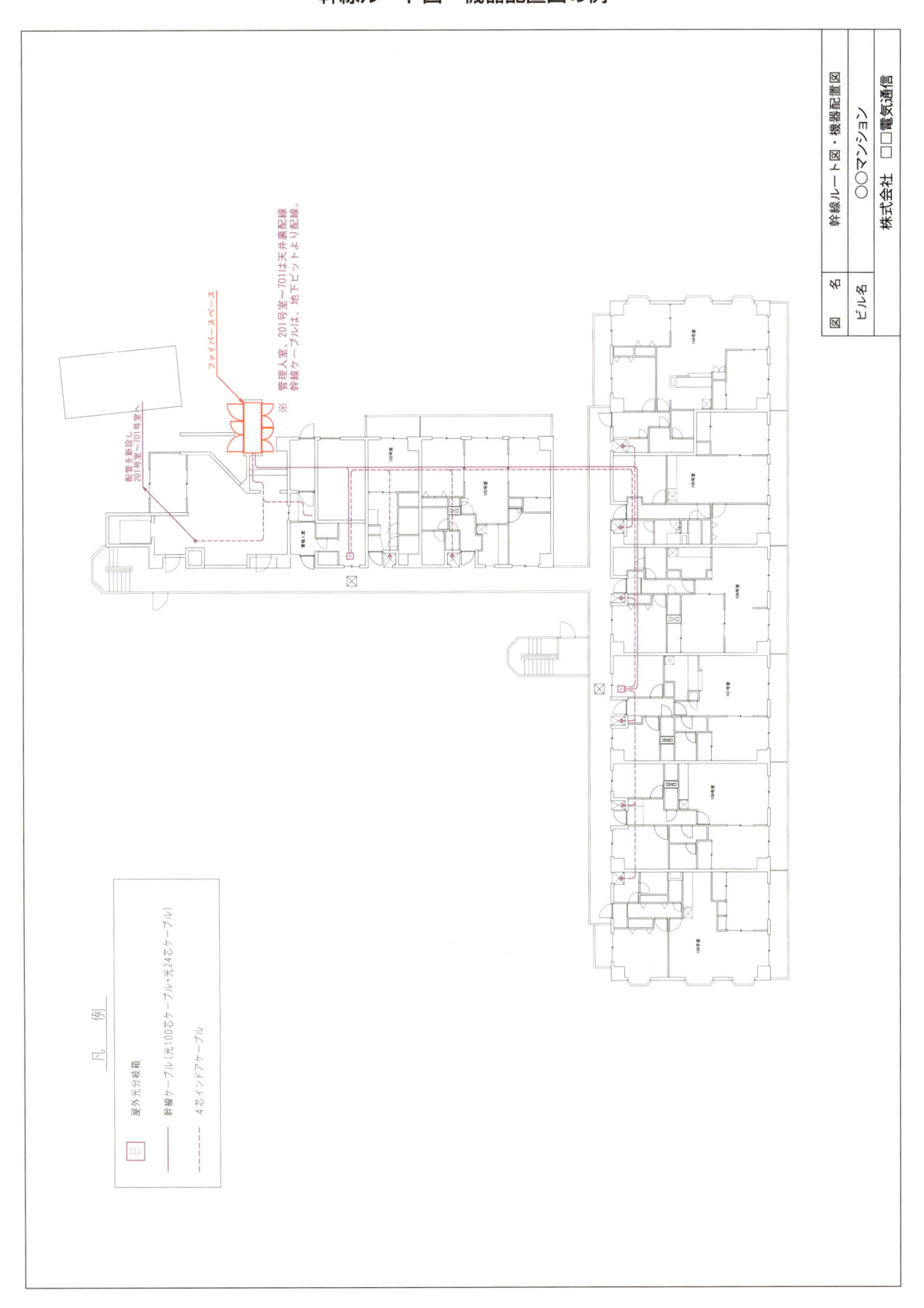

第Ⅲ章 建築物情報化設備構築フローにもとづく各項目説明 75

3) ファイバースペース仕様

ファイバースペースキャビネット配置図の例

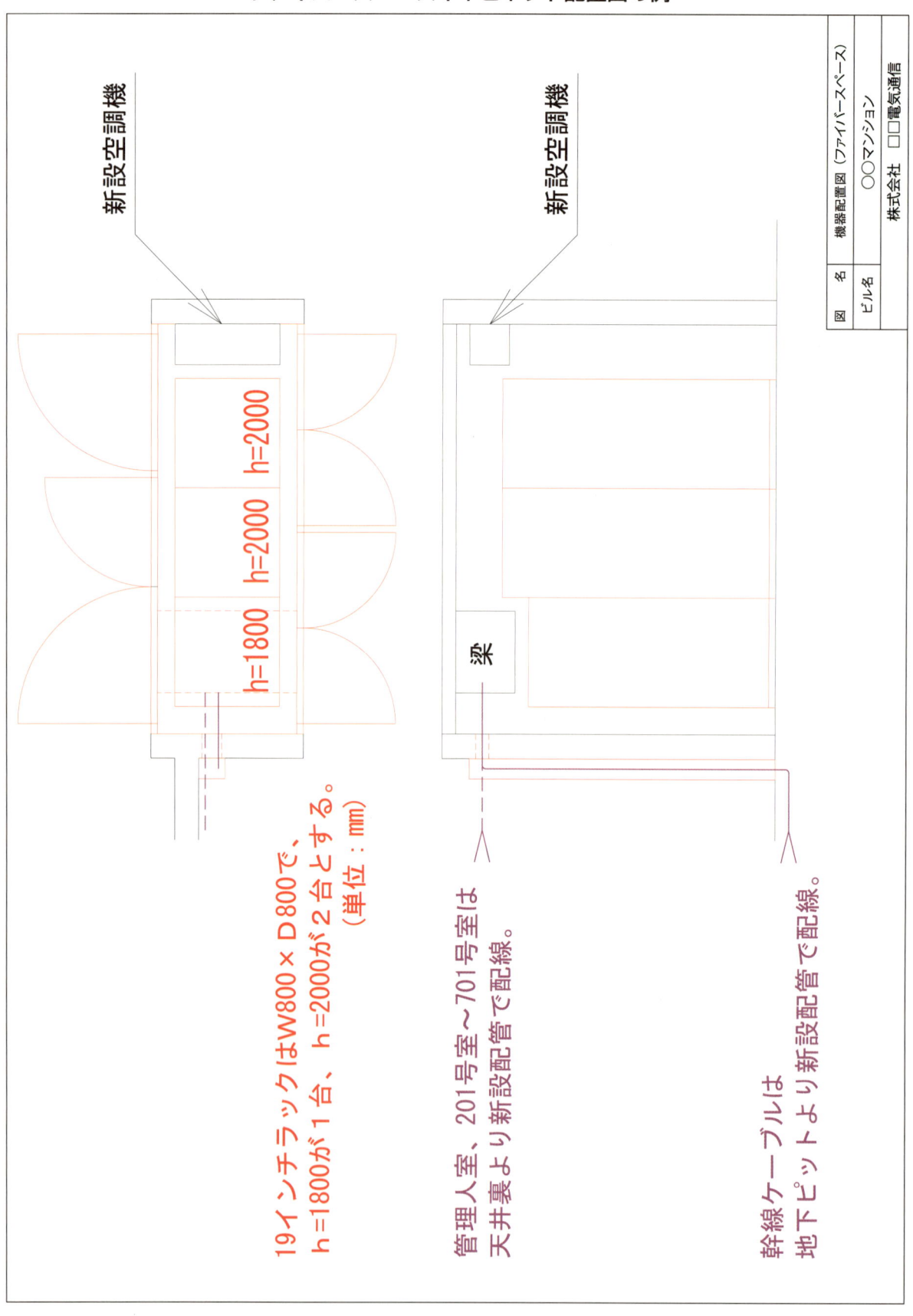

新設空調機

新設空調機

h=1800　h=2000　h=2000

梁

19インチラックはW800×D800で、h=1800が1台、h=2000が2台とする。
（単位：mm）

管理人室、201号室～701号室は天井裏より新設配管で配線。

幹線ケーブルは地下ピットより新設配管で配線。

図　名	機器配置図（ファイバースペース）
ビル名	○○マンション
	株式会社　□□電気通信

76

4) 各住戸概要

居室別配置図の例

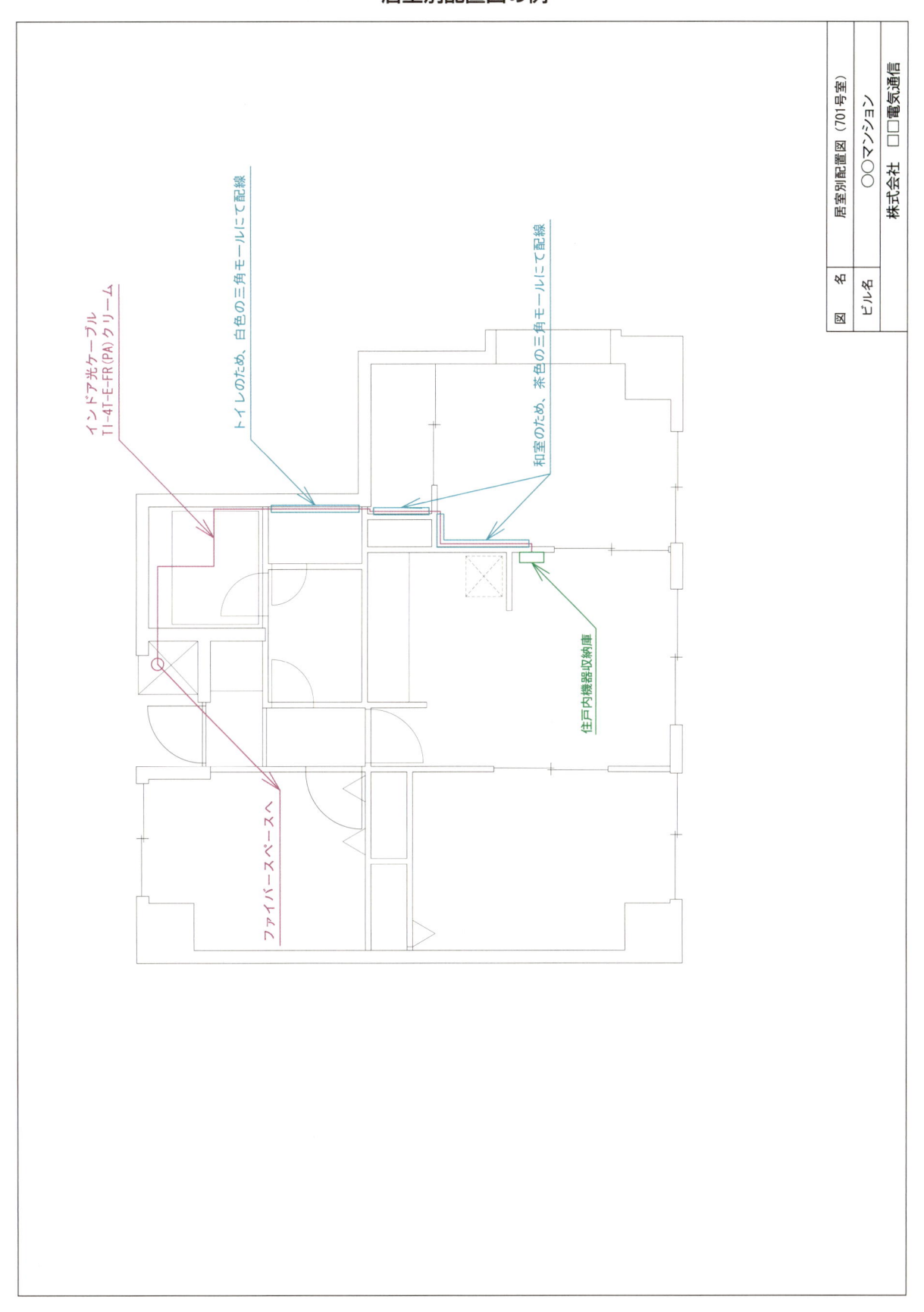

第Ⅲ章 建築物情報化設備構築フローにもとづく各項目説明 77

① 住戸内UTP配線試験方法

　Fluke（DSP-4300）は、UTPケーブルなどを検証するデジタルケーブルアナライザーです。測定方法としては、端末処理が完了した後に、下図のように接続し、ダイヤルをAUTOTESTに合わせ、TESTボタンを押すと、Fluke（DSP-4300）に組み込まれているプログラムが作動し、測定を行います。

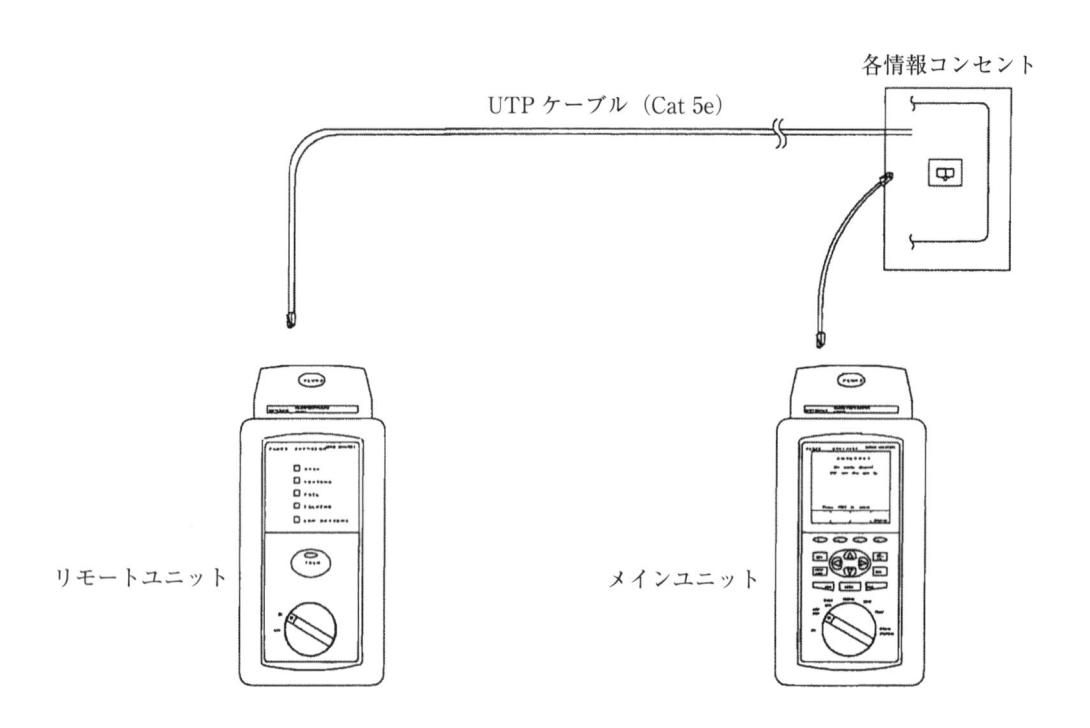

　なお、この回線測定試験項目は、下記のとおりです。

　〈テスト規格：TIA Cat 5e Channel〉
　　・ワイヤーマップ（結線状態確認）
　　・ケーブル長
　　・伝搬遅延
　　・インピーダンス
　　・減衰量
　　・RETURN LOSS（反射減衰量）
　　・PSNEST（電力和近端漏話減衰量）
　　・PSACR（電力和遠端漏話減衰量）
　　・NEXT（近端漏話減衰量）
　　・ACR（近端漏話　S／N比）
　　・ELFEXT（等レベル遠端漏話減衰量）
　　・PSELFEXT（電力和等レベル遠端漏話減衰量）

　判定は、上記項目の規格値をすべて満足した時、PASS（合格）と判断しています。

5) 使用部材仕様書

使用部材メーカー作成の製品仕様書を添付します。

① 光ケーブル
② 光キャビネット（PT）
③ 光キャビネット（PD）
④ 片端 SC4 芯 FO コード
⑤ 細径パイプケーブル　2 パイプ用
⑥ 防火区画貫通処理材
⑦ 住戸内機器収納庫
⑧ 4 芯光成端箱
⑨ 光コネクター
⑩ UTP ケーブル
⑪ マルチメディアコンセント
⑫ 付帯設置設備・機器

⑫の付帯設置設備・機器については、光ファイバー統合配線を利用する設備機器すべてにおいて仕様書を添付します（施工完了後に設置されるサービス提供事業者の設置機器については対象外）。

光ケーブル仕様書の例

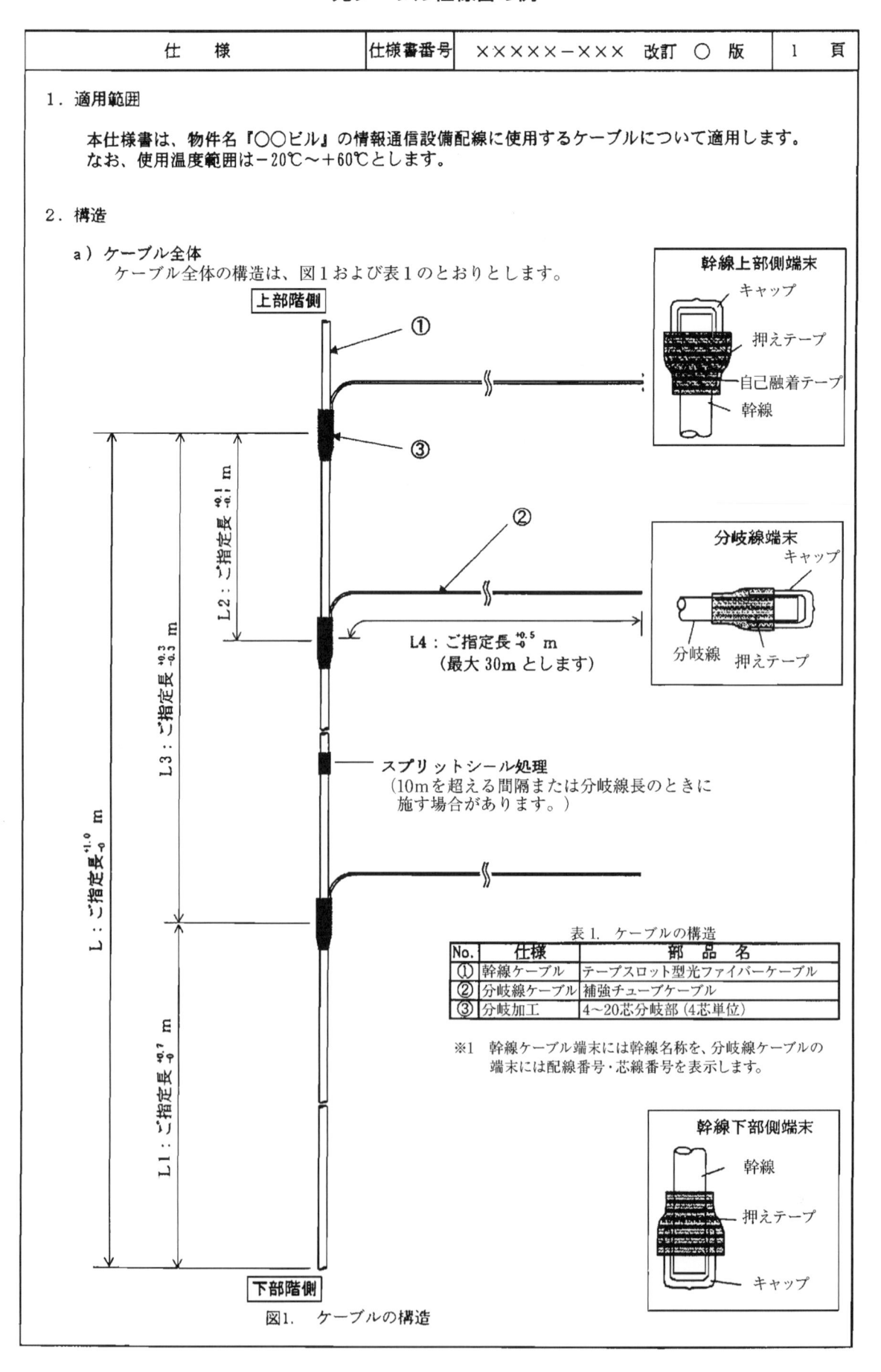

仕　　様	仕様書番号	××××× - ××× 　改訂　○　版	1 頁

1. 適用範囲

本仕様書は、物件名『○○ビル』の情報通信設備配線に使用するケーブルについて適用します。
なお、使用温度範囲は-20℃～+60℃とします。

2. 構造

a) ケーブル全体

ケーブル全体の構造は、図1および表1のとおりとします。

表1. ケーブルの構造

No.	仕様	部　品　名
①	幹線ケーブル	テープスロット型光ファイバーケーブル
②	分岐線ケーブル	補強チューブケーブル
③	分岐加工	4～20芯分岐部（4芯単位）

※1 幹線ケーブル端末には幹線名称を、分岐線ケーブルの端末には配線番号・芯線番号を表示します。

図1. ケーブルの構造

b) 幹線ケーブル
　　幹線ケーブルの構造は、図2～4および表2～4のとおりとします。

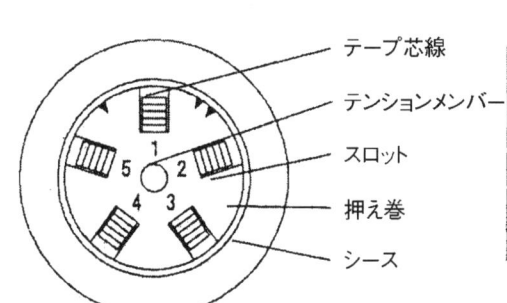

表2. 100芯テープスロット型光ケーブルの構造表

項　目	仕　様
光ファイバー芯数	100芯
光ファイバー種別	シングルモード（SM）型
テンションメンバー	φ1.8mm鋼線
シース	FRPE（若草）
機能および構造	難燃／丸型
ケーブル標準外径	11.5mm
ケーブル標準質量	110kg／km

図2. 幹線ケーブルの構造（芯テープ　100芯）

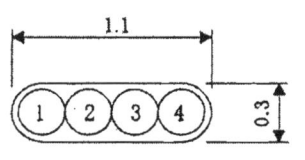

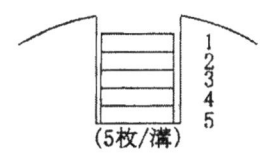

図3. テープ芯線の構造　　図4. 構内テープ芯線No.

表3. 構内テープ芯線枚数

芯数	溝No. 1～10
100芯	5枚

表4. テープ芯線中のSM光ファイバー素数の識別

テープ芯線No.	素線No. 1	2	3	4
1	青	白	茶	灰
2	黄	白	茶	灰
3	緑	白	茶	灰
4	赤	白	茶	灰
5	紫	白	茶	灰

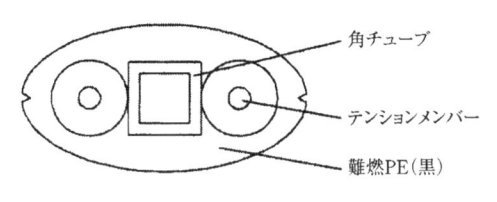

c) 分岐線ケーブル
　　分岐ケーブルの構造は、図5および表5のとおりとします。

表5. 補強チューブケーブルの構造表

項　目	仕　様	
挿入光ファイバー芯数	4, 8芯	12, 16, 20芯
テンションメンバー	0.7mmφ鋼線	
シース	難燃PE（若草）	
機能および構造	難燃／平型	
ケーブル標準外径	約4.0mm×8.0mm	約5.0mm×10.0mm
各チューブ内径	約1.5mm×2.5mm	約2.5mm×2.5mm
ケーブル標準質量	32kg/km	70kg/km

図5. 分岐線ケーブルの構造

第Ⅲ章　建築物情報化設備構築フローにもとづく各項目説明　81

| 仕　　様 | 仕様書番号 | ×××××-××× 改訂 ○ 版 | 3 頁 |

d）分岐部　　分岐部の構造は、図6のとおりとします。

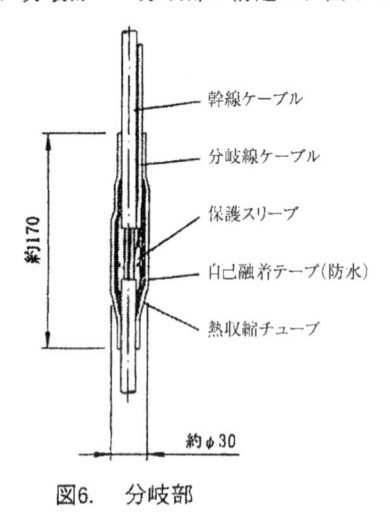

図6．分岐部

e）シール処理
　　シール処理（心線引抜用窓処理）の構造は、図7のとおりとします。

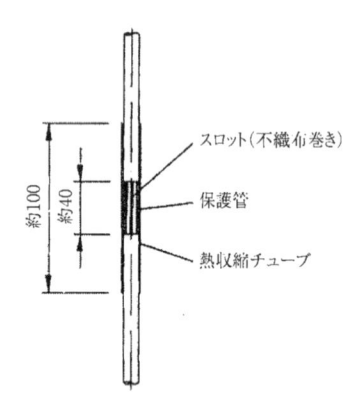

図7．シール処理

3．特性
　　ケーブルの機械特性および伝送特性は、表6のとおりとします。

表6．ケーブルの機械特性および伝送特性

機械特性	最大許容張力	幹線ケーブル	990N (99kgf)	
		分岐線ケーブル	310N (31kgf)	
	最小許容曲半径	幹線ケーブル	布設後	115mm
			布設中	230mm
		分岐線ケーブル (短径側)	布設後	50mm
			布設中	100mm
伝送特性	伝送損失 ($\lambda=1.31\mu m$)	$L \geqq 1.0$	0.5L dB以下	
		$0.2 \leqq L < 1.0$	0.375L + 0.125dB以下	
		$0.2 < L$	0.2dB以下	

L：ケーブル長(km)

4．検査
　　ケーブルは、次の試験を行い、2.および3.に適合するものとします。
　（1）構造
　（2）伝送損失（$\lambda=1.31\mu m$）

6) 施工写真
　① 配管への通線工事、ファイバースペース内機器配置工事、IDF 内接続工事
　② 住戸内機器収納庫設置工事、住戸内機器収納庫内機器設置工事
7) 建築物情報化設備概要表
　① マンション共通
　　　幹線引き込み管路、ファイバースペース、共用部配管設備、IDF 設備、保守・管理体制　等
　② 各住戸別
　　　引き込み管路、住戸内機器収納庫、芯線別信号変換器、各メタル配線分配器、メタル配線配管路、付帯設備・機器の設置内容　等

（2）工事仕様完成図書の保管について

　工事仕様完成図書は、建築主（発注主）に必ず引き渡してください。また、マンション設備更新時に工事仕様完成図書を活用することで設計や施工がスムーズに行えるように、しっかりと保管し、設備・機器の更新がなされた場合、更新情報については資料を作成し提出させて、工事仕様完成図書と一緒に保管することが重要です。

　また、大規模修繕などのマンション全体の更新だけでなく、専有部のリフォームを行った際、コンセントの取り付け位置などの変更が出た場合などについても、資料の提出を管理規約などで義務づけることで、情報を正確に資料化しておくことも重要です。

第 IV 章

建築物情報化設備の保守維持管理

1. 電気通信事業法からみた建築物情報化設備

(1) 自営電気通信設備

建築物情報化設備については、自営電気通信設備とみなされます。したがって、電気通信事業法第70条で「電気通信事業者は接続請求を拒むことができない」とされている総務省令で定める技術基準に適合している設備でなければなりません。その技術基準において、①事業者の電気通信回線設備に損傷、機能障害を与えない、②他の利用者に迷惑を及ぼさない、③電気通信事業者との責任の分界が明確である——といった事項の確保が求められます。

(2) 事業用電気通信設備

電気通信事業法において、電気通信事業者とはその者の設置する電気通信回線設備（送信の場所と受信の場所との間を接続する伝送路設備およびこれと一体として設置される交換設備ならびにこれらの附属設備をいう）を用いて、電気通信役務の提供の業務を営む事業者のことを指します。

マンションにおける建築物情報化設備も複数の住戸間を接続するネットワークであることから、その所有者は電気通信事業者として届け出ることによって、電気通信事業者となり得ます。電気通信事業者となることで、所有する電気通信設備の利用者に対して使用料金を徴収することが可能になります。

電気通信事業者（基幹網提供キャリア）が自社設備の利用に関して「配線利用料」を電気通信設備の利用者に対して請求しているのと同様に、マンション内配線利用料を請求することが可能になります。したがって、ここで示す「電気通信設備の利用者」とは、居住者だけでなく、当該設備を利用してサービス提供を行う事業者も含みます。

ただし、電気通信事業者となった場合、自営電気通信設備ではなく、事業用電気通信設備として扱われ、

① 設備の損壊、故障により役務提供に支障を及ぼさない。
② 品質が適正である。
③ 通信の秘密が侵されないようにする。
④ 利用者、他の電気通信事業者の設備に損傷、機能障害を与えない。
⑤ 他の電気通信事業者との責任の分界が明確である。

といった電気事業法第41条に定められた技術基準の確保が求められます。もちろん所有設備の利用料金請求などの事業を営まないのであれば、電気通信事業者として届け出る必要はありませんし、その対象ではなくなります。

※電気通信事業法からみた場合、(1)(2)いずれを選択した場合においても、最低限、建築物情報化設備の保守維持管理が必要なマンションとなります。

電気通信事業法の技術基準の枠組み

電気通信事業法の規定

事業用電気通信設備（ネットワーク）

第41条（電気通信設備の維持）

○電気通信回線設備を設置する電気通信事業者は、当該設備を総務省令で定める技術基準に適合するように維持しなければならない。

○基礎的電気通信役務を提供する電気通信事業者は、当該電気通信設備を総務省令で定める技術基準に適合するように維持しなければならない。

○上記の技術基準は次の事項が確保されるものとして定められなければならない。

一　設備の損壊、故障により、役務提供に支障を及ぼさない。
二　品質が適正であるようにする。
三　通信の秘密が侵されないようにする。
四　利用者、他の電気通信事業者の設備に損傷、機能障害を与えない。
五　他の電気通信事業者との責任の分界が明確である。

端末設備／自営電気通信設備

第52条（端末設備の接続の技術基準）

○電気通信事業者は、総務省令で定める技術基準に適合している端末設備について、当該事業者の電気通信回線設備への接続請求を拒むことができない。

○上記の技術基準は次の事項が確保されるものとして定められなければならない。

一　事業者の電気通信回線設備に損傷、機能障害を与えない。
二　他の利用者に迷惑を及ぼさない。
三　電気通信事業者との責任の分界が明確である。

第70条（自営電気通信設備の接続）

○自営電気通信設備について、第52条と同様の要件を規定。

技術基準の具体的内容

事業用電気通信設備規則（昭和60年郵政省令第30号）

○電気通信回線設備の損壊又は故障の対策
○秘密の保持
○他の電気通信設備の損壊又は機能の障害の防止
○他の電気通信設備との責任の分界
○音声伝送役務の用に供する電気通信回線設備（アナログ電話用設備、ISDN通信用設備、OAB～J IP電話用設備、携帯電話用設備、050 IP電話用設備）毎に通話品質、接続品質等を規定

等

端末設備等規則（昭和60年郵政省令第31号）

○責任の分界
○安全性等（絶縁抵抗等、漏えいする通信の識別禁止）
○電気通信回線設備に接続する端末設備毎に技術基準を規定
・電気通信回線設備に接続される端末設備（アナログ電話端末、移動電話端末）
・無線呼出用設備に接続される端末設備
・総合デジタル通信設備又はデジタルデータ伝送用設備に接続される端末設備

等

その他の規定

○情報通信ネットワーク安全・信頼性対策実施登録規定（昭和62年郵政省告示第74号）

電気通信事業法第41条第1項、第2項の規定に該当しない電気通信設備を用いて役務を提供する情報通信ネットワークは、当該ネットワークが下記の基準を満たす場合、安全・信頼性対策を実施しているネットワークとして登録することができる。

・情報通信ネットワーク安全・信頼性基準（昭和62年郵政省告示第73号）
・情報通信ネットワークに求められる安全・信頼性対策の指標としての基準を定める。

○社会的に重要な情報通信ネットワーク（平成9年国家公安委員会告示第9号）

・情報システム安全対策基準（プライバシーポリシー）等
・民間企業等が各自に設定している基準

（参考）電気通信事業の判定フローチャート

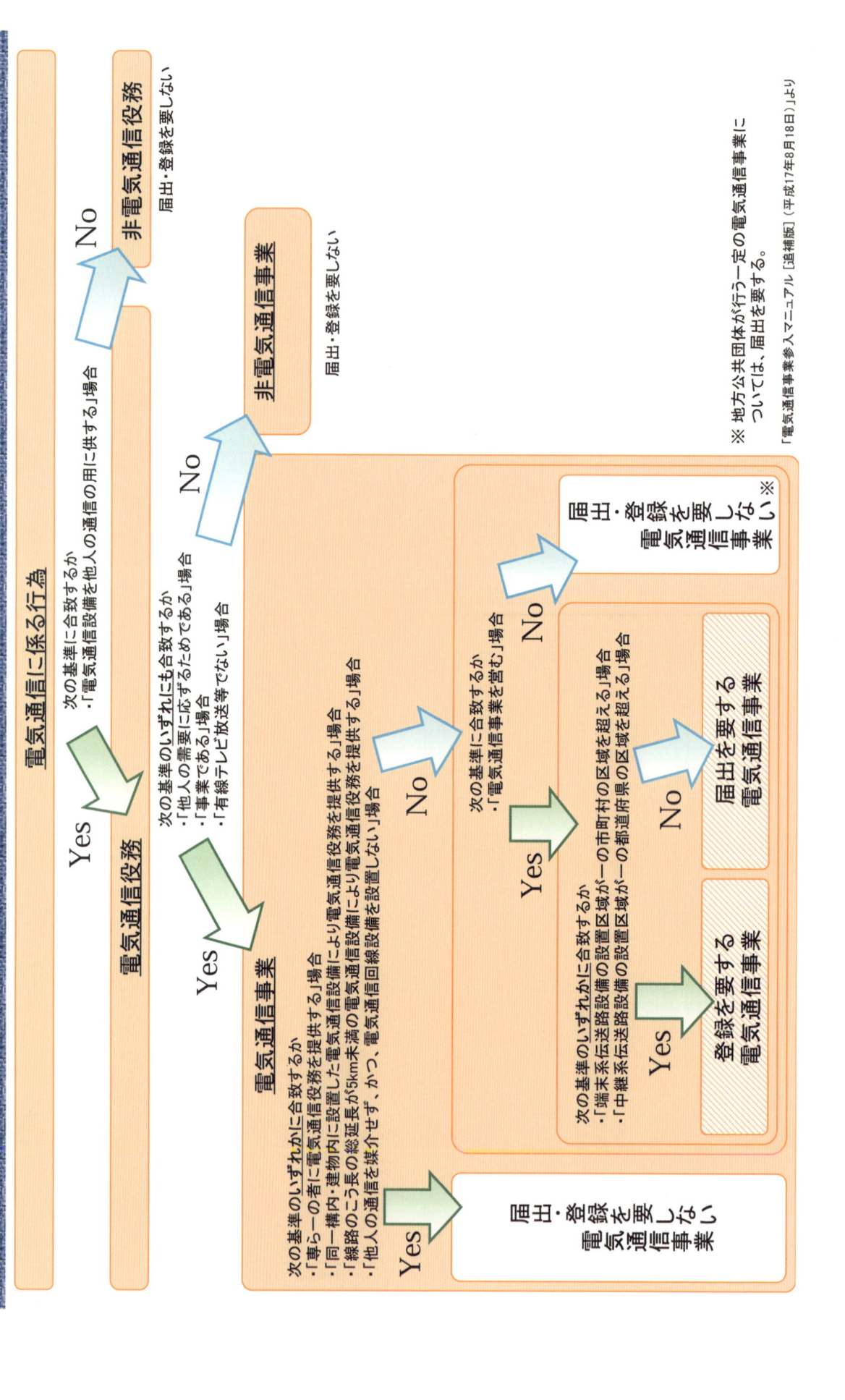

電気通信に係る行為

↓ Yes ／ No →【非電気通信役務】
次の基準に合致するか
・「電気通信設備を他人の通信の用に供する」場合

届出・登録を要しない

電気通信役務

↓ Yes ／ No →【非電気通信事業】
次のいずれにも合致するか
・「他人の需要に応ずるためである」場合
・「事業である」場合
・「有線テレビ放送等でない」場合

届出・登録を要しない

電気通信事業

次の基準のいずれかに合致するか
・「専らーの者に電気通信役務を提供する」場合
・「同一構内・建物内に電気通信設備を設置した電気通信設備により電気通信役務を提供する」場合
・「線路のこう長の総延長が5km未満の電気通信回線設備により電気通信役務を提供する」場合
・「他人の通信を媒介せず、かつ、電気通信回線設備を設置しない」場合

↓ Yes → 届出・登録を要しない電気通信事業

No ↓

次の基準に合致するか
・「電気通信事業を営む」場合

↓ Yes ／ No → 届出・登録を要しない電気通信事業 ※

次の基準のいずれかに合致するか
・「端末系伝送路設備の設置区域が一の市町村の区域を超える」場合
・「中継系伝送路設備の設置区域が一の都道府県の区域を超える」場合

Yes → 登録を要する電気通信事業

No → 届出を要する電気通信事業

※ 地方公共団体が行う一定の電気通信事業については、届出を要する。
「電気通信事業参入マニュアル［追補版］（平成17年8月18日）」より

88

2. 確保すべき技術基準事項について

　電気通信事業法の指す電気通信設備は、建築物情報化設備における通信用途の1芯と棟内光LAN用途の1芯、CATV事業者が接続する場合の放送用途1芯の3芯が対象ということになりますが、携帯電話用途で芯線追加する場合でもその対象となりますし、マンション内完結の設備についても機能不全が起こることは好ましくありませんので、基本的には、マンション内に敷設する光ファイバーすべてにおいて、以下の電気通信事業法の技術基準を順守する必要があると考えます。

(1) 自営電気通信設備の技術基準事項
① **事業者の電気通信回線設備に損傷、機能障害を与えない。**
　マンション構内に敷設する光ファイバーはもちろんのこと、信号変換器や分配器など、接続に関わる周辺機器について、接続する電気通信事業者の電気通信回線設備に対して損傷や機能障害を与えないように、設備の保守維持管理が必要となります。
② **他の利用者に迷惑を及ぼさない。**
　建築物情報化設備は、各住戸までそれぞれ4芯の光ファイバーが敷設されていることや、通信用途の芯線は単独通信キャリアの専用線として利用されることから、設備自体が他の利用者に迷惑を及ぼす可能性はきわめて低いと考えられますが、光LAN用途の芯線については、ネットワークとして共用することとなるため、外部接続するファイバースペース内のサーバーセキュリティを強固なものにする必要があります。セキュリティソフトの更新など、定期的な点検が必要と考えます。
③ **電気通信事業者との責任の分界が明確である。**
　建築物情報化設備の責任分界点は、ファイバースペース内設置の光ファイバー成端ユニットとなります。ただし、住戸内に電気通信事業者が設置するONUおよびONUへの接続ケーブルについては、電気通信事業者の責任範疇となります。

(2) 事業用電気通信設備の技術基準事項
① **設備の損壊、故障により役務提供に支障を及ぼさない。**
　故障診断システムにより、素早く故障を検知し、故障個所の円滑な復旧体制の構築が必要になります。
② **品質が適正である。**
　定期的なロス検査の実施が必要になります。
③ **通信の秘密が侵されないようにする。**
　自営電気通信設備の②と同様。
④ **利用者、他の電気通信事業者の設備に損傷、機能障害を与えない。**
　自営電気通信設備の①と同様。
⑤ **他の電気通信事業者との責任の分界が明確である。**
　自営電気通信設備の③と同様の責任分界となります。

3. 保守維持管理体制の構築

　建築物情報化設備は地域社会の情報インフラストラクチャーに接続されており、電気通信事業法の指す電気通信設備を含んでいるので、電気通信事業法で定める有資格者による保守維持管理が必要です。

　まず、電気通信工事担任者以上の資格を有する人材を雇用する事業者に、故障時の一報が利用者からワンストップで伝わるような体制の構築が必要です。

　利用者などから一報を受けた事業者は、工事担任者を当該マンションに派遣し、故障個所の特定作業を行い、配線そのものの不具合の場合は自身が対応し、周辺機器の不具合の場合は機器メーカーなどに連絡をとり、早急に復旧できるように手配を行います。

　当該事業者とマンション管理組合は、エレベーターの保守維持管理と同様の保守維持管理契約を締結することが望ましいでしょう。

　保守維持管理費用については、管理組合が電気通信事業法の定める届出電気通信事業者となり、マンション構内配線を利用して収益をあげようとする事業者から配線利用料を徴収するシステムを構築し、原資とする必要があると考えます。

第 V 章

戸建て住宅などの情報化設備構築

1. 戸建て住宅の情報化設備

(1) 戸建て住宅における建築物情報化設備の考え方

　現状の戸建て住宅には、個別契約にもとづく通信キャリアの光配線方式のインターネット接続サービスが提供される環境になっていますが、スマートグリッドのように個々の住宅での電力使用などの情報を活用して、地域の枠組みで省エネルギーや低炭素社会を実現するためには、地域ローカルエリアネットワークが構築されていくと考えなければなりません。

　このため、幹線光ファイバーの引き込みが複数になったとしても対応可能な設備を標準的な仕様として構築することが重要です。したがって、住戸内は基本的にマンションにおける専有住戸の設備構築と同じ考え方で設備を構築する必要があります。

　戸建て住宅の情報化設備のポイントは、

① 建物への光ケーブルの円滑な入線を可能とする。
② 屋内の配線を収容する各部屋への配管を敷設する。
③ 屋外からの光ケーブルの成端部と、この成端部へ各部屋から集線される各種ケーブルの成端場所を確保する。

となります。

※住戸内設備の構築については、第Ⅲ章4項を参照してください。

(2) 幹線光ファイバーケーブルの引き込み

　戸建て引き込みの方法には、地下から引き込む方法と架空から引き込む方法がありますが、通信設備の安全性、建物の美観などを考えて、引き込みポールを建てて、地下引き込みとする方法を勧めます。

　しかし、敷地などの関係から架空引き込みとする場合は、張力を考慮して、引き留め点を確保した上で配管を準備します。

1) 架空引き込み

　戸建て住宅や小規模な集合住宅へは、細径の通信用屋外線が引き込まれます。屋外線の引き込みにおける留意点について解説します。

引き込みポールの設置例

① 電柱から架空ケーブルで引き込む方法

　建物への屋外線の引き留めは次の条件をすべて満たすとともに、建物の美観も考慮し、その個所を選定します。

・通信ケーブルのルートに面し、支障物がない最短距離の壁面や軒先など。
・道路上での屋外線の地上高を5m以上確保可能であること[※1]。
・電力引き込み線との離隔を60cm以上確保可能であること。
・降雪地域においては、屋根上の積雪が直接屋外線に落下しない個所。
・電線地中化が想定される地域では、道路に面した個所。

※1　道路上での地上高を5m以上確保できない場合、引き込みポールの設置などが必要です。

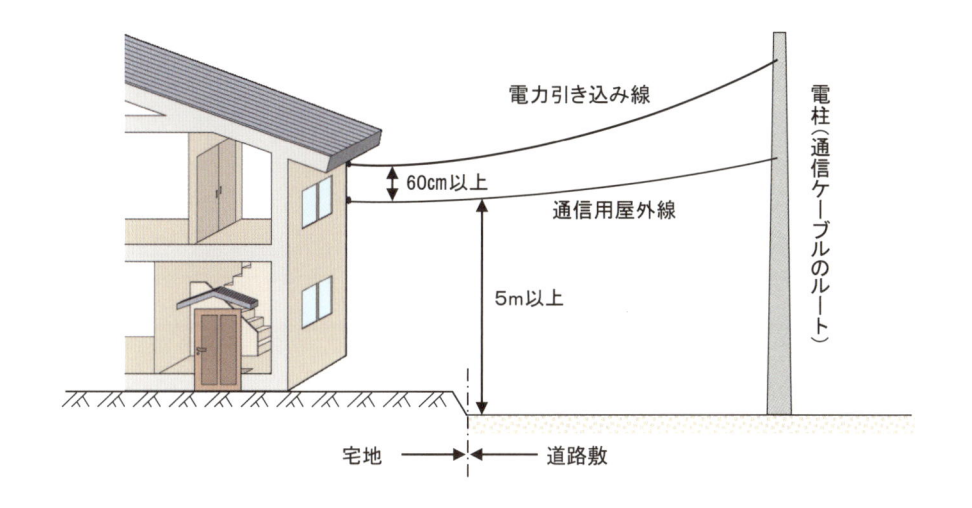

(図：電力引き込み線、通信用屋外線、60cm以上、5m以上、宅地、道路敷、電柱(通信ケーブルのルート))

② 屋外線の引き留め方法

　屋外線は、一般に電気通信事業者が用意するＣ型金物などにより、建物へ引き留められます。Ｃ型金物は、ビスを利用して建物へ固定されます。次のとおり、ビスの利用が困難な場合など、建物の建築時などにあらかじめ引き留め用の金物を設置しておく必要があります。

・コンクリートやタイル、金属サイディングなどの外壁
・外部からビス留めに適した個所（胴縁など）を特定困難な場合
・屋外線の張力（1372 N）に対し、外壁材が十分な耐力を確保できない場合
・施主がビス留めによる建物への後付け施工に合意しない場合

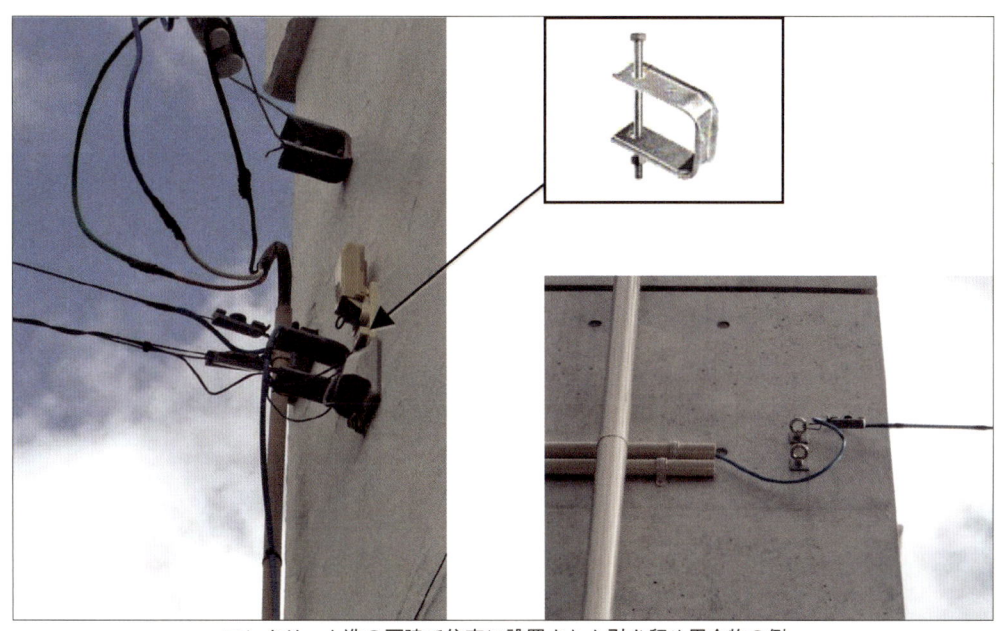

Ｃ型金物

コンクリート造の戸建て住宅に設置された引き留め用金物の例

第Ⅴ章　戸建て住宅などの情報化設備構築　93

2) 地下引き込み

① 敷地内への引き込み

　地下引き込みは電線類が地中化されている市街地で、新たに管路を新設する場合に発生します。道路占用手続きなどの関係で、工事期間は1～3カ月必要になります。

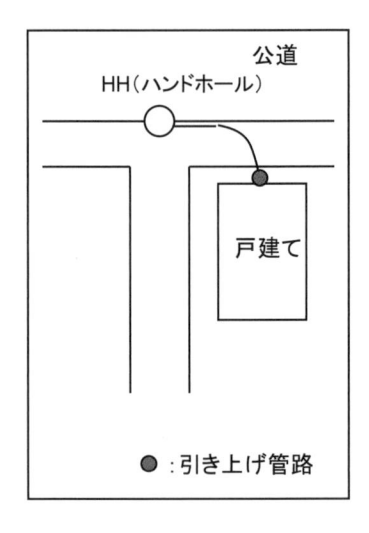

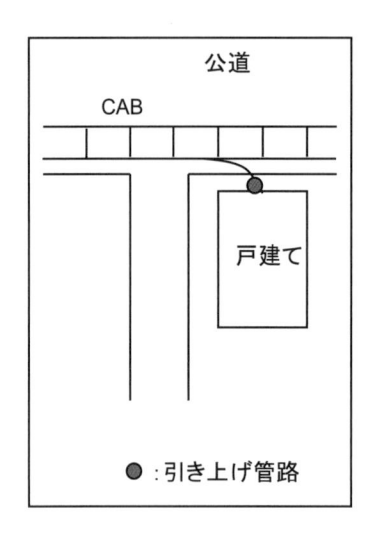

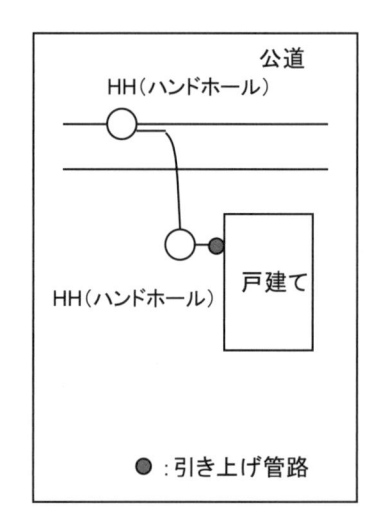

※ 戸建ての外壁へ管路を引き上げます。曲がりが2カ所になる場合はハンドホールを設置してください。

② 施工区分について

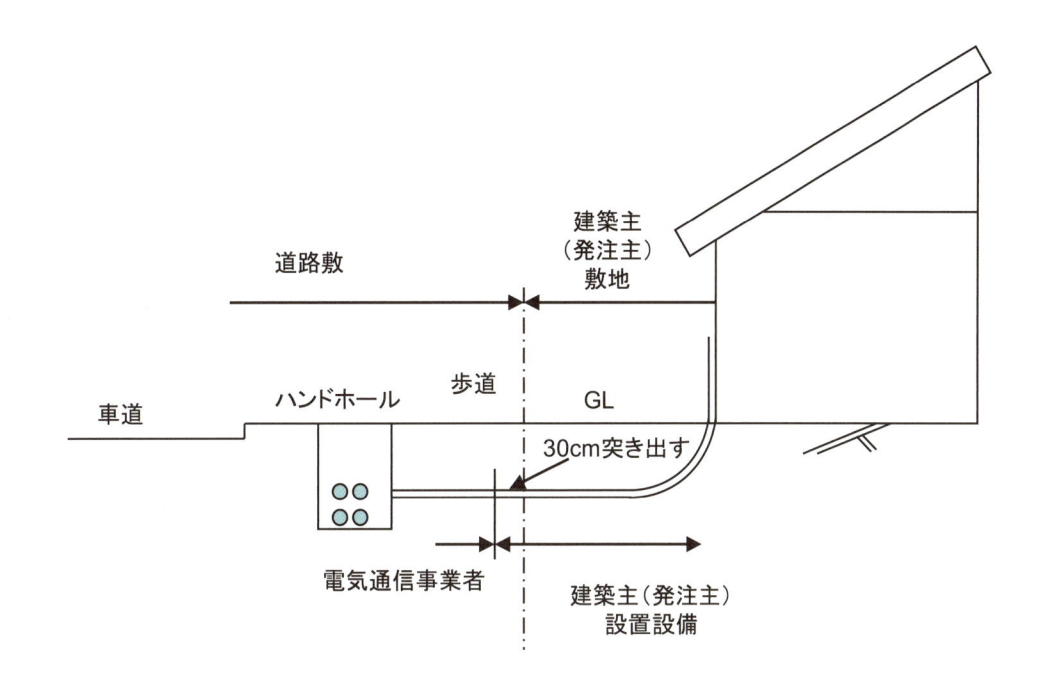

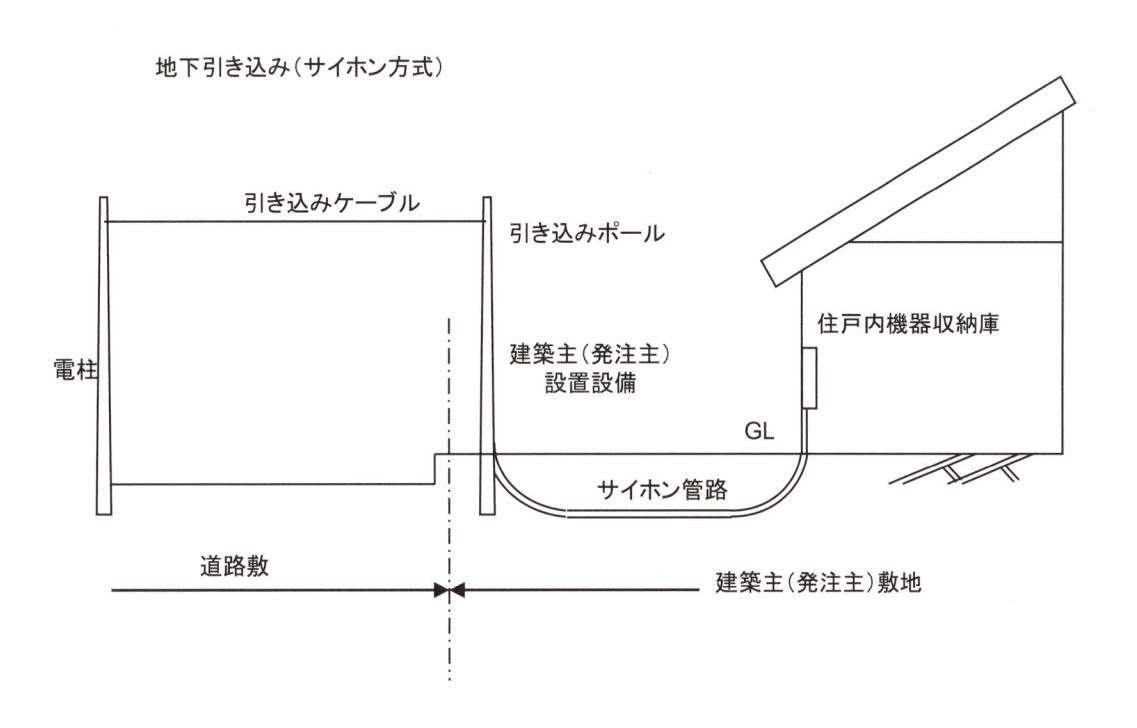

（地中引き込み図）

地下引き込み（サイホン方式）

③ 配管条数と配管径について

　戸建て建物内への引き込み用管路条数は、建物の規模、通信需要数などにより決定しますが、光ケーブル、メタルケーブル（アナログ式固定電話を契約する場合）を同管収容し、予備用管路を準備します。公称管径 25 mm 以上のものを 2 条用意してください。

```
戸建てへの引き込み管路の例

    管路条数  ＝  | 光ケーブル  ＋  メタルケーブル |  （同管収容）
                 ＋  予備用
  （最低φ30以上  ×  2条以上）
```

引き込み用管路の種類

公称管径	品　名	外　径	内　径	長さ	収容可能ケーブル太さ
30mm	30mmFEP管	40mm	30mm	50m	～75mm^2×3条
50mm	50mmFEP管	65mm	50mm	50m	～157mm^2×4条

④　最大配管長と曲げについて

　配管 1 区間の最大長は 20 m 以内とし、これを超える場合は、ジョイントボックス（プルボックス）を設けてください。また、ジョイントボックスが天井裏などに設置される場合、近傍に点検口が必要です。

　配管の曲げ半径は、公称管径の 6 倍以上を確保してください。構造物の都合によりこれを確保できない場合、φ22 以下の配管部材に限り、配管断面がつぶれない範囲でこれを下回ることが可能です。ただし、この場合であっても半径 30 mm を最小とします。

3) 建物内への入線
① 入線個所

通信用ケーブルの建物内への入線個所は、できるだけ屋外線引き留め個所の近傍を選択します。入線個所と引き留め個所が離れる場合は、美観や通信用ケーブルの耐久性の観点から、その間に屋外配管などを施工しておくことが望ましいでしょう（通信用ケーブルはビスを利用して建物に固定します。入線個所と引き留め個所が離れていて、ビス留めが困難な場合、配管の用意は必須となります）。

引き留め個所と、入線個所は、できるだけ近傍にするのが望ましい

② 入線個所の防水

入線個所には、雨水などの浸入防止と美観への配慮から、防水カバーを取り付けてください。

なお、入線個所から住戸内機器収納スペースまで配管を敷設し、入線ケーブルの配管内敷設を可能な状態にします。

※ 住戸内設備については、第Ⅲ章4項を参照してください。

防水カバーの例

付録1

法令等

法　令　等

電気設備技術基準　抜粋

（電気設備に関する技術基準を定める省令　改正7年10月18日　通商産業省令　第83号）

【接地工事の種類】（省令第10条、第11条）

第19条　接地工事は、第13条第六号及び第七号イに掲げるものを接地する場合、第23条、第28条第1項、第2項及び第4項並びに第42条第二号イ及び第三号イ、ロの規定により接地する場合並びに低圧架空電線の特別高圧架空電線と同一支持物に施設される部分に接地工事を施す場合を除き、19-1表の左欄に掲げる4種とし、各接地工事における接地抵抗値は、同表の左欄に掲げる接地工事の種類に応じ、それぞれ同表の右欄に掲げる値以下とすること。

（省令第10条、第11条関連）

19-1表

接地工事の種類	接 地 抵 抗 値
A種接地工事	10Ω
B種接地工事	変圧器の高圧側又は特別高圧側の電路の1線地絡電流のアンペア数で150（変圧器の高圧側の電路又は使用電圧が35,000V以下の特別高圧側の電路と低圧側の電路との混触により低圧電路の対地電圧が150Vを超えた場合に、1秒を超え2秒以内に自動的に高圧電路又は使用電圧が35,000V以下の特別高圧電路を遮断する装置を設けるときは300、1秒以内に自動的に高圧電路又は使用電圧が35,000V以下の特別高圧電路を遮断する装置を設けるときは600）を除した値に等しいオーム数
C種接地工事	10Ω（低圧電路において、当該電路に地絡を生じた場合に0.5秒以内に自動的に電路を遮断する装置を施設するときは、500Ω）
D種接地工事	100Ω（低圧電路において、当該電路に地絡を生じた場合に0.5秒以内に自動的に電路を遮断する装置を施設するときは、500Ω）

2　前項のB種接地工事の接地抵抗値は、第24条又は第25条の規定により接地工事を施す場合は、前項の規定にかかわらず、5Ω未満の値であることを要しない。

（省令第10条、第11条関連）

3　第1項の高圧側の電路の1線地絡電流は、実測値又は次の計算式により計算した値とする。

（省令第10条、第11条関連）

4　第1項の特別高圧側の電路の1線地絡電流は、実測値によるものとする。ただし、実測値を測定することが困難な場合は、線路定数等により計算した値によることができる。

（省令第10条、第11条関連）

【各種接地工事の細目】（省令第6条、第11条）

第20条　前条第1項の接地工事の接地線｛次項に規定するもの及び第204条第6項（第217条第8項において準用する場合を含む。）に規定するものを除く。｝には、20-1表の左欄に掲げる

接地工事の種類に応じ、それぞれ同表の左欄に掲げる容易に腐食し難い金属線であって、故障の際に流れる電流を安全に通ずることができるものを使用すること。（省令第 6 条、第11条関連）

20-1表

接地工事の種類	接 地 線 の 種 類
A種接地工事	引張強さ1.04kN以上の金属線又は直径2.6mm以上の軟銅線
B種接地工事	引張強さ2.46kN以上の金属線又は直径 4 mm以上の軟銅線（高圧電路又は解釈第133条に規定する特別高圧架空電線路の電路と低圧電路とを変圧器により結合する場合は、引張強さ1.04kN以上の金属線又は直径2.6mm以上の軟銅線）
C種接地工事及びD種接地工事	引張強さ0.39kN以上の金属線又は直径1.6mm以上の軟銅線

2　移動して使用する電気機械器具の金属製外箱等に前条第 1 項の接地工事を施す場合は、それぞれの接地工事の接地線のうち可とう性を必要とする部分には、20-2表の左欄に掲げる接地工事の種類に応じ、それぞれ同表の中欄に掲げるものであって、それぞれ同表の右欄に掲げる値以上の断面積を有するものであり、かつ、故障の際に流れる電流を安全に通ずることができるものを使用すること。　　　　　　　　　　　　（省令第 6 条、第11条関連）

20-2表

接地工事の種類	接地線の種類	接地線の断面積
A種接地工事及びB種接地工事	3 種クロロプレンキャブタイヤケーブル、3 種クロロスルホン化ポリエチレンキャブタイヤケーブル、4 種クロロプレンキャブタイヤケーブル若しくは 4 種クロロスルホン化ポリエチレンキャブタイヤケーブルの 1 心又は多心キャブタイヤケーブルの遮へいその他の金属体	8 mm²
C種接地工事及びD種接地工事	多心コード又は多心キャブタイヤケーブルの 1 心	0.75mm²
	多心コード及び多心キャブタイヤケーブルの 1 心以外の可とう性を有する軟銅より線	1.25mm²

3　A種接地工事又はB種接地工事に使用する接地線を人が触れるおそれがある場所に施設する場合は、前項の場合を除き、次の各号によること。ただし、発電所又は変電所、開閉所若しくはこれらに準ずる場所において、接地極を第28条第 1 項第一号の規定に準じて施設する場合は、この限りでない。　　　　　　　　　　　　　　　　　　　　　　　（省令第11条関連）

一　接地線は、地下75cm以上の深さに埋設すること。

二　接地線を鉄柱その他の金属体に沿って施設する場合は、接地極を鉄柱の底面から30cm以上の深さに埋設する場合を除き、接地極を地中でその金属体から 1 m以上離して埋設すること。

三　接地線には、絶縁電線（屋外用ビニル絶縁電線を除く。）又は通信用ケーブル以外のケーブルを使用すること。ただし、接地線を鉄柱その他の金属体に沿って施設する場合以外の場合には、接地線の地表上60cmを超える部分については、この限りでない。

四　接地線の地下75cmから地表上 2 mまでの部分は、電気用品安全課の適用を受ける合成樹

脂管（厚さ2㎜未満の合成樹脂製電線管及びCD管を除く。）又はこれと同等以上の絶縁効力及び強さのあるもので覆うこと。

4　A種接地工事又はB種接地工事に使用する接地線を施設してある支持物には、避雷針用地線を施設しないこと。　　　　　　　　　　　　　　　　　　　　　　　　（省令第11条関連）

【地中電線と地中電流電線等又は管との接近又は交さ】（省令第30条）

第139条　地中電線が地中弱電流電線等と接近し、又は交さする場合において、相互の離隔距離が低圧又は高圧の地中電線にあっては30㎝以下、特別高圧地中電線にあっては60㎝以下のときは、地中電線と地中弱電流電線等との間に堅ろうな耐火性の隔壁を設ける場合を除き、地中電線を堅ろうな不燃性又は自消性のある難燃性の管に収め、当該管が地中弱電流電線等と直接接触しないように施設すること。ただし、次の各号のいずれかに該当する場合は、この限りでない。　　　　　　　　　　　　　　　　　　　　　　　　　　　　　　　（省令第30条関連）

一　地中弱電流電線等が電力保安通信線であり、かつ、不燃性若しくは自消性のある難燃性の材料で被覆した光ファイバケーブル又は不燃性若しくは自消性のある難燃性の管に収めた光ファイバケーブルである場合。

二　地中電線が低圧のものであり、かつ、地中弱電流電線等が電力保安通信線である場合。

三　高圧又は特別高圧の地中電線を電力保安通信線に直接接触しないように施設する場合。

四　地中弱電流電線等が、不燃性若しくは自消性のある難燃性の材料で被覆した光ファイバケーブル又は不燃性若しくは自消性のある難燃性の管に収めた光ファイバケーブルであり、かつ、その管理者の承諾を得た場合。

五　使用電圧が170,000V未満の地中電線にあって、地中弱電流電線等の管理者が承諾し、かつ、相互の離隔距離が10㎝以上である場合。

2　特別高圧地中電線が可燃性若しくは有毒性の流体を内包する管と接近し、又は交さする場合において、相互の離隔距離が1m以下のときは、地中電線と管との間に堅ろうな耐火性の隔壁を設ける場合を除き、地中電線を堅ろうな不燃性又は自消性のある難燃性の管に収め、当該管が可燃性又は有毒性の流体を内包する管と直接接触しないように施設すること。

（省令第30条関連）

3　特別高圧地中電線が前項に規定する管以外の管と接近し、又は交さする場合において、相互の離隔距離が30㎝以下のときは、地中電線と管との間に堅ろうな耐火性の隔壁を設ける場合を除き、地中電線を堅ろうな不燃性又は自消性のある難燃性の管に収めて施設すること。ただし、前項に規定する管以外の管が不燃性のものである場合又は不燃性の材料で被覆されている場合は、この限りでない。　　　　　　　　　　　　　　　　　　　　　（省令第30条関連）

4　第1項から第3項に規定する「不燃性」、「自消性のある難燃性」とは次による。

一　「不燃性の管」、「不燃性の材料」、「不燃性の被覆」とは、建築基準法第2条第九号の不燃材料又はこれと同等以上の性能を有するものをいう。

二　「自消性のある難燃性」とは、対象とするものにより以下のように区別する。

イ　地中電線の被覆の場合。
　IEEE Std. 383-1974の燃焼試験に適合すること又はこれと同等以上の性能を有すること。

ロ　光ファイバケーブルの被覆の場合。

電気用品の技術上の基準を定める省令別表第一附表第二十一耐燃性試験に適合すること。
　ハ　管の場合。
　　電気用品の技術上の基準を定める省令別表第二附表第二十四耐燃性試験に適合すること又はこれと同等以上の性能を有すること。ただし、管が二重管として製品化されているものであっては、電気用品の技術上の基準を定める省令別表第二１.(4)トの耐燃性試験に適合すること。

有線電気通信設備令　抜粋 （昭和60年3月15日　政令第31号）

第8条【架空電線の高さ】　架空電線の高さは、その架空電線が道路上にあるとき、鉄道又は軌道を横断するとき、及び河川を横断するときは、郵政省令で定めるところによらなければならない。

第14条【地中電線】　地中電線は、地中強電流電線との離隔距離が30㎝（その他地中強電流電線の電圧が7000Vを超えるものであるときは、60㎝）以下となるように設置するときは、郵政省令で定めるところによらなければならない。

第18条【屋内電線】　屋内電線は、屋内強電流電線との離隔距離が30㎝以下となるときは、郵政省令で定めるところによらなければ設置してはならない。

有線電気通信設備令　施工規則　抜粋 （昭和61年6月16日　省令第34号）

第7条【架空電線の高さ】　令第8条に規定する郵政省令で定める架空電線の高さは、次の各号によらなければならない。
　一　架空電線が道路上にあるときは、横断歩道橋の上にあるときを除き、路面から5ｍ（交通に支障を及ぼすおそれが少ない場合で工事上やむを得ないときは、歩道と車道との区別がある道路の歩道上においては、2.5ｍ、その他の道路上においては、4.5ｍ）以上であること。
　二　架空電線が横断歩道橋の上にあるときは、その路面から3ｍ以上であること。
　三　架空電線が鉄道又は軌道を横断するときは、軌条面から6ｍ（車両の運行に支障を及ぼすおそれがない高さが6ｍより低い場合は、その高さ）以上であること。

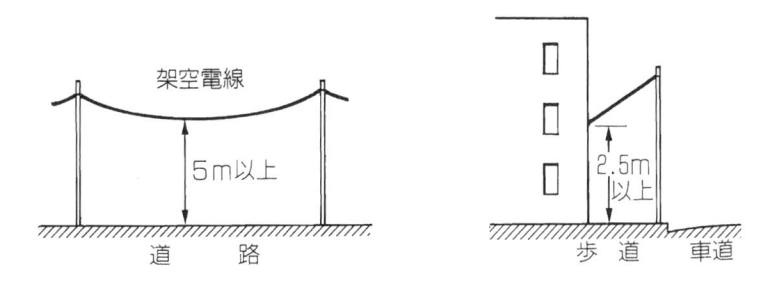

　四　架空電線が河川を横断するときは、舟行に支障を及ぼすおそれがない高さであること。

第18条【屋内電線と屋内強電流電線との交差又は接近】　令第18条の規定により、屋内電線が

低圧の屋内強電流電線と交差し、又は同条に規定する距離以内に接近する場合には、屋内電線は、次の各号の規定するところにより設置しなければならない。

一　屋内電線と屋内強電流電線との離隔距離は、10㎝（屋内強電流電線が強電流裸電線であるときは、30㎝）以上とすること。ただし、屋内強電流電線が300V以下である場合において、屋内電線と屋内強電流電線との間に絶縁性の隔壁を設置するとき、又は屋内強電流電線が絶縁管（絶縁性、難燃性及び耐水性のものに限る。）に収めて設置されているときは、この限りでない。

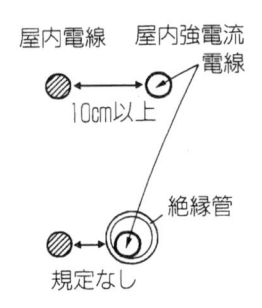

二　屋内強電流電線が、接地工事をした金属製の、又は絶縁度の高い管、ダクト、ボックスその他これに類するもの（以下「管等」という。）に収めて設置されているとき、又は強電流ケーブルであるときは、屋内電線は、屋内強電流電線を収容する管等又は強電流ケーブルに接触しないように設置すること。

三　屋内電線と屋内強電流電線とを同一の管等に収めて設置しないこと。ただし、次のいずれかに該当する場合は、この限りでない。
　イ　屋内電線と屋内強電流電線との間に堅ろうな隔壁を設け、かつ、金属製部分に特別保安接地工事を施したダクト又はボックスの中に屋内電線と屋内強電流電線を収めて設置するとき。
　ロ　屋内電線が、特別保安接地工事を施した金属製の電気的遮へい層を有するケーブルであるとき。
　ハ　屋内電線が、光ファイバその他金属以外のもので構成されているとき。

2　令第18条の規定により、屋内電線が高圧の屋内強電流電線と交差し、又は同条に規定する距離以内に接近する場合には、屋内電線と屋内強電流電線との離隔距離が15㎝以上となるように設置しなければならない。ただし、屋内強電流電線が強電流ケーブルであって、屋内電線と屋内強電流電線との間に耐火性のある堅ろうな隔壁を設けるとき、又は屋内強電流電線を耐火性のある堅ろうな管に収めて設置するときは、この限りでない。

3　令第18条の規定により、屋内電線が特別高圧の屋内強電流電線であって、ケーブルであるものから同条に規定する距離に接近する場合には、屋内電線は、屋内強電流電線と接触しないように設置しなければならない。

建築基準法　施工令　抜粋（昭和25年　政令　第338号）

第112条〔防火区画〕

15　給水管、配電管その他の管が第1項から第5項まで、第8項、第9項本文、第10項本文、第12項若しくは第13項の規定による耐火構造、準耐火構造若しくは防火構造の床若しくは壁又は第10項ただし書きの場合における同項ただし書きのひさし、床、そで壁その他これらに類するもの（以下この項及び次項において「耐火構造等の防火区画」という。）を貫通する場合においては、当該管と耐火構造等の防火区画とのすき間をモルタルその他の不燃材料で埋めなければならない。

第129条の2の5【給水、排水その他の配管設備の設置及び構造】

建築物に設ける給水、排水その他の配管設備の設置及び構造は、次に定めるところによらなければならない。
　一　コンクリートへの埋設等により腐食するおそれのある部分には、その材質に応じ有効な腐食防止のための措置を講ずること。
　二　構造耐力上主要な部分を貫通して配管する場合においては、建築物の構造耐力上支障を生じないようにすること。
　三　第百二十九条の三第一項第一号又は第三号に掲げる昇降機の昇降路内に設けないこと。ただし、地震時においても昇降機のかご（人又は物を乗せ昇降する部分をいう。以下同じ。）の昇降、かご及び出入口の戸の開閉その他の昇降機の機能並びに配管設備の機能に支障が生じないものとして、国土交通大臣が定めた構造方法を用いるもの及び国土交通大臣の認定を受けたものは、この限りでない。

国土交通省告示　抜粋

（昇降機の昇降路内に設けることができる配管設備の構造方法を定める件　平成17年6月1日　国土交通省告示　第570号）

建築基準法施行令（昭和二十五年政令第三百三十八号）第百二十九条の二の五第一項第三号ただし書の規定に基づき、昇降機の昇降路内に設けることができる配管設備で、地震時においても昇降機のかごの昇降、かご及び出入口の戸の開閉その他の昇降機の機能並びに配管設備の機能に支障がないものの構造方法を次のように定める。
建築基準法施行令第百二十九条の二の五第一項第三号ただし書に規定する昇降機の昇降路内に設けることができる配管設備で、地震時においても昇降機のかごの昇降、かご及び出入口の戸の開閉その他の昇降機の機能並びに配管設備の機能に支障がないものの構造方法は、次の各号に適合するものでなければならない。
　一　次のいずれかに該当するものであること。
　　イ　昇降機に必要な配管設備
　　ロ　光ファイバー又は光ファイバーケーブル（電気導体を組み込んだものを除く。）でイに掲げるもの以外のもの
　　ハ　ロに掲げる配管設備のみを通すための配管設備
　二　地震時においても昇降機のかご又はつり合おもりに触れるおそれのないものであること。

三　第一号ロ又はハに掲げるものにあっては、次に適合するものであること。
　　イ　地震時においても鋼索、電線その他のものの機能に支障が生じない構造のものであること。
　　ロ　昇降機の点検を行う者の見やすい場所に当該配管設備の種類が表示されているものであること。
四　第一号ハに掲げるものにあっては、前号に規定するほか、難燃材料で造り、又は覆ったものであること。

道路法　施工令　抜粋（昭和27年　政令　第479号）

第11条〔電柱、電線または公衆電話所の占用の場所〕　電柱、電線又は公衆電話所の占用については、前条第二項又は第三項の規定によるほか、次の各号に掲げるところによらなければならない。
一　道路の敷地外に、当該場所に代わる適当な場所がなく、公益上やむを得ない場所であること。
二　電柱又は公衆電話所は、法敷（法敷のない道路にあっては路端寄り）に設けること。ただし、歩道を有する道路にあっては、歩道内の車道寄りに設けることができる。
三　同一線路に係る電柱は、道路の同一側に設け、かつ、歩道を有しない道路であって、その対側に占用物件がある場合においては、これと八メートル以上の距離を保たせること。ただし、道路が交差し、接続し、又は屈曲する場合においては、この限りでない。
四　地上電線の高さは、路面から五メートル以上とすること。ただし、既設電線に共架する場合その他技術上止むを得ず、かつ、道路の構造又は交通に支障を及ぼすおそれの少ない場合においては、四・五メートル以上、歩道を有する道路の歩道上においては二・五メートル以上とすることができる。
五　地上電線を既設電線に共架する場合においては、相互に、錯そうすることなく、保安上支障がない程度に接近していること。ただし、保安上支障がない場合において、技術上やむを得ないとき又は公益上やむを得ない事情があると認められるときは、この限りでない。
六　地下電線を埋設する場合（道路を横断して埋設する場合を除く。）においては、車道（歩道を有しない道路にあっては、路面幅員の三分の二に相当する路面の中央部。以下この条及び次条において同じ。）以外の部分の地下に埋設すること。ただし、その本線については、車道以外の部分に適当な場所がなく、かつ、公益上やむを得ない事情があると認められるときは、この限りでない。
七　地下電線の頂部と路面との距離は、車道の地下にあっては〇・八メートル以下、歩道（歩道を有しない道路にあっては、路面幅員の三分の二に相当する路面の中央部以外の部分。次条及び第十二条において同じ。）の地下にあっては〇・六メートル以下としないこと。ただし、保安上支障がなく、かつ、道路に関する工事の実施上支障がない場合は、この限りでない。
八　電線を橋に取り付ける場合においては、けたの両側又は床版の下とすること。

内線規定　抜粋

3101-1　用　語

次の各号に掲げる用語の意義は、この章において適用する。

① 金属管とは、電気用品安全法の適用を受ける金属製のもの（金属製可とう電線管を除く。）又は黄銅若しくは銅で堅ろうに製作したパイプをいう。

〔注〕金属管については、3110-4（金属管及び付属品の選定）を参照のこと。

② 合成樹脂管とは、電気用品安全法の適用を受ける合成樹脂製電線管、合成樹脂製可とう管（PF管）及びCD管をいう。

〔注〕合成樹脂管については、3115-3（合成樹脂管及び附属品の選定）を参照のこと。

③ 一種金属製可とう電線管とは、帯鉄板をらせん状に巻いて製作した可とう性のある電線管をいう。

④ 二種金属製可とう電線管とは、テープ状の金属片とファイバを組み合わせ、これを緊密、かつ、耐水性及び可とう性をもたせて製作した電線管をいう。

⑤ 金属線ぴとは、電気用品安全法の適用を受ける金属製のもの（幅が4cm未満のものを一種金属製線ぴ、4cm以上5cm以下のものを二種金属製線ぴという。）又は黄銅若しくは銅で堅ろうに製作された幅が5cm以下のものをいう。

⑥ 合成樹脂線ぴとは、電気用品安全法の適用を受ける合成樹脂製の線ぴをいう。

⑦ フロアダクトとは、床内埋込み配線用のといで、床上への電線引出しを目的とするものをいう。

⑧ セルラダクトとは、建造物の床コンクリートの仮枠又は床構造材の一部として使用される波形デッキプレートなどの溝を閉鎖して電気配線用ダクトとして使用するものをいう。

⑨ 金属ダクトとは、幅5cmを超える金属製のといで、主として多数の配線を収めるものをいう。

⑩ ライティングダクトとは、絶縁物で支持した導体を金属製又は合成樹脂製のダクトに収め、プラグ又はアダプタの受口をダクト全長にわたり連続して設けてあるもので、照明器具又は小形電気機械器具への給電用として使用するものをいう。

⑪ バスダクトとは、裸母線又は絶縁母線を金属製のハウジング内に収めたものをいう。

⑫ 平形保護層とは、上部保護層（若しくはクロス面保護層）、上部接地用保護層（若しくはクロス面接地用保護層）及び下部保護層（若しくは天井面保護層）又は機械的保護層及び接地用保護層により構成されるものをいう。

〔注1〕JIS C 3652（電力用フラットケーブルの施工方法）では、「平形保護層」に「平形導体合成樹脂絶縁電線」を含めたものを「電力用フラットケーブル」として定義している。

〔注2〕JESC E0011（コンクリート直天井面におけるテープケーブル工事の設計・施工指針）では、「平形保護層」に「平形導体合成樹脂絶縁電線」を含めたものを「テープケーブル」として定義している。

〔注3〕JESC E0014（住宅用フラットケーブル工事の設計・施工指針）では、「平形保護層」に「平形導体合成樹脂絶縁電線」を含めたものを「住宅用フラットケーブル」として定義している。

⑬ ボックスとは、鋼製又は合成樹脂製の角形又は丸形の箱で、アウトレットボックス、スイッチボックス、コンクリートボックスなどその内部から電線を引き出して配線器具、照明器具などと接続し、又は電線相互を接続するために使用するものの総称をいう。

⑭　プルボックスとは、通線を容易にするため、配管の途中に設けるボックスをいい、大形のものは特別に製作されるが、小形のものでは普通のアウトレットボックスで代用されることもある。

　〔注〕通線を容易にするためにボックス内で分岐したり接続したりすることもある。

⑮　アクセスフロアとは、主にコンピュータ室、通信機械室、事務室などで配線その他の用途のための二重構造の床をいう。

3102－1　施設場所と配線方法

1．屋内、屋側及び屋外配線は、その施設場所に従い、使用電圧が300V以下の場合は、3102－1表、使用電圧が300Vを超える場合は3102－2表に示すいずれかの配線方法によることとし、かつ、電線を損傷するおそれがないように施設すること。（解釈174）

　〔注1〕配線は、点検口を避けて施設すること。
　〔注2〕湿気の多い場所及び水気のある場所の配線は、3編4章（特殊場所）の規定によること。
　〔注3〕取り付けビス類などでボックス内の電線を損傷しないように注意すること。
　〔注4〕ケーブルラックには、電線にケーブルを用いるなどとし、直接絶縁電線を支持しないこと。

3102-1表　施設場所と配線方法（300V以下）

配線方法		施設の可否							
		屋内						屋側屋外	
		露出場所		いんぺい場所					
				点検できる		点検できない			
		乾燥した場所	湿気の多い場所又は水気のある場所	乾燥した場所	湿気の多い場所又は水気のある場所	乾燥した場所	湿気の多い場所又は水気のある場所	雨線内	雨線外
がいし引き配線		○	○	○	○	×	×	a	a
金属管配線		○	○	○	○	○	○	○	○
合成樹脂管配線	合成樹脂管（CD管を除く）	○	○	○	○	○	○	○	○
	CD管	b	b	b	b	b	b	b	b
金属製可とう電線管配線	一種金属製可とう電線管	○	×	○	×	×	×	×	×
	二種金属製可とう電線管	○	○	○	○	○	○	○	○
金属線ぴ配線		○	×	○	×	×	×	×	×
合成樹脂線ぴ配線		○	×	○	×	×	×	×	×
フロアダクト配線		×	×	×	×	c	×	×	×
セルラダクト配線		×	×	×	×	c	×	×	×
金属ダクト配線		○	×	○	×	×	×	×	×
ライティングダクト配線		○	×	○	×	×	×	×	×
バスダクト配線		○	d	○	×	×	×	d	d
平形保護層配線		×	×	○	×	×	×	×	×
キャブタイヤケーブル配線	ビニルキャブタイヤケーブル	○	○	○	○	×	×	a	a
	二種 クロロプレンキャブタイヤケーブル	○	○	○	○	×	×	a	a
	二種 クロロスルホン化ポリエチレンキャブタイヤケーブル	○	○	○	○	×	×	a	a
	二種 ゴムキャブタイヤケーブル	○	○	○	○	×	×	×	×
	三種・四種 クロロプレンキャブタイヤケーブル	○	○	○	○	○	○	○	○
	三種・四種 クロロスルホン化ポリエチレンキャブタイヤケーブル	○	○	○	○	○	○	○	○
	三種・四種 ゴムキャブタイヤケーブル	○	○	○	○	○	○	×	×
キャブタイヤケーブル以外のケーブル配線		○	○	○	○	○	○	○	○

〔備考〕記号の意味は、次のとおりである。
(1) ○は、施設できる。

3115-1 電　　線（対応省令：第57条）

1. 合成樹脂管配線には、絶縁電線を使用すること。（解釈177）
　　〔注〕この規定における絶縁電線の定義については、1100-1（用語）⑩⑨（絶縁電線）を参照のこと。
2. 前項の電線は、直径3.2mm（アルミ電線にあっては、4.0mm）を超えるものはより線であること。ただし、長さ1m程度以下の合成樹脂管に収めるものは、この限りでない。（解釈177）
3. 合成樹脂管内では、電線に接続点を設けないこと。（解釈177）

3115-2 施設場所の制限（対応省令：第56条）

合成樹脂管配線は、重量物の圧力又は著しい機械的な衝撃を受ける場所に施設しないこと。ただし適当な防護装置を施す場合は、この限りでない。（解釈177）
　〔注〕コンクリート内の埋込みは、重量物の圧力又は著しい機械的衝撃を受けるおそれのある場所とみなさない。

3115-3 合成樹脂管及び附属品の選定（対応省令：第56、57条）

合成樹脂管配線に使用する合成樹脂管及びボックスその他の附属品など（管相互を接続するもの及び管の端に接続するものに限り、レジューサを除く。）は、次の各号に適合するものであること。（解釈177）

① 電気用品安全法の適用を受ける合成樹脂管及びボックスその他の附属品であること。ただし、附属品のうち、金属製のボックス及び粉じん防爆形フレクシブルフィッチングにあっては、この限りでない。
② 端口及び内面は、電線の被覆を損傷しないようななめらかなものであること。
③ 硬質ビニル管の厚さは、2mm以上とすること。ただし、露出場所又は点検できるいんぺい場所であって、乾燥した場所に人が触れるおそれがないように施設する場合（屋内配線の使用電圧が300V以下の場合に限る。）は、管の厚さを1mm以上とすることができる。

〔注1〕　JIS C 8430の硬質ビニル管の寸法を示すと、3115-1表のとおりである。

3115-1表　硬質ビニル管の寸法

（単位：mm）

太さ（管の呼び方）	外　　形	厚　　さ
14	18	2.0
16	22	2.0
22	26	2.0
28	34	3.0
36	42	3.5
42	48	4.0
54	60	4.5
70	76	4.5
82	89	5.9

〔注2〕合成樹脂製可とう管（PF管）の寸法を示すと3115-2表のとおりである。

3115-2表　合成樹脂製可とう管（PF管）の寸法

(単位：mm)

太さ（管の呼び方）	外　形	内　径
14	21.5	14.0
16	23.0	16.0
22	30.5	22.0
28	36.5	28.0
36	45.5	36.0
42	52.0	42.0

〔注3〕CD管の寸法を示すと3115-3表のとおりである。

3115-3表　CD管の寸法

(単位：mm)

太さ（管の呼び方）	外　形	内　径
14	19.0	14.0
16	21.0	16.0
22	27.5	22.0
28	34.0	28.0
36	42.0	36.0
42	48.0	42.0

3115-4　〔管の太さ選定〕（対応省令：第56条）

1．同一太さの絶縁電線を同一管内に収める場合の合成樹脂管の太さは、次の各号によること。（勧告）

① 管内に収める絶縁電線の本数が10本以下の場合は、3115-4表及び3115-5表によること。

② 管内に収める絶縁電線の本数が10本を超える場合は、3115-6表によること。

3115-4表　硬質ビニル管の太さの選定

電線太さ 単線(mm)	より線(mm²)	電線本数 1	2	3	4	5	6	7	8	9	10
		硬質ビニル管の最小太さ（管の呼び方）									
1.6		14	14	14	16	16	22	22	28	28	28
2.0		14	16	16	16	22	22	28	28	28	36
2.6	5.5	14	16	16	22	22	28	28	28	36	36
3.2	8	14	22	22	28	28	36	36	36	36	42
	14	14	22	28	28	36	36	42	42	54	54
	22	16	28	36	36	42	42	54	54	54	70
	38	16	36	42	54	54	54	70	70	70	70
	60	22	42	54	54	70	70	70	82	82	
	100	28	54	70	70	82	82				
	150	36	70	70	82						
	200	42	70	82							
	250	42	82								

〔備考1〕電線1本に対する数字は、接地線及び直流回路の電線にも適用する。

〔備考2〕本表は、実験と経験に基づき決定したものである。

3115-5表 合成樹脂製可とう管（PF管）及びCD管の太さの選定

電線太さ		電線本数									
単線 (mm)	より線 (mm²)	1	2	3	4	5	6	7	8	9	10
		CD管及び合成樹脂製可とう管の最小太さ（管の呼び方）									
1.6		14	14	14	14	16	16	22	22	22	22
2.0		14	14	14	16	22	22	22	22	22	28
2.6	5.5	14	16	16	22	22	22	28	28	28	36
3.2	8	14	22	22	22	28	28	28	36	36	36
	14	14	22	28	28	36	36	42	42		
	22	16	28	36	36	42	42				
	38	22	36	42							
	60	22	42								
	100	28									

〔備考1〕電線1本に対する数字は、接地線及び直流回路の電線にも適用する。
〔備考2〕本表は、実験と経験に基づき決定したものである。

3115-6表 最大電線本数（10本を超える電線を収める場合）

電線太さ		硬質ビニル管				合成樹脂製可とう管（PF管）及びCD管	
単線 (mm)	より線 (mm²)	28	36	42	54	22	28
1.6		12	19	25	40	11	18
2.0			15	20	32		15
2.6	5.5		12	16	27		
3.2	8			11	19		

2. 管の屈曲が少なく、容易に電線を引き入れ及び引き換えることができる場合は、前項の規定にかかわらず、電線が同一太さで断面積8mm²以下にあっては3115-7表、その他の場合にあっては3110-7表、3115-8表から3115-10表により電線の被覆絶縁物を含む断面積の総和が管の内断面積の48％以下とすることができる。（勧告）

〔注〕 引込線取付点から引込口装置に至る部分は6m以下であっても1項によることが望ましい。

3115-7表 管の屈曲が少なく、容易に電線の引き入れ及び引き替えができる場合の最大電線本数

電線太さ		硬質ビニル管			合成樹脂製可とう管（PF管）及びCD管	
単線 (mm)	より線 (mm²)	14	16	22	16	22
1.6		4	7	11	19	17
2.0		3	6	9	7	14
2.6	5.5	3	5	7	4	9
3.2	8	2	3	5	3	6

3．異なる太さの絶縁電線を同一管内に収める場合の合成樹脂管の太さは、3110-7表、3115-8表から3115-10表により電線の被覆絶縁物を含む断面積の総和が管の内断面積の32％以下となるように選定すること。（勧告）

〔注〕計算方法の例を3110-5（管の太さの選定）3項〔注〕に示している。

3115-8表　絶縁電線を合成樹脂管内に収めるときの補正係数

電線太さ		硬質ビニル管	合成樹脂製可とう管 (PF管) 及び CD 管
単線 (mm)	より線 (mm²)		
1.6 2.0		2.0	1.3
2.6 3.2	5.5 8	1.2	1.0
	14以上	1.0	1.0

3115-9表　硬質ビニル管の内断面積の32％及び48％

電線管の太さ （管の呼び方）	内断面積の 32％ (mm²)	内断面積の 48％ (mm²)	電線管の太さ （管の呼び方）	内断面積の 32％ (mm²)	内断面積の 48％ (mm²)
14	49	73	36	307	461
16	81	122	42	401	602
22	121	182	54	653	980
28	196	295	70	1,127	1,691
			82	1,497	2,245

3115-10表　合成樹脂製可とう管（PF管）及びCD管の内断面積の32％及び48％

電線管の太さ （管の呼び方）	内断面積の32％ (mm²)	内断面積の48％ (mm²)
14	49	73
16	64	96
22	121	182
28	196	295
36	325	488
42	443	664

3115-5　配　管（対応省令：第56条）

1．合成樹脂管の端口は、電線の被覆を損傷しないようになめらかなものであること。（解釈177）
2．合成樹脂管配線に使用する管及びボックスその他の附属品は、次の各号により施設すること。
　① 温度変化による伸縮を考慮すること。
　② コンクリート内に集中配管して建物の強度を減少させないこと。
　③ 壁内の埋込みボックスなどは、コンクリート打設時に損傷を受けないような十分な強度

のものを使用すること。
④ 管の屈曲は、3110-8（管の屈曲）の規定に準じて施設すること。
⑤ CD管は、直接コンクリートに埋込んで施設する場合を除き、専用の不燃性又は自消性のある難燃性の管又はダクトに収めて施設すること。

3115-6　管及び附属品の連結及び支持（対応省令：第56条）

1．合成樹脂管相互及び合成樹脂管とその附属品との連結及び支持は、堅ろうに、かつ造営材その他に確実に支持すること。（解釈177）
2．合成樹脂管をサドルなどで支持する場合は、その支持点間の距離を1.5m以下とし、かつ、その支持点は、管端、管とボックスとの接続点及び管相互の接続点のそれぞれの近くの箇所に設けること。（解釈177）
   〔注1〕 近くの箇所とは、0.3m程度である。
   〔注2〕 合成樹脂製可とう管の場合は、その支持点の距離を1m以下とするのがよい。
3．合成樹脂管相互及び管とボックスとは、差し込み深さを管の外径の1.2倍（接着剤を使用する場合は、0.8倍）以上とし、かつ、差し込み接続により堅ろうに接続すること。（解釈177）
4．不燃性の組立式建物など工事上やむを得ない場合で、合成樹脂管及びプルボックスを乾燥した場所において不燃性の造営材に堅ろうに施設するときは、管とプルボックス相互の機械的固定を省くことができる。（解釈177）
5．管相互の接続は、ボックス又はカップリングを使用するなどし、直接接続はしないこと。ただし、硬質ビニル管相互の接続は、この限りでない。
6．合成樹脂製可とう管又はCD管をボックス又はプルボックスの中に引き込む場合は、水がボックス又はプルボックスの内に浸入し難いように施設すること。

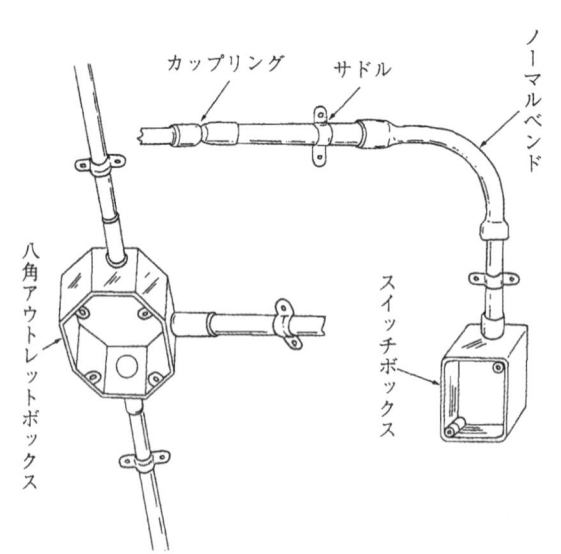

3115-1図　合成樹脂管配線の一例

3115-7　アウトレットボックス類（対応省令：第56条）

1．照明器具、コンセント、点滅器などの取付け位置には、アウトレットボックス又はこれに相当するものを使用すること。ただし、露出した引下げ配線の末端又はこれに類する場合は、木台を使用することができる。
2．ボックスは、十分な容積のあるものを選定すること。
3．ボックスには、照明器具などで覆われる場合を除き、カバーを取付けること。
4．プルボックス及びジョイントボックスについては、3110-10（プルボックス及びジョイントボックス）の規定を準用する。

3115-8　接　　地（対応省令：第10、11、62条）

1．使用電圧が300V以下の場合において、合成樹脂管に金属製のボックス又は粉じん防爆形フレクシブルフイッチングを接続して使用する場合は、ボックス又は粉じん防爆形フレクシブルフイッチングにD種接地工事を施すこと。ただし次のいずれかに該当する場合は、D種接地工事を省略することができる。（解釈177）
　①　乾燥した場所に施設する場合。
　②　屋内配線の使用電圧が直流300V又は交流対地電圧が150V以下の場合において、人が容易に触れる恐れがないように施設する場合。
2．使用電圧が300Vを超える場合において、合成樹脂管に金属製のボックス又は粉じん防爆形フレクシブルフイッチングを接続して使用する場合は、C種接地工事を施すこと。ただし、人が触れるおそれがないように施設する場合はD種接地工事によることができる。（解釈177）
3．3102-7（配線と他の配線又は弱電流電線、光ファイバケーブル、金属製水管、ガス管などとの離隔）の規定により強電流回路の電線と弱電流回路の弱電流電線を同一のボックス内に収める場合は、隔壁を施設し、C種接地工事を施すか、又は金属製の電気的遮へい層を有する通信ケーブルを使用し、当該遮へい層にC種接地工事を施すこと。（解釈189）

3115-9　他の条の準用

　3110-11（管端電線の保護）、3110-12（湿気及びじんあい防止）、3110-13（電線の引入れ）、3110-14（垂直配管内の電線）、3110-15（雨線外の配管）及び3110-17（建物に対する注意）の規定は、合成樹脂管配線に準用する。

付録2

技術的助言等

（1）エレベーターシャフトへの光ファイバー敷設に関する助言　抜粋

平成１７年６月１日
国住指第６６７号

都道府県建築行政主務部長　殿

国土交通省住宅局長

建築物の安全性及び市街地の防災機能の確保等を図るための建築基準法等の一部を改正する法律等の施行について（技術的助言）

　建築物の安全性及び市街地の防災機能の確保等を図るための建築基準法等の一部を改正する法律（平成16年法律第67号。以下「改正法」という。）、建築物の安全性及び市街地の防災機能の確保等を図るための建築基準法等の一部を改正する法律の施行に伴う関係政令の整備等に関する政令（平成17年政令第192号。以下「改正政令」という。）、建築物の安全性及び市街地の防災機能の確保等を図るための建築基準法等の一部を改正する法律の施行に伴う国土交通省関係省令の整備等に関する省令（平成17年国土交通省令第59号。以下「改正省令」という。）及び関連する国土交通省告示は、いずれも、平成17年６月１日から施行されることとなった。
　今回の改正法、改正政令、改正省令等のうち建築基準法（昭和25年法律第201号。以下「法」という。）に関する部分の運用について、地方自治法第245条の４第１項の規定に基づく技術的助言として下記のとおり通知する。
　貴職におかれては、貴管内特定行政庁及び貴職指定の指定確認検査機関に対しても、この旨周知方お願いする。
　なお、国土交通大臣指定及び地方整備局長指定の指定確認検査機関に対しても、この旨通知していることを申し添える。

記

（2） 昇降機の昇降路に係る配管設備の設置及び構造に関する基準の合理化（令第129条の2の5及び第129条の7並びに平成17年国土交通省告示第570号）

　従来、エレベーターの昇降路内には昇降機に必要な配管設備のみが設置可能であったが、規制改革・民間開放推進3カ年計画（平成17年3月25日閣議決定）に基づき、令第129条の2の5第1項第3号ただし書において、昇降機の機能に支障を生じず、かつ、昇降機の運行等により配管設備の機能に支障が生じるおそれのない配管設備であって、一定の技術基準に適合するものを設置できることとした。一定の技術基準については平成17年国土交通省告示第570号に規定しているが、光ファイバー又は光ファイバーケーブル（電気導体を組み込んだものを除く。）で昇降機に必要なもの及びこれらを通すための配管設備は、いずれも同告示第1号イに該当するものであること、光ファイバーケーブルの構造上必要な支持線やテンションメンバ等の金属類については電気導体とはみなさないことに留意されたい。

　また、同号本文において、対象となる昇降機の範囲が令第129条の3第1項第1号で定義されているエレベーターと同項第3号で定義されている小荷物専用昇降機であることを明確化した。なお、令第129条の3第2項の規定により令第5章の4第2節の技術基準が適用除外となるエレベーター及び小荷物専用昇降機も対象となることに留意されたい。

　さらに、令第129条の2の5の改正を踏まえ、令第129条の7第4号において昇降路内における突起物に係る規定を整理した。

(2) 容積率の緩和に関する技術的助言

別添9

国住街第１８８号
平成 23 年 3 月 25 日

各都道府県建築行政主務部長　殿

国土交通省住宅局市街地建築課長

建築基準法第 52 条第 14 項第 1 号の規定の運用等について
（技術的助言）

　建築基準法（昭和 25 年法律第 201 号。以下「法」という。）第 52 条第 14 項第 1 号の規定により、建築物の機械室その他これに類する部分の床面積の合計の建築物の延べ面積に対する割合が著しく大きい建築物については、特定行政庁の許可により容積率制限の特例を認めることができることとされており、「中水道施設等を設置する建築物に係る建築基準法第 52 条第 4 項第一号の規定の運用について」（昭和 60 年 12 月 21 日付建設省住街発第 114 号住宅局長通知）及び「建築基準法第 52 条第 11 項第一号の規定の運用について」（平成 11 年 4 月 16 日付建設省住街発第 45 号住宅局市街地建築課長通知）並びに「建築基準法第 52 条第 13 項第 1 号の規定の運用について」（平成 16 年 2 月 27 日付国住街第 381 号住宅局市街地建築課長通知）、「容積率特例制度の活用等について」（平成 20 年 12 月 25 日付国都計第 105 号、国住街第 177 号都市・地域整備局都市計画課長、住宅局市街地建築課長通知）においてこの取扱いを定め、地方自治法（昭和 22 年法律第 67 号）第 245 条の 4 第 1 項の規定に基づく技術的助言（以下「技術的助言」という。）として通知しているところである。

　今般、規制改革の充実・強化や経済対策の推進の観点から、再生可能エネルギーの利用拡大に向けて、新エネ・省エネ設備の一層の整備推進を図る必要があることから、環境負荷の低減に資する設備に係る本特例の運用に関して、下記のとおり通知するとともに、「建築基準法第 52 条第 14 項第 1 号の許可準則」として整理した上で、別添のとおり通知する。

　また、太陽光発電設備等の設置により法 53 条第 1 項から第 3 項の規定に該当しない場合であっても、個々の敷地単位で壁面の位置を制限することで周辺市街地環境の向上が図られる場合等で、安全上、防火上、衛生上支障がないと認められる場合には、法 53 条第 4 項の規定に基づく特例許可の活用が可能であることに留意する等、再生可能エネルギーの利用拡大に向けた取り組みを支援されたい。

　この旨、貴職におかれては、管内の特定行政庁に対してもこの旨周知いただくようお願いする。なお、本通知は、地方自治法（昭和 22 年法律第 67 号）第 245 条の 4 第 1 項の規定に基づく技術的助言であることを申し添える。

記

1．環境負荷の低減等の観点からその設置を促進する必要性の高い設備

　法第52条第14項第1号に係る同項の許可に当たり、建築物の機械室その他これに類する部分の床面積の合計の建築物の延べ面積に対する割合が著しく大きい場合には、建築物に一般的に設けられるものではないが、その設置を促進する必要性の高い機械室等を建築物に設置する場合を含むものである。

　この場合、環境負荷の低減等の観点からその設置を促進する必要性の高い設備として、以下の（1）から（7）に例示する設備について、幅広く本許可の判断の対象とし、積極的に対応することが望ましい。

　（1）住宅等に設置するヒートポンプ・蓄熱システム
　（2）住宅等に設置する潜熱回収型給湯器
　（3）コージェネレーション設備
　（4）燃料電池設備
　（5）太陽熱集熱設備、太陽光発電設備
　　　（屋上又は屋外に設ける駐車場、駐輪場、建築設備等の上空に設置する太陽光パネル等とそれを支える構造物で囲まれた部分を含む。）
　（6）蓄熱槽
　（7）蓄電池

　なお、これら以外であっても、今後の技術革新等による新たな新エネ・省エネ設備等、環境負荷の低減等の観点からその設置を促進する必要性の高い設備については、幅広く特例の対象として取り扱うことが望ましい。

2．容積率制限の特例の適用方法

(1)　法第52条第14項第1号の適用にあたっては、法の趣旨に基づく適切な運用を行うことと併せ、許可手続きの円滑化、迅速化が図られるよう努めることが望ましい。

　　具体的には、許可に係る事務の執行に当たっては、特例の対象となる設備があらかじめ想定されていること等を踏まえ、容積率制限緩和の許可基準について、あらかじめ建築審査会の包括的な了承を得ることにより、許可に係る事前明示性を高め、併せて、許可手続きの円滑化、迅速化に努めることが望ましい。

(2)　容積率制限の緩和は、特定行政庁が交通上、安全上、防火上及び衛生上支障がないと認めて許可した建築物において、当該許可の範囲内で行うものであり、原則として、当該設備の用に供する建築物の部分のうち、建築物の他の部分から独立していることが明確である部分の床面積相当分について行うこと。

（別添）

建築基準法第52条第14項第1号の許可準則

第1　適用範囲

1　本許可準則は、次の(1)から(19)に掲げる施設及び設備、その他これらに類する施設等を設置する建築物に関する建築基準法（以下「法」という。）第52条第14項第1号の規定に係る同項の許可について適用する。

  (1)　中水道施設
  (2)　地域冷暖房施設
  (3)　防災用備蓄倉庫
  (4)　消防用水利施設
  (5)　電気事業の用に供する開閉所及び変電所
  (6)　ガス事業の用に供するバルブステーション、ガバナーステーション及び特定ガス発生設備
  (7)　水道事業又は公共下水道の用に供するポンプ施設
  (8)　第1種電気通信事業の用に供する電気通信交換施設
  (9)　都市高速鉄道の用に供する停車場、開閉所及び変電所
  (10)　発電室
  (11)　大型受水槽室
  (12)　汚水貯留施設
  (13)　住宅等に設置するヒートポンプ・蓄熱システム
  (14)　住宅等に設置する潜熱回収型給湯器
  (15)　コージェネレーション設備
  (16)　燃料電池設備
  (17)　太陽熱集熱設備、太陽光発電設備
   （屋上又は屋外に設ける駐車場、駐輪場、建築設備等の上空に設置する太陽光パネル等とそれを支える構造物で囲まれた部分を含む。）
  (18)　蓄熱槽
  (19)　蓄電池

2　前項の規定に関わらず、法第52条第14項第1号に係る同項の規定による容積率制限の特例の対象となる通路等は、建築物の部分のうち、以下の（1）及び（2）の要件に該当すると特定行政庁が認めるものであること。
 （1）駅その他これに類するもの（以下「駅等」という。）から道路等の公共空地に至る動線上無理のない経路上にある通路、階段、傾斜路、昇降機その他これらに類するもの（以下「通路等」という。）であること。ただし、非常時以外において自動車が出入りする通路等を除くこと。

(2) 当該通路等自体が周辺の公共施設に対する負荷を増大させず、むしろ軽減させるものであって、駅等の周辺の道路交通の状況等から、当該通路等を当該建築物の敷地内に設けることが、当該敷地の周辺の道路における歩行者等の通行の円滑化に資すると認められるものであること。
　　　具体的には、駅等の構内に設けられるもので、もっぱら当該駅等の利用者以外の者の通行に供するものや、駅等に近接した建築物に設けられるもので、もっぱら当該駅等の利用者の通行に供するもの等が、これに該当するものと考えられること。

第2　容積率の緩和
1　第1第1項の規定にかかる容積率制限の特例の適用方法については、当該施設等の用に供する建築物の部分のうち、次の各号の要件を満たす部分の床面積相当分について行うものとする。
　（1）当該施設の本来の用に供する部分（当該施設の管理用事務室等人が常駐する部分及びこれに付属する部分を除く。）であること。
　（2）当該設備の用に供する建築物の部分のうち、建築物の他の部分から独立していることが明確である部分の床面積相当分について行うこと。
2　第1第2項の規定にかかる容積率制限の特例の対象となる通路等の部分の床面積は、延べ面積に算入される部分のうち、原則として以下の（1）から（4）までの要件に該当する部分の床面積相当分とすること。
　（1）鉄道等の運行時間中、駅等の利用者が常時自由に通行することができるものであること。
　（2）壁等により建築物の他の部分から独立した区画をなす部分であること。
　（3）通路等又はその部分の環境の向上に寄与する植込み、噴水等に供する部分を含むことが可能であること。
　（4）駅等に附属する執務室、切符売場及び店舗等に供する部分を含まないものであること。
3　前2項による容積率制限の緩和は、特定行政庁が交通上、安全上、防火上及び衛生上支障がないと認めて許可した建築物において、当該許可の範囲内で行うものであり、原則として、当該施設等の設置に供される床面積相当分について行うものとし、その限度は、基準容積率（法第52条第1項から第5項の規定による容積率をいう。）の1.25倍とする。

第3　その他
1　本許可準則は法第52条第14項第1号に係る同項の許可に関する一般的な考え方を示すものであるので、第1第1項に掲げる施設等以外であっても、省資源、省エネルギー、防災等の観点から必要なものであって、公共施設に対する

負荷の増大のないものについては、積極的に対応するものとすること。特に、今後の技術革新等による新たな新エネ・省エネ設備等、環境負荷の低減等の観点からその設置を促進する必要性の高い設備については、幅広く特例の対象として取り扱うこと。一方、建築計画の内容、敷地の位置、敷地の周囲の土地利用の状況、都市施設の整備の状況等からこれによることが必ずしも適切でないと考えられる場合は、総合的な判断に基づいて弾力的に運用すること。

2　本許可準則による法第52条第14項第1号の許可が、特定の用途に供される建築物の部分の床面積に着目して行われることにかんがみ、当該部分が他の用途に転用されることのないよう、長期的観点から当該施設等の必要性に関し十分検討すること。また、本規定を適用した建築物については、台帳の整備等により建築後も引き続きその状態の把握に努めるとともに、当該建築物の所有者、管理者等にもこの旨周知を図ること。

3　本許可準則により建築される建築物は、ペンシルビル等周辺の市街地環境を害するおそれのあるものにならないよう指導すること。

4　本許可準則により建築物に設けられる施設等については、周囲の環境に対し悪影響を及ぼすことのないよう、設置位置等に関し十分指導すること。

5　本許可準則に係る事務の執行に当たっては、その円滑化、迅速化が図られるよう努めることが望ましい。

　　特に第1(13)～(19)の設備に係る許可に係る事務の執行に当たっては、特例の対象となる設備があらかじめ想定されていること等を踏まえ、容積率制限緩和の許可基準について、あらかじめ建築審査会の包括的な了承を得ることにより、許可に係る事前明示性を高め、併せて、許可手続きの円滑化、迅速化に努めることが望ましい。

6　総合設計制度の許可を受ける建築物に本許可準則に定める施設等を設置する場合においては、法第59条の2の規定による容積率の緩和の許可と併せて、法第52条第14項第1号の規定による容積率の緩和の許可を行うことができるものであること。この場合において、当該建築物の容積率の緩和の限度は、総合設計許可準則（平成23年3月25日付国住街第186号住宅局市街地建築課長通知）第2第1項（2）から（4）までに定められた容積率の緩和の限度に、本許可準則第2に定められた容積率の緩和の限度を加えたものとする。

(参考抜粋)

○構造改革特別区域推進本部決定（平成22年6月2日）
　「明日の安心と成長のための緊急経済対策」における構造改革特区に係る臨時提案等に対する政府の対応方針」

別表1　新たに構造改革特区において講じるべき規制の特例措置

番号	事項名	規制の根拠法令等	規制改革の概要	実施時期	所管省庁
1282	自然冷媒ﾋｰﾄﾎﾟﾝﾌﾟ蓄熱ｼｽﾃﾑを設ける建築物における、容積率不算入による低炭素分譲集合住宅の実現	建築基準法（昭和25年法律第201号）第52条第14項第1号、第52条第6項	自然冷媒ヒートポンプ・蓄熱システムなど環境負荷の低減に資する設備が建築基準法に基づく特定行政庁の許可による容積率の緩和対象であることについて、技術的助言を発出し、周知徹底を図る。	平成22年度中	国土交通省

○「新成長戦略実現に向けた3段構えの経済対策」（平成22年9月10日　閣議決定）
　５．日本を元気にする規制改革１００
　＜具体的な措置＞
　　○環境・エネルギー技術の投資・利用促進
　　・　再生可能エネルギーの全量買取制度の円滑な導入を目指すとともに、一定の場合において大規模太陽光発電設備について、建築基準法の工作物の対象外とする措置を平成22年度中に講じ、さらに、温泉法等の風力発電・地熱発電に係る設置許可基準の明確化を図る。また、住宅・ビルへ省エネ・新エネ設備を導入する際に容積、高さが不算入となる場合を明確化し導入のインセンティブとする。これらの取組等により総合的に再生可能エネルギーの普及を加速化する。

別表2　5分野を中心とした需要・雇用創出効果の高い規制・制度改革事項

番号	事項名	規制改革の概要	実施時期	所管省庁
<環境・エネルギー>				
7	住宅・ビル等における省エネ設備・新エネ設備の導入促進	新エネ設備（太陽光パネル、太陽熱温水器や小型風力発電設備）、省エネ設備（ヒートポンプ、コジェネ施設、燃料電池等）を住宅・ビル等の建築物に設置する場合の建築基準法上の取扱い（容積、高さの不算入対象）について明確化し、平成22年度中に周知する。	平成22年度中検討・結論・措置	国土交通省

○「円高・デフレ対応のための緊急総合経済対策」（平成22年10月8日　閣議決定）
　5．規制・制度改革
　＜具体的な措置＞
○「日本を元気にする規制改革１００」等の充実・強化
　・再生可能エネルギーの利用拡大に向け、全量買取制度の円滑な導入を目指し年末に向けて検討を進めるとともに、大規模太陽光発電設備や省エネ・新エネ設備に係る規制を見直すこと、国際医療交流を促進するためビザの創設や在留資格の取扱いの改善を行うこと、幼保一体化を含む法案を平成２３年通常国会に提出する準備を進めることを含め、「規制・制度改革に係る対処方針」（平成22年6月18日閣議決定）及び「新成長戦略実現に向けた3段構えの経済対策」（平成22年9月10日閣議決定）の「日本を元気にする規制改革１００」等の既定事項を着実に実施する。
　　　　　　　　　　　　　　　　　　　（略）
　・これらについて、潜在的需要の顕在化及び供給力強化を図る観点等から実効性ある措置が講じられるよう、10月から活動を再開する行政刷新会議の規制・制度改革に関する分科会においてフォローアップを行う。

(3) 電気事業法の技術基準

資料作13-2

電気通信事業法における技術基準について

平成19年6月27日

総務省　電気通信技術システム課

電気通信事業法の技術基準の枠組み

電気通信事業法の規定

事業用電気通信設備（ネットワーク）

第41条（電気通信設備の維持）

○電気通信回線設備を設置する電気通信事業者は、当該設備を総務省令で定める技術基準に適合するように維持しなければならない。

○基礎的電気通信役務を提供する電気通信事業者は、当該電気通信設備を総務省令で定める技術基準に適合するように維持しなければならない。

○上記の技術基準は次の事項が確保されるものとして定められなければならない。
一 電気通信設備の損傷、故障が通信に支障を及ぼさないようにする。
二 品質が適正にされる。
三 通信の秘密が侵されないよう役務提供に支障を及ぼさないようにする。
四 利用者、他の電気通信事業者の設備に損傷、機能障害を与えない。
五 他の電気通信設備との責任の分界が明確である。

端末設備／自営電気通信設備

第52条（端末設備の接続の技術基準）

○電気通信事業者は、総務省令で定める技術基準に適合している端末設備について、当該事業者の電気通信回線設備への接続請求を拒むことができない。

○上記の技術基準は次の事項が確保されるものとして定められなければならない。
一 事業者の電気通信回線設備に損傷、機能障害を与えない。
二 他の利用者に迷惑を及ぼさない。
三 電気通信設備との責任の分界が明確である。

第70条（自営電気通信設備の接続）

○自営電気通信設備について、第52条と同様の要件を規定。

技術基準の具体的内容

事業用電気通信設備規則（昭和60年郵政省令第30号）

○電気通信回線設備の損傷又は故障の対策
○秘密の保持
○他の電気通信設備の損傷又は機能の障害の防止
○他の電気通信設備との責任の分界
○音声伝送役務の用に供する電気通信回線設備（アナログ電話用設備、ISDN通信用設備、0AB〜J IP電話用設備、050 IP電話用設備）毎に通話品質、接続品質を規定 等

端末設備等規則（昭和60年郵政省令第31号）

○責任の分界
○安全性等（絶縁抵抗等、漏えいする通信の識別禁止）
○電気通信回線設備に接続する端末設備毎に技術基準を規定
・電話用設備に接続される端末設備（アナログ電話端末、移動電話端末）
・無線呼出用設備に接続される端末設備
・総合デジタル通信用設備に接続される端末設備
・専用通信回線設備又はデジタルデータ伝送用設備に接続される端末設備 等

その他の規定

情報通信ネットワーク安全・信頼性対策実施登録規定（昭和62年郵政省告示第74号）

○電気通信事業法第41条第1項、第2項の規定に該当しない電気通信設備を用いて役務を提供する情報通信ネットワークは、当該ネットワークが下記の基準を満たす場合、安全・信頼性対策を実施しているネットワークとして登録することができる。

・情報通信ネットワーク安全・信頼性基準（昭和62年郵政省告示第73号）
・社会的に重要な情報通信ネットワーク（平成9年国家公安委員会告示第9号）
・情報システム安全対策基準・信頼性の指標として定められる安全・信頼性基準
・民間企業等が各自に設定している基準（プライバシーポリシー等）

128

（参考）電気通信事業法における規定

（定義）
第二条　この法律において、次の各号に掲げる用語の意義は、当該各号に定めるところによる。
一　電気通信　有線、無線その他の電磁的方式により、符号、音響又は影像を送り、伝え、又は受けることをいう。
二　電気通信設備　電気通信を行うための機械、器具、線路その他の電気的設備をいう。
三　電気通信役務　電気通信設備を用いて他人の通信を媒介し、その他電気通信設備を他人の通信の用に供することをいう。
四　電気通信事業　電気通信役務を他人の需要に応ずるために提供する事業（放送法（昭和二十五年法律第百三十二号）第五十二条の十第一項に規定する受託放送役務、有線ラジオ放送業務の運用の規正に関する法律（昭和二十六年法律第百三十五号）第二条に規定する有線ラジオ放送、有線放送電話に関する法律（昭和三十二年法律第百五十二号）第二条第一項に規定する有線放送電話役務、有線テレビジョン放送法（昭和四十七年法律第百十四号）をいう。）第二条第一項に規定する有線テレビジョン放送及び同法第九条の規定による有線テレビジョン放送施設の使用の承諾の届出をした者並びに第十六条第一項の規定による届出をした者をいう。
五　電気通信事業者　電気通信事業を営むことについて、第九条の登録を受けた者及び第十六条第一項の規定による届出をした者をいう。
六　電気通信業務　電気通信事業者の行う電気通信役務の提供の業務をいう。

（電気通信事業の登録）
第九条　電気通信事業を営もうとする者は、総務大臣の登録を受けなければならない。ただし、その者の設置する電気通信回線設備（送信の場所と受信の場所との間を接続する伝送路設備及びこれと一体として設置される交換設備並びにこれらの附属設備をいう。以下同じ。）の規模及び当該電気通信回線設備を設置する区域の範囲が総務省令で定める基準を超えない場合は、この限りでない。

（電気通信事業の届出）
第十六条　電気通信事業を営もうとする者（第九条の登録を受けるべき者を除く。）は、総務省令で定めるところにより、次の事項を記載した書類を添えて、その旨を総務大臣に届け出なければならない。
一　氏名又は名称及び住所並びに法人にあっては、その代表者の氏名
二　業務区域
三　電気通信設備の概要（第四十四条第一項の事業用電気通信設備を設置する場合に限る。）
2　前項の届出をした者は、同項第一号の事項に変更があったときは、遅滞なく、その旨を総務大臣に届け出なければならない。
3　第一項の届出をした者は、同項第二号又は第三号の事項を変更しようとするときは、その旨を総務大臣に届け出なければならない。ただし、総務省令で定める軽微な変更については、この限りでない。

（参考）電気通信事業法における規定

（電気通信設備の維持）

第四十一条　電気通信回線設備を設置する電気通信事業者は、その電気通信事業の用に供する電気通信設備（その損壊又は故障等による利用者の利益に及ぼす影響が軽微なものとして総務省令で定めるものを除く。）を総務省令で定める技術基準に適合するように維持しなければならない。

2　基礎的電気通信役務を提供する電気通信事業者は、その基礎的電気通信役務を提供する用に供する電気通信設備（前項に規定する電気通信設備を除く。）を総務省令で定める技術基準に適合するように維持しなければならない。

3　前二項の技術基準は、これにより次の事項が確保されるものとして定められなければならない。

一　電気通信設備の損壊又は故障により、電気通信役務の提供に著しい支障を及ぼさないようにすること。
二　電気通信役務の品質が適正であるようにすること。
三　通信の秘密が侵されないようにすること。
四　利用者又は他の電気通信事業者の接続する電気通信設備を損傷し、又はその機能に障害を与えないようにすること。
五　他の電気通信事業者の接続する電気通信設備との責任の分界が明確であるようにすること。

（端末設備の接続の技術基準）

第五十二条　電気通信事業者は、利用者から端末設備（電気通信回線設備の一端に接続される電気通信設備であって、一の部分の設置の場所が他の部分の設置の場所と同一の構内（これに準ずる区域内を含む。）又は同一の建物内であるものをいう。以下同じ。）をその電気通信回線設備（その損壊又は故障等による利用者の利益に及ぼす影響が軽微なものとして総務省令で定めるものを除く。）に接続すべき旨の請求を受けたときは、その接続が総務省令で定める技術基準（当該電気通信事業者又はその電気通信設備と電気通信設備を接続する他の電気通信事業者であって総務省令で定めるものが総務大臣の認可を受けて定める技術的条件を含む。次項及び第六十九条において同じ。）に適合しない場合その他総務省令で定める場合を除き、その請求を拒むことができない。

2　前項の技術基準は、これにより次の事項が確保されるものとして定められなければならない。

一　電気通信回線設備を損傷し、又はその機能に障害を与えないようにすること。
二　電気通信回線設備を利用する他の利用者に迷惑を及ぼさないようにすること。
三　電気通信事業者の設置する電気通信回線設備と利用者の接続する端末設備との責任の分界が明確であるようにすること。

（自営電気通信設備の接続）

第七十条　電気通信事業者は、電気通信回線設備を設置する電気通信事業者以外の者からのその電気通信設備（端末設備以外のものに限る。以下「自営電気通信設備」という。）をその電気通信回線設備に接続すべき旨の請求を受けたときは、次に掲げる場合を除き、その請求を拒むことができない。

一　その自営電気通信設備の接続が、総務省令で定める技術基準（当該電気通信事業者又は当該電気通信事業者とその電気通信設備を接続する他の電気通信事業者であって総務省令で定めるものが総務大臣の認可を受けて定める技術的条件を含む。）に適合しないとき。

二　その自営電気通信設備の接続により当該電気通信事業者の電気通信設備の保持が経営上困難となることについて当該電気通信事業者が総務大臣の認定を受けたとき。

2　第五十二条第二項の規定は前項第一号の技術基準について、前条の規定は自営電気通信設備の接続の検査について準用する。この場合において、同条第一項及び第二項中「第五十二条第一項の技術基準」とあるのは、「第七十条第一項第一号の技術基準（同条第一項第一号の技術的条件を含む。）」と読み替えるものとする。

(参考) 電気通信事業の概要

電気通信事業法において、電気通信設備を用いて他人の通信を媒介し、その他電気通信設備を他人の通信の用に供するものが「電気通信役務」とされている。
また、電気通信役務を他人の需要に応ずるために提供する事業が「電気通信事業」であり、「届出を要する電気通信事業」、「登録を要する電気通信事業」及び「届出・登録を要しない電気通信事業」に分類される。

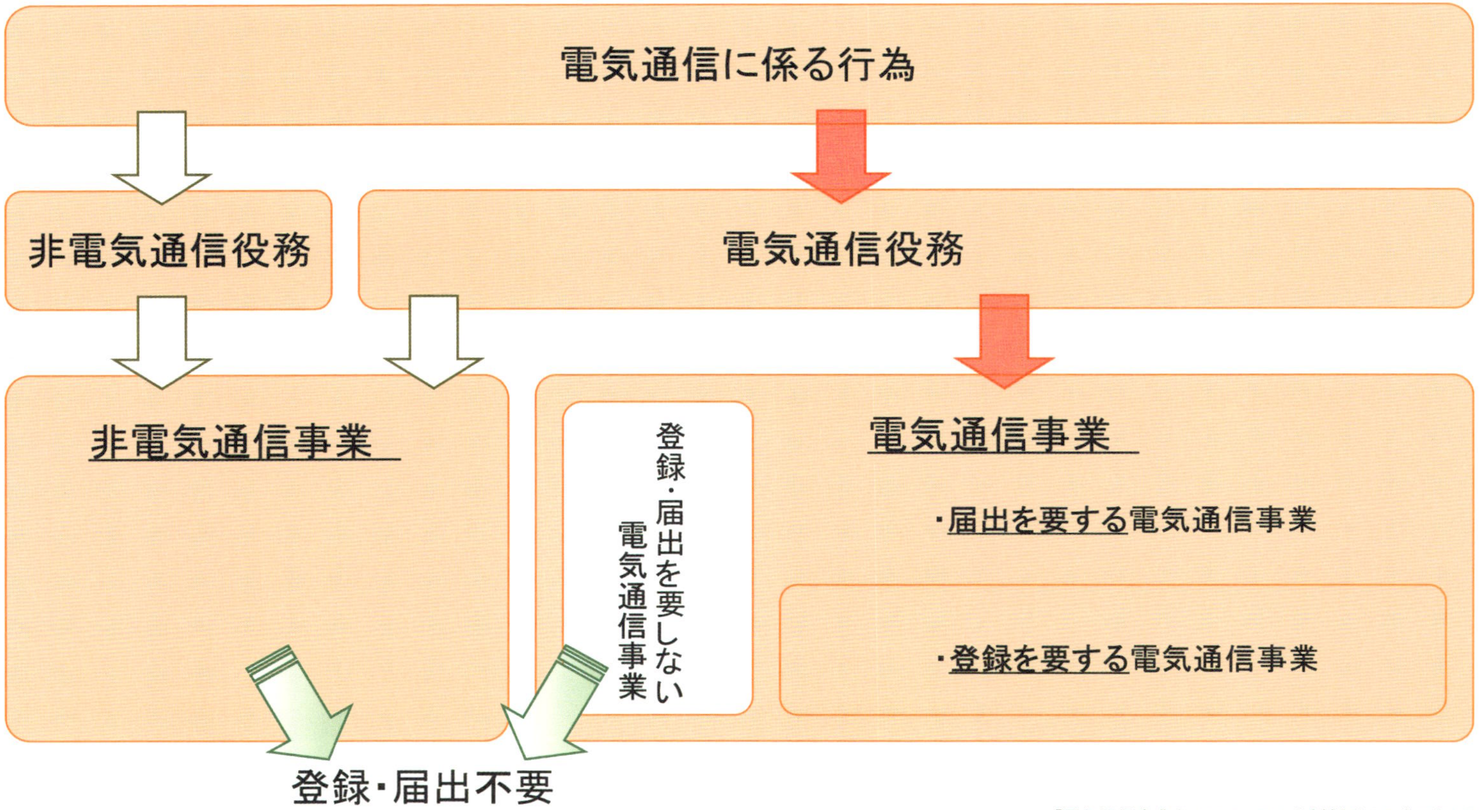

```
電気通信に係る行為
    ↓              ↓
非電気通信役務    電気通信役務
    ↓              ↓
非電気通信事業    電気通信事業
                  ・届出を要する電気通信事業
                  ・登録を要する電気通信事業

                  [登録・届出を要しない電気通信事業]
    ↘           ↙
    登録・届出不要
```

「電気通信事業参入マニュアル [追補版]」(平成17年8月18日)より

付録2 技術的助言等 131

（参考）電気通信事業の判定フローチャート

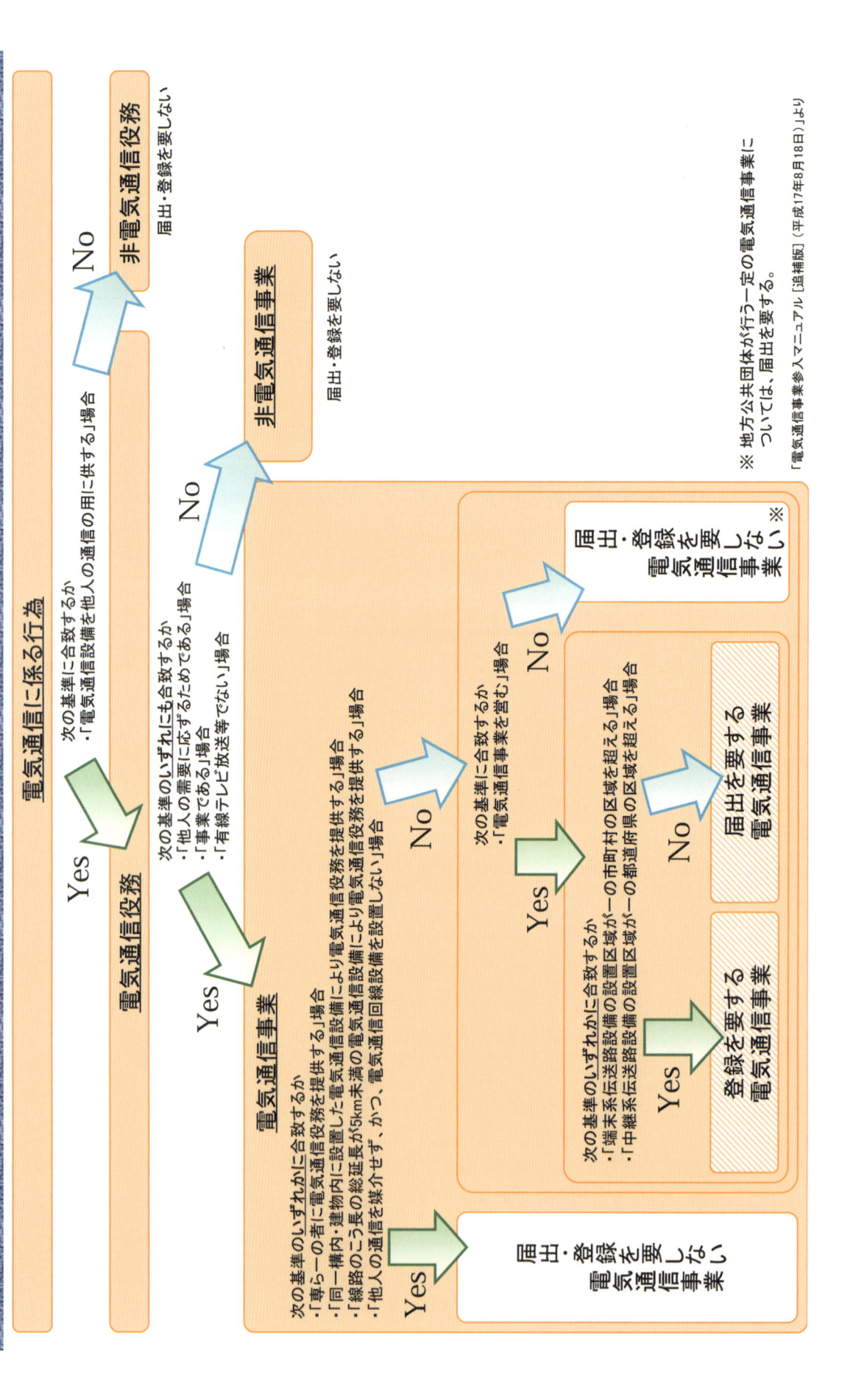

電気通信に係る行為

次の基準に合致するか
・「電気通信設備を他人の通信の用に供する」場合

- Yes → **電気通信役務**
- No → 非電気通信役務（届出・登録を要しない）

次の基準のいずれにも合致するか
・「他人の需要に応ずるためである」場合
・「事業である」場合
・「有線テレビ放送等でない」場合

- Yes → **電気通信事業**
- No → 非電気通信事業（届出・登録を要しない）

次の基準のいずれかに合致するか
・「一の者に電気通信役務を提供する」場合
・「同一構内・建物内に設置した電気通信設備により電気通信役務を提供する」場合
・「線路のこう長の総延長が5km未満の電気通信設備により電気通信回線設備を設置しない」場合
・「他人の通信を媒介せず、かつ、電気通信回線設備を設置しない」場合

- Yes → 届出・登録を要しない電気通信事業

次の基準のいずれかに合致するか
・「端末系伝送路設備の設置区域が一の市町村の区域を超える」場合
・「中継系伝送路設備の設置区域が一の都道府県の区域を超える」場合

- Yes → 登録を要する電気通信事業
- No → 次の基準に合致するか
  ・「電気通信事業を営む」場合
  - Yes → 届出を要する電気通信事業
  - No → 届出・登録を要しない電気通信事業 ※

※ 地方公共団体が行う一定の電気通信事業については、届出・登録を要する。

「電気通信事業参入マニュアル［追補版］（平成17年8月18日）」より

（参考）事業用電気通信設備規則の全体イメージ

電気通信回線設備を設置する事業者の設備・ユニバーサルサービスの設備に適用

電気通信回線設備の損壊又は故障の対策
・アナログ電話用設備等：予備機器等、故障検出、防護措置、試験機器及び応急復旧機材の配備、異常ふくそう対策、耐震対策、電源設備、停電対策、誘導対策、防火対策等、屋外設備等
・その他の電気通信回線設備：故障等の対策、耐震対策等、その他準用あり

秘密の確保
通信内容の秘匿措置、蓄積情報保護

他の電気通信設備の損傷又は機能の障害の防止
損傷防止、機能障害の防止、漏えい対策、保安装置、異常ふくそう対策

他の電気通信設備との責任の分界
分界点、機能確認

アナログ電話用設備
＊信号極性、信号受信条件、可聴音送出条件、通話品質、接続品質 等

アナログ電話相当の機能を有する固定電話用設備（ISDN、IP電話（OAB～J番号））
＊基本機能、通話品質、接続品質、総合品質、安定品質

その他の音声伝送用設備に対する規定（携帯電話、IP電話（０５０番号）等）
＊基本機能、通話品質、接続品質、総合品質

音声伝送役務の提供の用に供する電気通信回線設備

電気通信事業の用に供する端末設備
端末設備等規則を準用

付録2　技術的助言等　133

（参考）端末設備等規則の全体イメージ

端末設備・自営電気通信設備に適用

責任の分界
端末設備と事業用電気通信設備との責任の分界の明確化

安全性等
漏えいする通信の識別禁止、鳴音の発生防止、絶縁抵抗等、過大音響衝撃の発生防止、配線設備、端末設備内において電波を使用する端末設備

個別の端末設備に係る規定

アナログ電話端末
* 発信の機能、選択信号の条件、直流回路の電気的条件等、送出電力、漏話減衰量　等

移動電話端末
* 基本的機能、発信の機能、ランダムアクセス制御、位置登録制御、チャネル切替指示に従う機能、受信レベル持の劣化等の自動的な送信停止機能、重要通信確保のための機能、移動電話端末固有情報の変更を防止する機能　等

無線呼出用端末に接続される端末設備
* 無線呼出端末固有情報の変更を防止する機能　等

総合デジタル通信用端末に接続される端末設備
* 基本的機能、電気的条件等、アナログ電話端末等と通信する場合の送出電力　等

専用通信設備又はデータ通信用設備に接続される端末設備
* 電気的条件等、漏話減衰量　等

特殊な端末設備
* 特殊な端末設備

その他
自営電気通信設備については、端末設備の規定を準用

(参考) 関係法律・省令の参照先

電気通信事業法：
http://law.e-gov.go.jp/htmldata/S59/S59HO086.html

事業用電気通信設備規則：
http://law.e-gov.go.jp/htmldata/S60/S60F04001000030.html

端末設備等規則：
http://law.e-gov.go.jp/htmldata/S60/S60F04001000031.html

電気通信事業参入マニュアル：
http://www.soumu.go.jp/joho_tsusin/policyreports/japanese/misc/Entry-Manual/TBmanual02/entry02.pdf
「追補版」：
http://www.soumu.go.jp/joho_tsusin/policyreports/japanese/misc/Entry-Manual/TBmanual02/entry02_01.pdf

付録3

用語集

50音順

【あ】

アクセスライン（アクセス回線）（Access Line）
電気通信事業者の（基幹）ネットワークとユーザーを結ぶ回線。通信サービスの提供に不可欠な回線であり、通常は最寄りのアクセスポイントまたは最寄りの局を結ぶ回線を指す。加入者回線、足回り回線などと呼ばれる場合もある。

アンバンドル
加入者系アクセス回線から他の電気通信事業者に接続する際に、交換機などの伝送装置を介さない形態で接続すること。

イアース（IaaS）
Infrastructure as a Service のこと。システム機能に必要な機材や回線などの設備を、インターネットを通じて月額使用料などにより利用できるサービスのこと。SaaS と同様にクラウドコンピューティングの1つのジャンル。

インターホン／ドアホン
建物などに設置される構内専用の電話のこと。法的には有線電気通信法および有線放送電話に関する法律の規制が適用されないものをさす。住宅用インターホン（ドアホン）は住宅の玄関外部の脇に設置する玄関子機と、室内に設置するインターホン親機とで構成され、玄関から室内を呼び出して通話ができる。玄関を開けることなく来客者と会話し確認ができるため、防犯の目的で設置される。防犯性を高めるためカラーテレビモニター付き、録画・録音機能付きなども登場。センサーカメラとの連動、住宅用火災警報器との連動、電気錠との連動、携帯電話通知など高機能なタイプもある。

インターネット
インターネットは、世界中のさまざまなコンピュータネットワークが相互に結ばれた巨大なネットワークである。インターネットは誰でも利用可能な自由なネットワークであるが、何らかの約束がないと世界中で利用することはできないため、IP（Intenet Protocol）という通信規約を用いることが決められている。この規格が策定されたときに、IP を利用した複数のネットワークを接続するネットワークをインターネットと呼ぶことが決められ、現在に至っている。

インターネットガバナンス
インターネットの管理のことで、具体的には、インターネットによる通信の基本要素である、ドメインネームと IP アドレスの管理のこと。

インターネットサービスプロバイダ
インターネットへの接続サービスを提供する事業者。1991年に米国で CIX（商用インターネットの相互接続に関する組織）が設立されたことによりインターネットの商用利用が可能となり、インターネットへの接続をビジネスと介して提供するインターネットサービスプロバイダが次々と誕生した。ISP ともいう。ISP の業務、いいかえれば提供するサービスは、①コネクティビティサービス（顧客のネットワークやコンピューター、ISP が保有するネットワークを介してインターネットに接続するサービス）②アプリケーションサービス（電子メール、ニュースサービス、専用コンテンツ配信など、ISP の保有するサーバーにより提供されるサービス。ISP が運営するサーバー上で顧客がホームページを公開できるようにするサービスは、Web ホスティングサービスと呼ばれる　③オペレーションサービス（運

用に関わる各種サービス。顧客のネットワークの監視、顧客のホームページのアクセス状況の調査・報告、ドメインの取得の代行などが含まれる）——の3つに大別される。

インターネット放送
インターネットを経由して映像情報を配信する、通信と放送の中間領域に属する映像配信のこと。

イントラネット
TCPIPを用いて接続される構内ネットワークの総称。

ウェブソケット（Web Socket）
ネットワーク通信規格の1つ。ウェブサーバーとウェブブラウザー間の通信のための双方向通信用の技術規格。W3CがAPI部分、IETFがプロトコル部分の策定を担当している。

エージェントプログラム（Agent Program）
人に代わってネット上の情報を収集し、与えられた条件から最適な回答を導き出すソフトウェアなどの意味。

エコーネットライト（ECHONET Lite）
エコーネットコンソーシアムが策定した通信プロトコルで、国際標準のISO規格。IEC規格となっている。2011年12月、日本国内でのHEMS標準プロトコルとして経済産業省が認定したことで注目されている。

エクストラネット
インターネット関連技術を利用して構築される情報通信網で、企業や学校などに構築されたイントラネットを相互接続したネットワークのこと。

エレベーターシャフト（詳細は第Ⅲ章2項(7)3)）
光ファイバー敷設にあたり、パイプスペースに配管を新設する余裕がない場合は、縦系の配管としてエレベーターシャフトを利用することが可能[※]。エレベーターシャフトを利用して配管する場合、各階共用部は露出配管となるが、廊下の天井と壁面の角に三角の露出モール（回り縁型）を利用するなど、意匠的な配慮が必要になる。また、住戸内に光ファイバーを引き込む際は壁にコアあけが必要になる。

[※]国土交通省告示 平成17年6月（118〜119ページ参照）

オープンエコー（Open ECHO）
HEMS認証支援センターのホームページからダウンロードできる、エコーネットライトのためのSDKの1つ。

オンラインゲーム
ネットワーク上でコンピューターどうしを直接接続して利用するタイプのゲーム。代表的なものにウルティマオンラインなどがある。インターネット上にはオンラインゲームが利用できるウェブサイトが多数ある。

【か】

火災報知器

火災報知器は感知器によって火災により発生する熱、煙や炎を感知もしくは火災を発見した人間が発信機を操作することで警報を発したり、消防機関に通報したりする機器の総称である。自動火災報知設備や住宅用火災警報器、消防機関に通報する火災報知整備がこれに含まれる。

カテゴリ（Category）

非シールドより対線（UTP）の種類を表す。カテゴリには、品質の低い方から順にカテゴリ 1 からカテゴリ 5 までの 5 種類がある。LAN でよく用いるのは、カテゴリ 3、同 4、同 5 であり、カテゴリ 3 は 10 M ビット／秒、カテゴリ 4 は 16 M ビット／秒、カテゴリ 5 は 100 M ビット／秒の伝送速度を保証したものである。LAN 仕様の面からみると、10BASE-T はカテゴリ 3 以上、100BASE-Tx はカテゴリ 5 の UTP が使われる。昨今では、10BASE、100BASE を問わず、カテゴリ 5 ケーブルが使用されることが多い。また、最近では、－5e というギガビット Ethernet 規格（1000BASE-CX および 1000BASE-T）に対応した新しい規格も普及しはじめている。

き線

電話局から加入者宅へと伸びる電話線を加入者線と呼び、この加入者線の各エリアの配線点までを「き線」（饋線）と呼ぶ。一般的には、き線点までは地下ケーブルが敷設され、そこから電柱上の配線につなげられる。この地下から架空へ切り替わるところを「き線点」（各戸に分配するおおもと）と呼ぶ。

キャド

Computer Aided Design のことで CAD と略される。コンピューターを使って設計・デザインすることで、コンピューター支援設計とも呼ばれる。データ量が多いことから、メールなどにデータ添付する場合に高速回線を必要とする。

ギャランティ型サービス

電気通信事業者が利用者に対して、最低通信速度（データ伝送速度の指標であるスループット）や最大年間中断時間などのサービスの品質（QoS）を保証する通信ネットワークあるいは通信サービス。保証される対象は、エンドツーエンドであり、インターネット接続に対しては、局所的に速度低下やサービス中断が発生しうるため、通信速度に関して正確にギャランティといえるものはない。また、QoS の対象は、セキュリティ、データ送信の確実性（送信したデータが確実に相手に届くか）、時間保証（送信したデータが決められた時間内に相手に届くか）など多様である。ただし、ベストエフォート型サービスに比べて回線利用料金がかなり高額（月額数十万〜数百万円）であるため、個人や小規模事業所が利用する例は少ない。

クラウド

雲（Cloud）のことで、クラウドコンピューティング（Cloud Computing）の略として使われることが多い。クラウドコンピューティングとは、データやプログラムを手元のパソコンや携帯電話、ゲーム機などではなく、インターネットに接続された巨大なサーバーに保存、実行するサービスや使い方のこと。データを作成したパソコン以外の携帯電話や出先のパソコンからデータを呼び出して使える。

携帯情報端末

日常的に持ち歩くことを想定して設計された小型のコンピューター。PDA（Personal Digital Assistance）と呼ばれることもある。軽量コンパクトな携帯性と、より PC に近い機能、操作性などの両立が考慮されたものである。住所録やスケジュール帳、メモなどの個人情報管理に加え、最近では、

通信機能も重視され、電子メールの送受信やパソコンとのデータ交換などができるようになっている。
携帯端末は、大きくはペン入力のタイプ（パームトップ）とキーボード搭載タイプ（ハンドヘルド）の2種類に区分することができる。

ケーブルインターネット
ケーブルテレビのケーブルを用いて提供するインターネット接続サービスのこと。通常、高速で常時接続型のサービスが提供される。

ゲートウェイ（Gateway）
ネットワークとネットワークを接続するためのハードウェアやソフトウェアのこと。複数のプロトコルやデータ形式を自動的に変換する機能があり、プロトコルの異なるネットワーク間でスムーズにデータをやり取りできるように制御する。

工事完成図書（詳細は第Ⅲ章7項）
建築物情報化設備の評価（建築物評価と連動）、各種サービス導入、設備の円滑な運用、故障時の迅速な復旧と原因調査をするために、工事仕様完成図書を作成し履歴として保管される。工事仕様完成図書の内容として必要な項目は以下のとおり。
　1）工事概要　　2）幹線ルート　　3）ファイバースペース仕様　　4）各住戸概要　　ほか

公衆無線LANのホットスポット
無線LANを利用したインターネット接続サービスの提供のことで、接続のできる場所をホットスポット、アクセスポイントなどと呼ぶ。

コミュニティサイト
一般のインターネット利用者にウェブサイトを開設する場を提供したり、電子掲示板（BBS）などを提供することにより、インターネット利用者同士のコミュニティを形成することを目的としたサイト。

コメット（Comet）
クライアントからの要請がなくても、サーバーからデータなどを送信できる技術。

コンソーシアム（Consortium）
企業連合や資本連合のこと。大規模開発事業の推進や資金需要に対応するため、国内外の枠を超えて銀行や企業が提携する。投資負担や事業リスクが緩和できる。

コンテンツプロバイダー
コンテンツとは、もともとは「内容」を指す言葉である。「マルチメディアコンテンツ」や「Webコンテンツ」という使い方をする。「Webコンテンツ」といった場合には、インターネット上のWebサーバに掲載されているテキストやグラフィックなどの内容を指し、これらを制作し提供する者をコンテンツプロバイダーと呼ぶ。

コンピューターウイルス
多数のコンピューターの間をファイルなどを介して次々と感染し、その中のデータやソフトウェアを破壊するなどの害を及ぼす不正プログラムの一種。さまざまな不正プログラムの中でも、自己増殖機能をもち、他のファイルに伝染するものをコンピューターウイルスと呼ぶ。

【さ】

サーズ（SaaS：Software as a Service）
ソフトウェアの機能をネットワークを通して提供する方法。店頭販売されているソフトウェアは、すべての機能を一括購入させているが、サーズではソフトウェアはサーバー側で動作し、ユーザーは必要な機能を選んで購入できる。

サーバー
ネットワーク上でサービスや情報を提供するコンピューターのこと。インターネットではWWWサーバー、DNSサーバー（ネームサーバ）、メールサーバー（SMTP・POPサーバー）、NNTPサーバ（ニュースサーバー）などがあり、ネットワークで発生するさまざまな仕事を内容に応じて分担し集中的に処理している。
- WWWサーバー：ホームページなどのコンテンツを収め、情報提供を行う
- DNSサーバー：IPアドレスとドメイン名の変換を行う
- SMTP・POPサーバー：電子メールの送受信を行う
- NNTPサーバー：NetNewsの配信と提供を行う

サーバーが落ちる
サーバーのプログラムやOSが意図せず止まることを「落ちる」という。

サイト
英語で「敷地、位置」のこと。転じて、インターネットの場合には、ホームページなどのコンテンツがおかれている場所のことを指す。例えば、ウェブサイトといえばホームページのコンテンツがおかれているインターネット上の場所を指す。

サイバーテロ
情報通信ネットワークや情報通信システムを利用した、国民生活や社会経済活動に重大な影響を及ぼす可能性がある重要インフラ（情報通信、金融、航空、鉄道、電力など）への攻撃。

ジグビー（ZigBee）
国際標準規格IEEE802.15.4をベースにした、家電向けの短距離通信技術の1つ。データ転送速度は20〜250 kbpsで、伝送距離は30メートル。

19インチラック／キャビネット
複数の機器類を収容するための規格化された棚。EIAにより規格化された（TIA/EIA-310-D Cabinets, Racks, Panels, and Associated Equipment）。機器取り付け用の支柱のネジの水平間隔が19インチと定められている。国際規格では国際電気標準会議 IEC 60917 Modular order for the development of mechanical structures for electronic equipment practices にて規格化されている。日本でも同等なサイズのラックが日本工業規格において JIS C 6010『一般電子機器用ラック及びユニットシャシの寸法』として規定されている。家庭用にも本ガイドラインで推奨している奥行き30センチのラックの標準化を推進している（IEC SC48D 委員会）。

常時接続
ネットワークが常時接続された状態で、いつでもコンピューター間の相互通信が可能な接続形態を指す。これに対し、必要に応じて、電話回線やISDN回線などの公衆回線を通じてインターネットや異なる場所にあるLANに接続することをダイヤルアップ接続という。

情報家電

家庭用の電化製品でネットワーク接続されるもの。パソコンなどの情報機器も内包するが、むしろネットワーク接続型の音楽再生機器や家庭用ゲーム機、白物家電などの従来はネットワーク接続機器と考えられなかったものを指すことが多い。

シングルスター

光加入者系の基本形態の1つ。現在のメタリックケーブルによる電話加入者系と同じように、加入者と電話局を1対1で接続する方式。

ショックウェーブ（Shockwave）

アドビシステムズが開発している、ウェブページ上でマルチメディア用のデータを再生するためのソフトウェアと、その技術のこと。主にインタラクティブなゲームやムービーに使用されていたが、後にフラッシュが登場したことによって現在はあまり使われていない。もともとはアドビシステムズが買収したマクロメディアの製品。

スイッチングハブ（Switching HUB）

端末のEthernetデバイス（Ethernetボード・カード）に振られた固有のID番号（MACアドレス）を学習し、通信に必要なポートどうしを直結してデータのやり取りを行えるようにするもの。通常のハブでは、パケットをすべてのポート（ノード）に送出し、受け手であるノードがこれに応答するため、ネットワークのトラフィックが大きくなってくるとパケットの衝突が発生しやすいなどの問題があるが、スイッチングハブは端末から送られてきたデータを解析して宛先を検出し、送り先の端末にしかデータを送信しないため、ネットワーク全体の負荷が軽減し、セキュリティが向上する。また、宛先を解析するために一時的にデータを蓄えるので、速度の違うネットワークどうしの接続にも使えるという特徴もある。

ストリーミング

ネットワーク上で映像情報などを送受信しながら、同時に再生する技術。これによりインターネット放送が実現される。

スマートグリッド

スマートメーターなどの通信・制御機能を活用して、停電防止や送電調整のほか、多様な電力契約の実現や人件費削減などを可能にした電力網のこと。2013年時点では実用化に向け、小規模な電力網で実証実験が行われている。HEMS・BEMSは一例。

スマートハウス（マンション／シティ／ソサエティ）（詳細は第Ⅰ章1項(1) 1)、第Ⅰ章1項(6)、第Ⅰ章2項(1) 6))

もともとは1980年代にアメリカで提唱された住宅の概念。家電や設備機器を情報化配線などで接続し最適制御を行うことで、生活者のニーズに応じたさまざまなサービスを提供しようとするもの。日本では、トロン電脳住宅が話題となった1990年代のホームオートメーションブーム、松下電器産業（当時）によるHIIハウスが話題となった情報家電ブームに続き、2010年代にはアメリカのスマートグリッドの取り組みをきっかけとした、地域や家庭内のエネルギーを最適制御する住宅として再注目されている。

セットトップボックス（Set-Top-Box）

STBと略されるときもある。家庭用のテレビに接続して、衛星放送や地上デジタル放送、ケーブルテレビの専門チャンネル放送などを受信するための装置。一般にテレビの上に設置することからこう呼ばれた。テレビ放送を受信するための専用チューナーのほか、ビデオオンデマンドを実現する双方向通

信や、インターネット接続などさまざまな機能を備えている製品がある。ケーブルテレビ会社などから貸し出されることが多い。

ソーシャルゲーム（Social Game）
　主にソーシャルネットワーキングサービス（SNS）上で利用できるオンラインゲームのこと。ゲームのためのソフトウェアは必要ではなく、ウェブブラウザーでゲームが楽しめる。回線速度によっては利用が難しいデータ量の多いゲームもある。

専用線
　ある特定の2地点間を結ぶデータ通信専用の回線を指す。インターネットでは、通常ユーザーとISPの間を結ぶアクセス回線を指す。専用線では電話回線のようにいろいろなところと通信することはできないが、料金は接続時間や通信料によらず定額である。常時接続と専用線がしばしば混同されることがあるが、「常時接続」は回線の種別にかかわらず、常時インターネットに接続できる状態を指し、「専用線」は「常時接続」を回線事業者から「専用」の回線を借り受けた上で実施している。

総合行政ネットワーク
　地方公共団体間を相互に接続するとともに、国のネットワークである霞が関WANとも接続する広域的でセキュリティの高い行政ネットワークのこと。

相互接続点（POI：Point Of Interface）
　電気通信事業者間の相互接続点のこと。保守作業などの切り分けを行うポイントともなっている。専用線の使用料金は、例えば、ユーザーからPOIまでのNTT回線の使用料、POI以遠の電気通信事業者回線の使用料を合算したものとなる。従来は、NTTとそれ以外の電気通信事業者（DDIなど）のPOIは電話局内の交換機と基幹回線網の間であったが、電気通信事業者によるMDF（主配電盤）接続の解禁により、ADSLサービスなどの新しい通信サービスでは、MDFと交換機の間にPOIが設定できるようになった。

【た】

ダイヤルアップ接続
　電話回線を経由してコンピューターをインターネットなどのネットワークに、その都度接続する方式のこと。

ダウンコンバーター
　通信で用いられる高い周波数の信号を伝送路で使用されている低い周波数に変換する機器のこと。

ダウンロード
　ネットワーク上の他のコンピューターから、自分の利用しているコンピューターへデータなどを転送すること。

端末系伝送路
　通信設備のうち、交換機から末端の端末までを結ぶ伝送路のこと。

地域IP網（Local IP Network）
　NTT東日本、NTT西日本が各地域ごとに構築を進めているIPネットワークのことを指す。地域IP

網は収容局（電話局）どうしを接続したネットワークである。IP ネットワークは、交換機を使った電話回線網と異なり、1本の回線に複数データを流すことができるため、長時間接続の際も回線を専有するのはユーザー宅から収容局までであり、回線効率がよく、コストを安く抑えることができる。そのかわり、地域 IP 網の中は伝送速度が保証されないベストエフォート型になる。なお、NTT 法によって NTT は県をまたぐ通信を禁止されているため、地域 IP 網も各県ごとに構築されている。地域 IP 網はフレッツ・ISDN、フレッツ・ADSL や FTTH（B フレッツ）などで利用されている。

蓄電システム

もしもの停電時に備えて電力を蓄えるシステムのこと。公共・産業用が中心であったが、太陽光発電など自家創電の普及で住宅（家庭）用も広がりをみせている。

中継伝送路

通信設備のうち、交換機関を中継する伝送路のこと。

データセンター

サーバーやネットワーク機器を維持運用するための専用施設。複数の通信業者による高速の回線が引き込まれており、無停電電源装置（UPS）や自家発電装置を備え、セキュリティや耐震性にも優れる。一般的に、データセンター側は、サーバーを設置するスペースを提供し、利用者がサーバーコンピューターやルーターといった通信機器を設置する。これをコロケーションサービス（ハウジングサービス）という。また、データセンターがあらかじめサーバーなどの設備を用意して、利用者に貸し出すホスティングサービスを提供しているケースもある。

デジタルディバイド

デジタル（Digital）情報からの隔離・分別（Divide）という意味。デジタル化された情報が生みだす社会的不平等と、それにともなう経済的な損失という意味で使われる。

テレワーク

情報通信を活用した遠隔勤務型のワークスタイル。テレワークの形態としては、本社から離れた近郊の事務所に出勤して仕事をする「サテライトオフィス勤務」、自宅に居ながら仕事をする「在宅勤務」、携帯情報端末を利用して移動先でも仕事をする「モバイルワーク」などがある。テレワークにより、通勤負担の軽減、労働生産性の向上、育児・介護と仕事の両立、女性・高齢者・障害者の就業機会の拡大、交通代替による二酸化炭素排出量の削減などが期待されている。

【な】

ネット

ネットワーク（Network）のことで、英単語の意味では「網」という意味。いくつもの要素（ノード、node）がお互いに接続されていること。要素間を接続している線（物理的には有線や無線）をリンクという。インターネットを例にすれば、パソコンや携帯電話、タブレット、テレビ、レコーダーなどの要素が接続されている巨大なネットワークの1つになる。日本のインターネットの普及率は79％を超えている（2011年通信利用動向調査の結果（総務省）から）。

【は】

ハザードマップ(Hazard Map)
　自然災害による被害を予測し、その被害範囲を地図化したもの。予測される災害の発生地点、被害の拡大範囲および被害程度、さらには避難経路、避難場所などの情報が既存の地図上に図示されている。その応用で災害発生時に住民などは迅速・的確に避難を行うことができ、また2次災害発生予想個所を避けることができ、災害による被害の低減にあたり非常に有効。本書では建設地域のハザードマップにより浸水リスクを回避するために、ファイバースペースは2階以上または屋上などへの設置を推奨している。

パッチパネル(Patch Panel)
　パッチ盤、パッチボードともいう。ケーブル群を収納し接続するためのパネルで、通常19インチラックにマウント可能になっている。一般に機器からのケーブル(パッチケーブル)をパネル前面のジャックに接続し、その背後に恒久的なケーブルがのびている。配置を工夫することで、通信回線などの保守性を向上させる。

パラダイムシフト(Paradigm Shift)
　その時代、ある分野で当然と考えられていた認識や思想、社会全体の価値観などが革命的、劇的に変化すること。

ビッグデータ(Big Data)
　元来はデータベース管理ツールなどでは扱えないほど大きなデータの集まりのこと。大量に集まったデータの目的外での活用を指すこともある。非構造的で個々の容量も定められていないデータのため、処理速度を上げるために特別な技術が必要になる。

避雷器 (詳細は第Ⅲ章4項(6))
　発電、変電、送電、配電系統の電力機器や電力の供給を受ける需要家の需要機器、有線通信回線、空中線系、通信機器などを、雷などにより生じる過渡的な異常高電圧から保護する、いわゆるサージ防護機器の1つである。

ファイバースペース (詳細は第Ⅲ章3項)
　情報通信集中管理室のこと。情報伝送を必要とする各種設備、提供サービスの基点となる制御機器および集合機器の設置スペース。棟内情報伝送(棟内ネットワーク)の基点となるスペース。

ファイアウォール(Firewall)
　社内LANや外部への公開サーバーに対する不正侵入を防御するソフトウェアやハードウェアのこと。

フェルトセム
　英名は"Access Point Base Station"(アクセスポイント基地局)。固定通信と移動体通信を融合する技術(FMC: Fixed Mobile Convergence)の利点を提供するための代替手段である。ほとんどのFMCの設計は既存の家庭や企業のWi-Fiアクセスポイントと連動する新しい(二重モード)携帯電話機を必要とするという特徴がある。新しいアクセスポイントを設置する必要があるものの、フェムトセルが普及するまで既存の携帯電話と連動できる。高層マンションやイベントホールなどでの通信性能向上にはたらく。

ブルートゥース（Bluetooth）
　スウェーデンのエリクソン社主導で提唱された、近距離用無線通信の規格。最大 24 Mbps の通信速度で、最大半径 100 メートル以内の機器と接続できる。パソコンとプリンター、携帯電話とヘッドセットなどを、ケーブルを使わずに接続するためなどに利用されている。

ブロードバンド（Broadband）
　広域帯のこと。厳密な定義が存在するわけではない。一般的には、光ファイバー、xDSL、CATV など放送や通信にも利用できるバンド幅の広い（データ転送の容量の大きい）ものを用いた高速、超高速の大容量通信サービスを指す言葉。逆に、電話回線など数十 kbps 程度の低速な通信をナローバンドと呼ぶこともある。

ブロードバンドアクセスネットワーク
　ブロードバンド回線を用いた加入者系アクセス網のこと。

ブロードバンド回線
　広帯域通信回線のこと。既存のアナログ回線に比べて大容量の通信回線のことを指すが、どの程度の回線容量があればブロードバンド回線かという明確な定義はない。本書では現時点での水準として、各住戸において数 Mbps 程度の通信速度（実測の最低値）のものを高速、30 Mbps 以上のものを超高速と呼ぶことにしている。

ヘムス（HEMS）
　Home Energy Management System の略で、ホームエネルギー管理システムのこと。ネットワークなど情報通信技術を使って最適なエネルギー管理ができる住宅を実現する中核技術。エコキュートや太陽光発電などの再生可能エネルギーと、ネットワークに接続できる家電を結んで、住まいのエネルギー管理を最適化する。

ベストエフォート型サービス（Best Effort）
　ギャランティ型サービスと反対に、サービスの品質（QoS）の保証がない通信ネットワークあるいは通信サービス。狭義には、ユーザーが利用できる通信の伝送帯域（伝送速度）を、ネットワークが混雑したときには保証しないタイプのサービス。そのかわり、回線利用料金は安価で利用しやすい。

ポータルサイト
　サーチエンジン、ニュース速報、オンラインショッピング、掲示板（BBS）など、インターネット上のさまざまな情報が集約されたサイト。インターネット利用者がウェブに接続した際に最初に訪れる「入り口」（ポータル：Portal）となるため、このように呼ばれる。

ホスティング
　顧客のサーバーをまとめて預かり、運用管理や基本設備を提供するサービス。

ボイスチャット（Voice Chat）
　ネットワークを通じて音声でリアルタイムにメッセージを交換するシステム。

【ま】

マルチメディアオーサリングツール（Multimedia Authering Tool）
　マルチメディアは、複数の種類の情報（文字、静止画、動画、音楽など）を1つにまとめて扱うメディア（媒体）のことで、複合媒体と訳されるときがある。オーサリングツールは、プログラムを書かないでソフトウェアなどをつくるためのアプリケーションソフトウェアのことで、補助的なプログラムを書くことができるものが多い。マルチメディアオーサリングツールは文字、静止画、動画、音楽などの素材を、PC上の画面で組み合わせてコンテンツをつくるためのツールのこと。

マルチメディアコンセント
　テレビ、LAN、電話などのモジュラーコンセントを一体化したもの。

ミリ波
　波長1～10mm、周波数30～300GHzの電磁波のことで、英語の頭文字（Extreamely High Frequency）をとってEHFと略される。

無線LAN
　無線通信でデータの送受信をするLANのことである。特に、Ethernet規格の一部であるIEEE 802.11規格のことを指す場合が多い。最初に定められた規格のIEEE802.11は、電子レンジなどと同じ2.4GHz帯の電波を使い通信速度が2 Mbpsというものであるが、同じ2.4 GHz帯で11 Mbpsに高速化がはかられたIEEE802.11bという追加仕様が策定されている（1999年9月16日にIEEEで承認され、11月にIEEE標準として発行）。ちなみに、アップルコンピュータのiBookと同時に登場したAirMac（AirPort）は、IEEE802.11bを使用した無線LANシステムである。さらに、最大54 Mbps（5 GHz帯の電波）までが可能なIEEE802.11aという仕様もある。これが普及すれば、インターネットマンションに無線LANが用いられることも多くなるであろう。

メールマガジン
　各種情報を定期的に電子メールの形で配信するサービス。大半が無料で配信されているが、有料のものもある。コンピューター系の情報を中心にしたものから、映画、本などを扱ったものまでさまざまなメールマガジンが発行されている。

メディアコンバーター
　異なる信号形式を対象となる機器、ネットワークなどで利用できる信号形式に変換する機器のこと。インターネットでは光ファイバーの信号をLANで用いる電気信号に変換する光電変換装置などを指す。

【や】

ユビキタス（Ubiquitous）
　コンピューター技術が遍在して、時間や場所などに関係なく使えることを指す。「いつでも」「どこでも」「だれでも」「いたるところに」「あまねく存在」などがキーワード。ユビキタスという言葉を使った、ユビキタスコンピューティング（Ubiquitous Computing）とは、コンピューターを世界中、いたるところに存在させるというコンセプトを示した用語。

撚り対線
　ツイストペアケーブルとも呼ぶ。銅線2本をより合わせたケーブルで、より合わせることにより、

平行型の電線に比べて強靭化される。

4K、8K

4K は Ultra High Definition のことで、水平画素数 3840×垂直画素数 2160 の画面解像度を持つ動画フォーマットの総称。8K はスーパーハイビジョンで、7680×4320。デジタル放送になってよく使われるフルハイビジョンは、2K で 1920×1080。

【ら】

ラストワンマイル（Last One Mile）

逆に、ファーストワンマイル（First One Mile）と呼ばれる場合もある。通信サービスの加入者宅から、最寄りの電話局までの回線のこと。

ルーター（Router）

ネットワーク上を流れるデータを他のネットワークに中継する機器。OSI 参照モデルという、国際標準化機構（ISO）により制定された異機種間のデータ通信を実現するためのネットワーク構造の設計方針 OSI（Open Systems Interconnection）に基づいて記述された、プロトコルを解析してデータを転送する。ルーターは、OSI 参照モデルのネットワーク層に関する経路選択機能をもっている。

レイティング

インターネット上のコンテンツを一定の基準に基づいて分類すること。

【わ】

ワイファイ

Wi-Fi と書かれる。Wireless Fidelity のこと。業界団体である Wi-Fi Alliance によって、無線 LAN 製品の互換性が認定されたことを示す統一ブランド。無線 LAN の一般名称化しつつある。

アルファベット順

ADSL

Asymmetric Digital Subscriber Line の略。アナログ電話回線では、0〜4 kHz 程度の音声帯域しか利用していないことに着目し、高周波数の帯域幅を使って、高速なデジタルデータ通信を可能にする技術。もともとは米国で画像を配信する技術として開発されたものであり、一般的ユーザーは、データの受信が発信よりはるかに大きいため、非対称（Asymmetric）になっている。ADSLによるインターネット接続サービスでは、下り（収容局→ユーザー）が1.5〜12 Mbps 程度、上り（ユーザー→収容局）が200 kbps〜1 Mbps 程度の通信速度となっている。ただし、ADSLによるデータ通信は、伝送距離が短い、ノイズに弱いなどの短所があり、通信速度が保証されているものではない。

ASP

Application Service Provider の略。各種業務用ソフトなどのアプリケーションソフトをインターネット上のデータセンターなどにおいて運用し、インターネット経由でユーザー（企業）が利用できるようにするサービス提供者のこと。

DSL

Digital Subscriber Line（デジタル加入者線）の略。電話用のメタリックケーブルに専用モデムを設置することにより、高速のデジタルデータ伝送を可能とする方式の総称。

EC サイト

EC は Electronic Commerce の略。電子商取引。インターネットなどのネットワークを利用して、電子的に契約や決済といった商取引をするサイト。ネットショップサイトが代表的。

EDI

Electronic Data Interchange の略。企業間において、ネットワークを介してデータ転送をすること。またそのシステム。

Ethernet

もともとは米国の Xerox 社によって開発されたネットワークの通信制御方式。LAN の規格としてもっとも普及している。接続形態や最大伝送距離、通信速度によって 10BASE-T、10BASE-2（通信速度 10 Mbps）などいくつかの種類に分かれる。最近では、Fast Ethernet という通信速度を 100 Mbps に高めた高速な Ethernet 規格（100BASE-TX など）も普及している。さらには、通信速度を 1 Gbps に高めた Gigabit Ethernet 規格もある。光ファイバーを利用した光ファイバーケーブルを使う 1000BASE-LX および 1000BASE-SX に加え、広く普及している。10BASE-T や 100BASE-TX と互換性のあるカテゴリ 5 のより対線（ツイストペアーケーブル）を用いた規格（1000BASE-CX および 1000BASE-T）もある。インターネットマンションでは、住戸内 LAN を 10 または 100BASE とし、マンション構内 LAN を 1000BASE とする組み合わせも考えられる。

FDDI

Fiber-Distributed Data Interface の略。光ファイバーを利用した高速のリング型 LAN であり、転送速度は 100 Mbps、最大伝送距離は 100 キロ、高速性を生かして Ethernet を相互接続する基幹 LAN などに利用されている。1987 年にアメリカ規格協会（ANSI）で標準化され、その後、ISO の規格にもなったが、Ethernet に比べて機器の値段が高いなどの理由により、Ethernet の高速化とともに利用されなくなってきている。

FTTH

　Fiber To The Home の略。個々の家庭まで光ファイバーを引き込んで、電話、インターネット、テレビなどのサービスを統合した高速な通信環境を構築する計画。1986年に米国の地域電話会社サザン・ベルがフロリダ州オーランド市郊外で実験を行ったのが始まりである。日本では、1994年にNTTが全国を2010年までに光ファイバー化するFTTHの推進を開始した（1997年の政府経済対策閣僚会議では2005年までを要求）。しかし、全国の個々の家庭までの加入者線までを光化するのは多大なコストがかかるため、まずFTTC（Fiber To The Curb）、すなわちアクセス網の基幹線である「き線」の光化を中心に進められた。Curbは家の近くの道路の縁（カーブ）という意味であり、「き線」から先はメタルケーブルなどにより各家庭に配線する方法であり、1本の光ケーブルで複数のユーザーをまかなえるためコストメリットが出る。なお、日本国内における「き線」の光化は政令指定都市と東京23区内ではすでに90％を超えている。ちなみに、電柱まで光ファイバーを敷くことをFTTC（Fiber To The Curb）、ビルやマンションまで光ファイバーを敷くことをFTTB（Fiber To The Building）と呼ぶ。最近のマンションでは、特に都市圏においては多くの場合光ファイバーが敷設されるようになっている。しかし、これにより、ADSLサービスが利用できないなどの制約が生じることもある。

FWA（固定無線アクセス）

　Fixed Wireless Access の略。加入者宅から電気通信事業者までの間の加入者回線部分に無線回線を利用するシステム。ケーブル敷設にかかる手間とコストを大幅に軽減できるとされている。WLL（Wireless Local Loop）と呼ばれることもあるが、無線通信に関する国際的な標準化団体のITU-Rが、1999年にFWAと呼称することを勧告したため、FWAに呼称が統一されてきている。FWAには、指向性の電波で基地局とユーザーを1対1に結んで通信を行う高速（最大速度約156 Mbps）で高価なP to P（Point to Point）方式と、1つの基地局と複数のユーザーが同時に通信を行う比較的低速（10 Mbps程度の回線を共有）で安価なP-MP（Point to Multiple Point）方式がある。

HA 構成

　High Availability（ハイアベイラビリティ）の略。日本語では冗長構成という。可用性（システムが継続して稼働できる能力）が高いことを示すIT用語。2台以上の機器を用意し、1台に障害が発生しても、別のもう1台が引き継ぐなどして可用性を高めたシステム構成をHA構成と呼ぶ。

HA 端子

　日本電機工業会規格で定められた、ルームエアコン、給湯機、FF暖房機、床暖房、電動開閉機器、電気錠、電気温水器、照明器具やそのほかの機器のスイッチの入切や制御、状態モニターの信号がやりとりできる端子のこと。

HEMS・MEMS （詳細は第Ⅰ章1項（6））

　ホームエネルギーマネジメントシステム（HEMS）とは、家庭で電気を「つくる」「蓄える」「賢く上手に使う」ために電気機器をネットワーク上で管理、リアルタイムで利用状況を把握・コントロールするエネルギー管理システムのこと。太陽光発電量や蓄電池の電気使用量など、電気の利用状況をモニターで表示できるため、効率的な電気の使い方や節電ポイントをチェックでき、無理なく省エネライフを実践できるとされる。マンションエネルギーマネジメントシステム（MEMS）はマンションの建物内で使用する電力消費量などを計測蓄積し、導入拠点や遠隔での「見える化」をはかり、空調・照明設備などの接続機器の制御やデマンドピークを抑制・制御する機能などを有するエネルギー管理システムのこと。

IDF （詳細は第Ⅲ章2項）

　電話（光ケーブル）設備の1つ。Intermediate Distribution Frame の略。日本語では「中間配線盤」

という。オフィスビルや大きな集合住宅には、大量の回線が引き込まれている。特に大きなビルの場合、何千回線という数になることもある。それだけの電話線を個々に引き込むと収拾がつかないため、ビルやマンションの1室に、たくさんの電話回線や通信回線をまとめて管理できる集線盤を設置している。この設備を、MDFという。そして、大きなビルでは、さらに各フロアごとにサブの配線盤としてIDFを設置することが多い。オフィスでは、MDF・IDFから引き込まれた回線を効率的に利用するため光配線盤を用いる。

IEEE（米国電気電子学会）

Institute of Electrical Electronic Engineersの略。アイトリプルイーと読む。1963年に創設され、会員数32万人以上をほこるエレクトロニクス関係で世界最大の学会。本部はニューヨークにあり、電子部品や通信方式などの標準化策定活動を行っている。

IP

インターネットによるデータ通信を行うために必要な通信規約。現在使用されているものはバージョン4（IPv4）である。

IPv6

Internet Protocol version 6の略。現在利用されているインターネットプロトコル（IPv4）に比べて、はるかに多くの端末を接続することが可能、セキュリティが向上などの特徴を有する。

IPアドレス

インターネットなどのTCP／IP環境に接続されているコンピューターの識別番号のこと。同じ番号が重複しないように、InterNICが、IPアドレスを一元管理し、各国・地域のNIC（日本の場合はJPNIC）に割り当てている。現在利用されているバージョン4（IPv4）では、IPアドレスは32 bit（4B）の電子情報によって構成され、8bitずつ4組の数字（0から255まで）に区切って表される（例:123.2.46.155）。

IP網

インターネットプロトコル（IP）により通信を行う通信網。

ISDN

電話やFAX、データ通信を統合して扱うデジタル通信網という意味であり、Integrated Services Digital Networkの略。ハードウェアとしては、通常の電話線を使ったN-ISDNが用いられており、3本のチャネル（論理回線）で構成される。通信速度16 kbpsのDチャネル（1本）は制御用、64 kbpsのBチャネル（2本）は通信用である。2回線同時に使用できるので、電話をかけながらインターネットに接続することができる。また、接続先のISPが対応可能な場合には、2回線を束ねて128 kbpsの高速通信をおこなうことも可能であり、これをマルチリンクPPPと呼ぶ。インターネットマンションで、ISDNが利用されることはほとんどない。

ISP

インターネットサービスプロバイダーの項参照

ITU

International Telecommunication Union（国際電気通信連合）の略。電気通信に関する国連の専門機関で、多国間の円滑な通信を行うため、世界各国が独自の通信方式を採用することによる弊害の除去や、有限な資源である電波の混信の防止、電気通信の整備が不十分な国に対する技術援助などを目的として

いる。

LAN
Local Area Network（構内ネットワーク）の略。その名のとおり、企業や学校など限られたエリア内部で構築されたコンピューターのネットワークを指す。Ethernet 規格により通信を制御する方法がもっとも普及している。インターネットマンションでは、各住戸を結ぶ構内 LAN と各住戸内で部屋間を結ぶ LAN の 2 つがある。

MAC アドレス
Media Access Control Address のこと。世界中の Ethernet カードすべてに振られた固有の ID 番号であり、これをもとにカード間のデータ送受信が行われる。IEEE が管理、割り当てをしている各メーカーごとの固有な番号と、メーカーが独自に各カードに割り当てる番号の組み合わせによって表される。

MDF
Main Distributing Frame の略。一定規模以上のマンション、オフィスビルなどにケーブルを整理するために設置される配線分配装置などの収容盤。

NFC
Near Field Communication の略で、近距離無線通信技術のこと。通信距離は 10 センチ程度に限定され、最大の特徴は「かざす」だけでデータ通信ができること。

NOC
Network Operations Center の略。大容量の基幹回線に直接接続されたコンピューターが設置してある、インターネット事業者の拠点施設。

O2O
Online to Online の略で、オーツーオーと読む。ネット上（オンライン）でマーケティング（クーポン配布など）を展開して、実際の店舗（オフライン）などに客を呼び込むこと。地図情報を携帯電話などに表示できるようにして、実店舗に客を誘導することも O2O と呼ぶ。

PLC
Power Line Communication の略。電力線を通信回線としても利用する技術。国内では HD-PLC、米国では HomePlug が有名。HD-PLC の実効速度は UDP で 90 Mbps、TCP で 65 Mbps、最大通信距離は 200 メートルとされている。

PoE
Power over Ethernet の略。ネットワークケーブルで電源も共有する規格。

POS
Point Of Sales の略。商品につけられたバーコードや磁気記録などにより、商品の販売時点で商品コードなどの販売情報をコンピューターに通知し、商品の販売数や売筋商品をリアルタイムに集計・分析可能にする販売方式。

PPP
Point to Point Protocol の略。通信回線（一般的には電話回線を指す）を介したネットワーク接続に用いられるプロトコル。インターネットにダイヤルアップで接続する方法としてもっとも主流になって

いる。

PPPoE 接続

　PPP over Ethernet のこと。PPP の機能を Ethernet を通して利用するためのプロトコルである。PPP はもともと、電話回線や ISDN 回線などをダイヤルアップ接続するものであるが、これを常時接続で利用できるようにしたのが PPPoE である。PPPoE は、通常の PPP と異なり、ネットワークカードのもつ固有の「MAC アドレス」によって双方のコンピューターを識別するため、LAN 上からもユーザー認証や IP アドレスの割り当てなどが可能になる。そのため、ADSL や CATV、光ファイバーなどによる常時接続サービスにおいて、接続するプロバイダーを簡単に切り替えられるようになるという特徴もある。

P2P

　Peer to Peer の略。インターネットに接続されたコンピューターどうしが一対一で直接通信すること。

QR コード

　Quick Response Code の略。デンソーウェーブが開発した 2 次元バーコードの 1 種。モザイク状の四角いドットでつくられている。一方向だけでしか情報を記録できないバーコードに対して、QR コード（全次元バーコード）は、縦、横 2 方向に情報を記録できるので、記録情報量を飛躍的に増加させた。JIS X 0510、IEC 18004 としても採用されている。携帯電話のカメラなどで情報を読み取れる URL 情報やメールアドレス情報の記録、商品の在庫管理などにも利用される。

RFID

　Radio Frequency IDentification の略。個体識別情報を埋め込んだ RFID タグから、数センチから数メートルの距離で、電波などによる個体識別情報をやりとりする技術や製品のこと。目視できなくても電波で通信できるので、倉庫やレジなどにおけるバーコードの代わりとして期待されている。

SDK

　Software Deveropment Kit の略。ソフトウェアをつくるときに、開発者が使用する、それぞれの OS、システムやハードウェアに特化した開発ツール群のセットのこと。

SIM カード

　Subscriber Identity Module の略。携帯電話ユーザーの加入権情報が保存されているカード。契約した電話会社から提供された SIM カードを携帯端末に差し込むと、その携帯端末で通話ができるようになる。

SLA

　Service Level Agreement の略。通信サービスの事業者が、利用者にサービスの品質を保証する制度であり、回線の最低通信速度やネットワーク内の平均遅延時間、利用不能時間の上限など、サービス品質の保証項目や、それらを実現できなかった場合の利用料金の減額に関する規定などをサービス契約に含めることを指す。

SNS

　Social Networking Service の略。交友関係を構築するウェブサービスの 1 つ。サービスに参加しているユーザーの中から、自分が選択したユーザー（現実世界での知り合いや、SNS を通じて知り合ったユーザー）と、コミュニケーションする仕組みになっている。自分の「知り合いのグループ」と、知人の「知り合いのグループ」というネットワーク越しに新しい交流が生まれることもある。フェイスブッ

クやツイッターなどが著名。

SOHO

Small Office Home Office の略。企業に属さない個人起業家や自営業者などが情報通信ネットワークや情報通信機器を活用し、自宅や小規模な事務所で仕事をする独立自営型のワークスタイル。情報通信を活用した遠隔型のワークスタイルである「テレワーク」の一形態と考えられる。

SSDP

Simple Service Discovery Protcol の略。uPnP 技術を利用した機器がネットワーク上にあるかを探すためのプロトコル。

STP

Shielded Twist Pair Cable の略。「より対線」のうち、シールドされたものを指す。シールドされている分、UTP より高価だが、対ノイズ性能では UTP にまさるため、工場などノイズの多い場所では STP が使われる。

TCP／IP

Transmission Control Protocol／Internet Protocol の略。インターネットなどで用いられているネットワーク上でコンピューターどうしが通信を行う上で、相互に決められた約束事（プロトコル）。プロトコルは、通信手順、通信規約などと呼ばれることもある。TCP／IP は、本来は TCP と IP という 2 つの別なプロトコルのことであるが、2 つをあわせて TCP／IP と呼ばれることが多い。

UPnP

Universal Plug and Play の略。LAN に接続した機器が自動的に認識されて利用できるようになる技術。

UTP

Unshielded Twist Pair Cable の略。線材を 2 本ずつより合わせた「より対線」のうち、シールドしていないものを指す。イーサネットなどの配線に用いられ、シールドされていない分、STP より安価だが、対ノイズ性能では STP に劣る。一般家庭や通常のオフィス環境では UTP が使用されることが多い。

VLAN

Virtual LAN（バーチャル LAN）。スイッチングハブに接続した端末をグループ化する機能あるいはそのグループのことを指す。端末のもつ MAC アドレスや IP アドレス、利用するプロトコルなどに応じてグループ化するため、物理的な接続にとらわれずに仮想的に LAN（グループ）を作成できる。また、端末を移動しても設定を変更する必要がないなどの特徴がある。インターネットマンションの場合、住戸ごとに VLAN の管理単位（セグメント）を分けてセキュリティを確保（プライバシーを保護）すること、複数住戸を所有する住民がいる場合には、物理的に離れた住戸を仮想的に 1 つのセグメントとして扱うことができるなどのメリットがある。

WAN

Wide Area Network の略。直訳すると広域通信網。電話回線や専用線を使用して、本社と支社などの地理的に離れた地点にあるコンピューターどうしを接続し、データをやり取りすること。昨今では、公衆回線をあたかも専用回線であるかのように利用できるサービスである VPN（Virtual Private Network）が利用されることも多い。なお、国の各省庁の LAN を結ぶ省庁間ネットワーク（霞が関

WAN）が 1997 年 1 月に運用を開始している。

xDSL

　Digital Subscriber Line 技術を用いた、ADSL や SDSL、VDSL、HDSL、などの総称。DSL は電話局と加入者宅に引かれているアナログ電話用の銅線を使って高速なデータ通信を行うための技術。ADSL は Asymmetric Digital Subscriber Line（下り 1.5M〜12Mbps、上り 200k〜1Mbps）の略、続いて順に SDSL（Symmetric Digital Subscriber Line：上下とも 1.5M〜2Mbps）、VDSL（Very high bit rate Digital Subscriber Line：下り 10M〜50Mbps、上り 1M〜2Mbps）、HDSL（High bit rate Digital Subscriber Line：上下とも 1.5M あるいは 2Mbps）。インターネットマンションにおいては、光化が遅れている地域などで xDSL 技術が用いられることも多い。

参考資料

「IT 用語辞典」e-Words　http://www.e-words.jp/

「アスキー　デジタル用語辞典」　http://yougo.ascii.jp/

「総務省平成 25 年版 情報通信白書」
http://www.soumu.go.jp/johotsusintokei/whitepaper/ja/h25/html/nd300000.html

「NTT コミュニケーションズ　インターネット検定 .com Master　公式テキスト（改訂版）」NTT 出版

ほか

付録4

スマートハウス，スマートグリッドの概要と最新動向

（早稲田大学先進グリッド技術研究所）

スマートハウス、スマートグリッドの概要と最新の動向
― 新宿実証から開く日本の扉 ―

平成25年6月21日

早稲田大学
先進グリッド技術研究所

吉永　淳
酒井　正充
広橋　亘

講演の概要

1. 震災前後での電力供給形態の変化（吉永）
   - ◎ 電気の供給形態
   - ◎ 震災後の電力供給形態
   - ◎ 再生可能エネルギー導入と課題

2. DRの必要性、新宿センターの意義・活動概要（酒井）

3. 具体的な施設紹介・HEMS関連アクティビティ紹介、BEMS・MEMSの発展（広橋）

1. グリッド（電力網）とは？

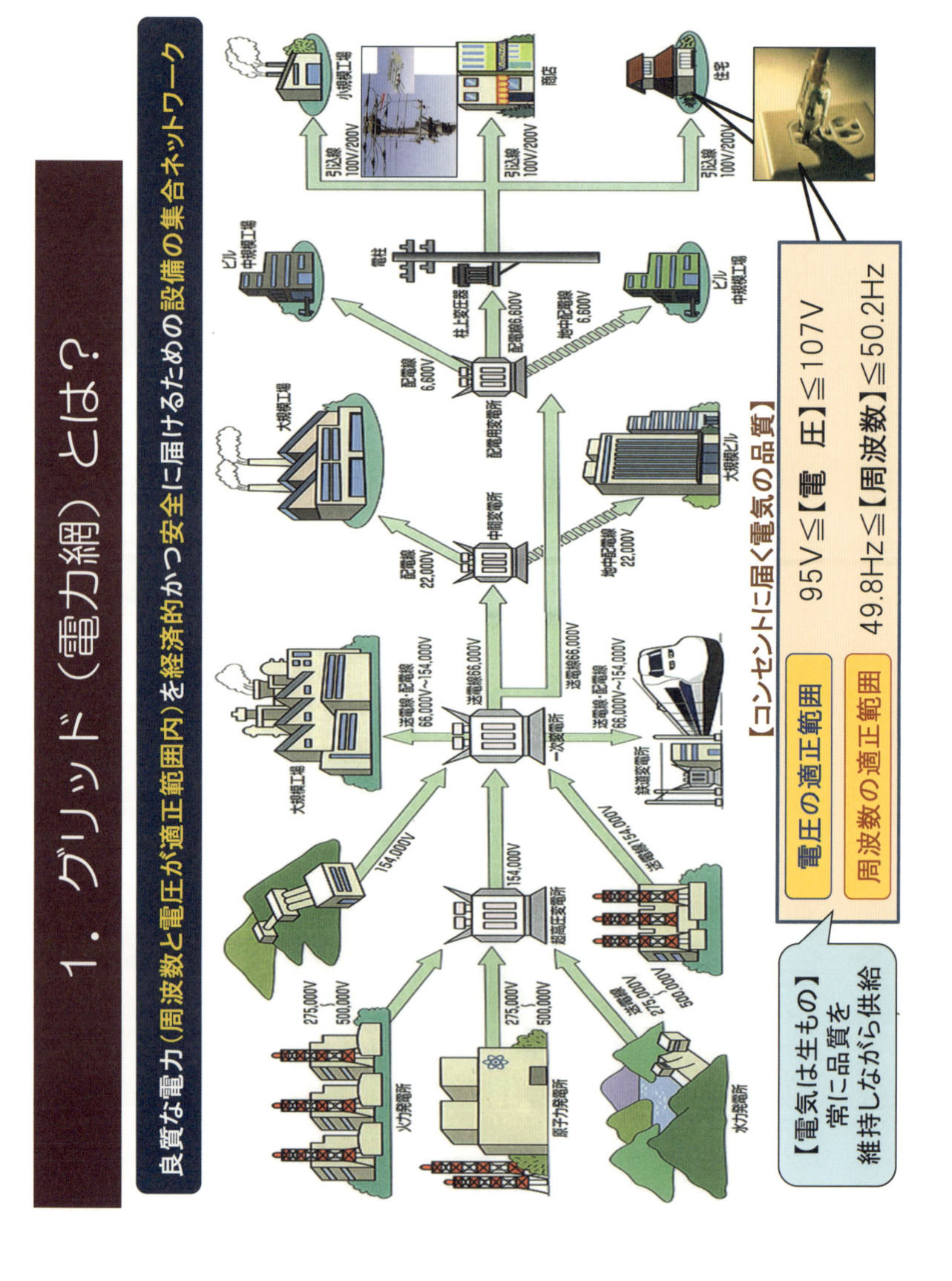

良質な電力（周波数と電圧が適正範囲内）を経済的かつ安全に届けるための設備の集合ネットワーク

【コンセントに届く電気の品質】

電圧の適正範囲	95V≦【電　圧】≦107V
周波数の適正範囲	49.8Hz≦【周波数】≦50.2Hz

【電気は生もの】
常に品質を維持しながら供給

火力発電所　275,000V〜500,000V
原子力発電所　275,000V〜500,000V
水力発電所　送電線 154,000V　275,000V〜500,000V

超高圧変電所　154,000V
送電線 154,000V

一次変電所　送電線66,000
送電線・配電線 66,000V〜154,000V
鉄道変電所

中間変電所　配電線 22,000V　地中配電線 22,000V
大規模工場　大規模ビル

配電用変電所　配電線 6,600V　地中配電線 6,600V
柱上変圧器
電柱

ビル 中規模工場

引込線 100V/200V
小規模工場　商店　住宅

160

付録4 スマートハウス，スマートグリッドの概要と最新動向　161

再生可能エネルギー電源とグリッド

再生可能エネルギー導入後

配電ネットワーク

双方向の電気の流れ

小規模工場　商店　住宅

電柱
架空配電線　柱上変圧器
6.6kV　6.6kV/100〜200V
配電用変電所　地中配電線
6.6kV　6.6kV
ビルディング
中規模工場

大工場
22kV　架空配電線
中間変電所　66kV/22kV
地中配電線　22kV
ビルディング　大ビルディング

送電線
66kV
一次変電所
154kV/66kV
鉄道変電所

送電線
超高圧変電所
275〜500kV/154kV

水力発電所
原子力発電所　火力発電所

分散型電源

【再生可能エネルギー電源】
太陽光発電
風力発電

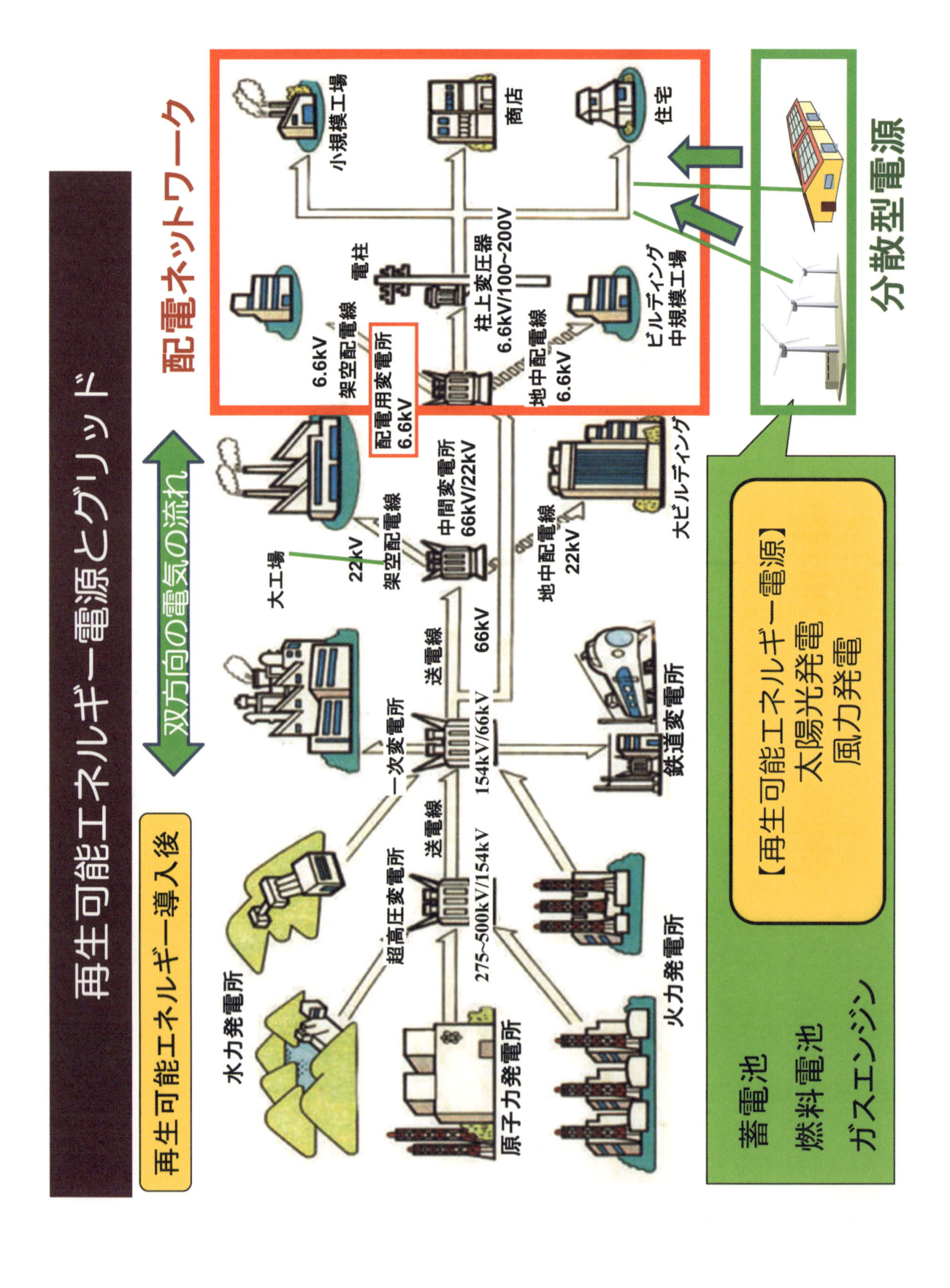

蓄電池
燃料電池
ガスエンジン

コンセントに届く電気の品質とは？（電圧と周波数）

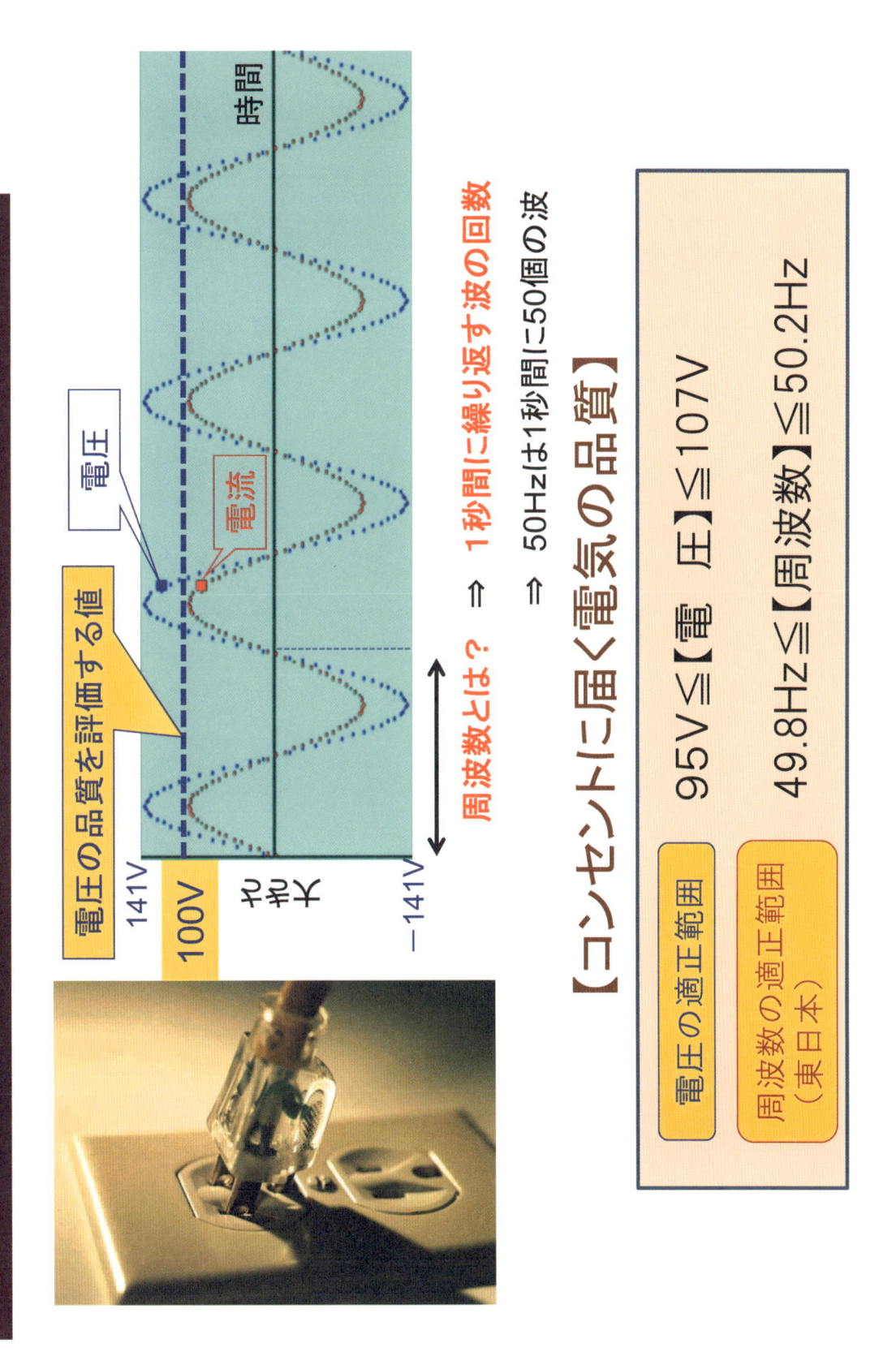

電圧の品質を評価する値

141V
100V
0
−141V

電圧
電流

時間

周波数とは？ ⇒ 1秒間に繰り返す波の回数
⇒ 50Hzは1秒間に50個の波

【コンセントに届く電気の品質】

電圧の適正範囲　　　95V ≦【電　圧】≦ 107V

周波数の適正範囲
（東日本）　　　　　49.8Hz ≦【周波数】≦ 50.2Hz

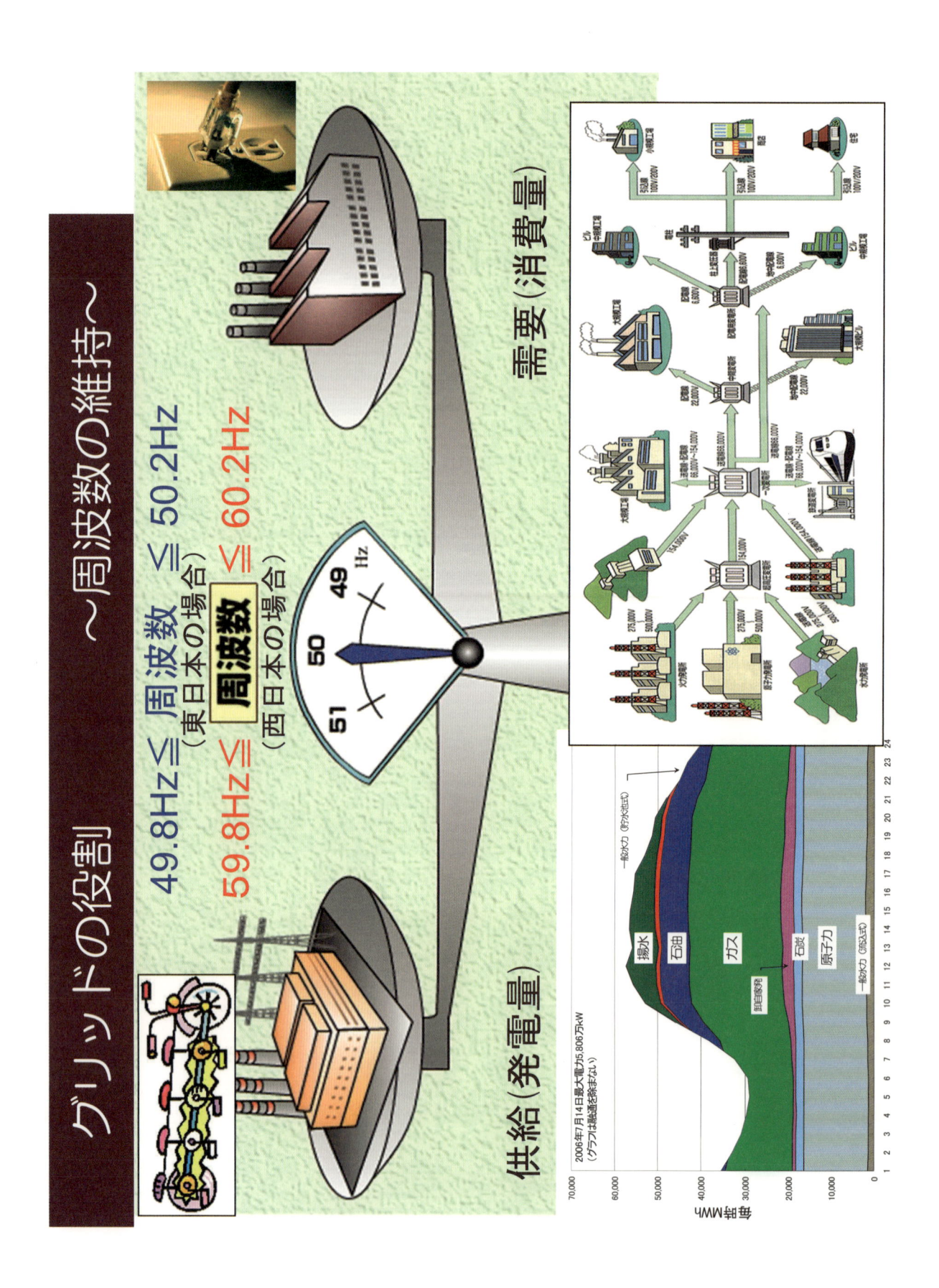

グリッドの役割　〜周波数の維持〜

需要(消費量)

49.8Hz ≦ 周波数 ≦ 50.2Hz
（東日本の場合）

59.8Hz ≦ 周波数 ≦ 60.2Hz
（西日本の場合）

供給(発電量)

2006年7月14日最大電力5,806万kW
（グラフは融通を除きない）

2. 震災後の需給逼迫と供給能勢の脆弱化

- 震災により、約2,100万kWの電源（原子力、火力、水力）が被災
- 停止火力の早期再開や緊急電源設置に全力を尽くすも、震災直後は計画停電、電力使用制限などの措置により需要を抑制
- 2011年度秋以降は、万全とは言えない供給能勢が続く中で、火力発電を主体とした電源構成の切り替えや需要家の節電により乗り切る

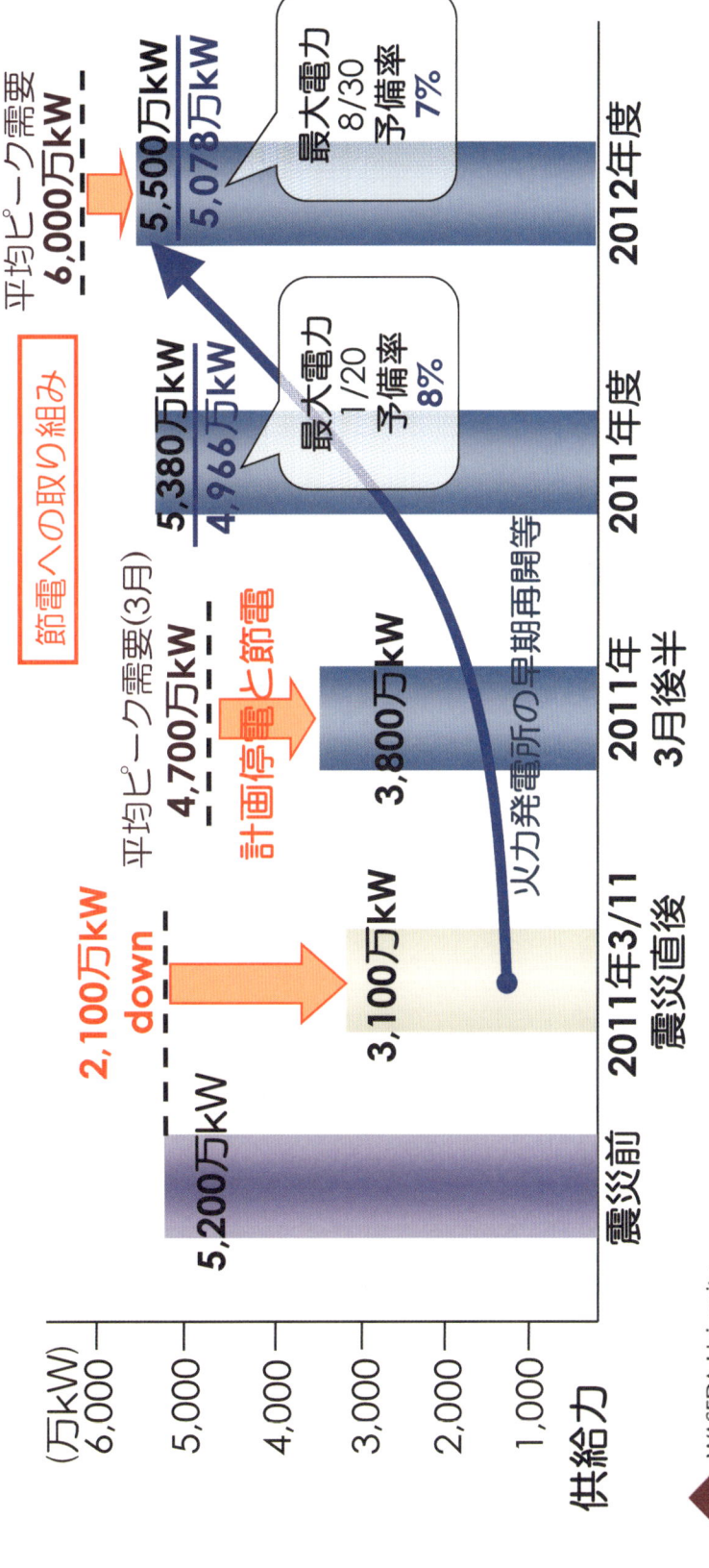

節電への取り組み

時期	供給力	需要
震災前	5,200万kW	
2011年3/11 震災直後	3,100万kW	平均ピーク需要(3月) 4,700万kW（2,100万kW down）
2011年 3月後半	3,800万kW	計画停電と節電
2011年度	5,380万kW / 4,966万kW	最大電力 1/20 予備率 8%
2012年度	5,500万kW / 5,078万kW	最大電力 8/30 予備率 7% 平均ピーク需要 6,000万kW

火力発電所の早期再開等

WASEDA University

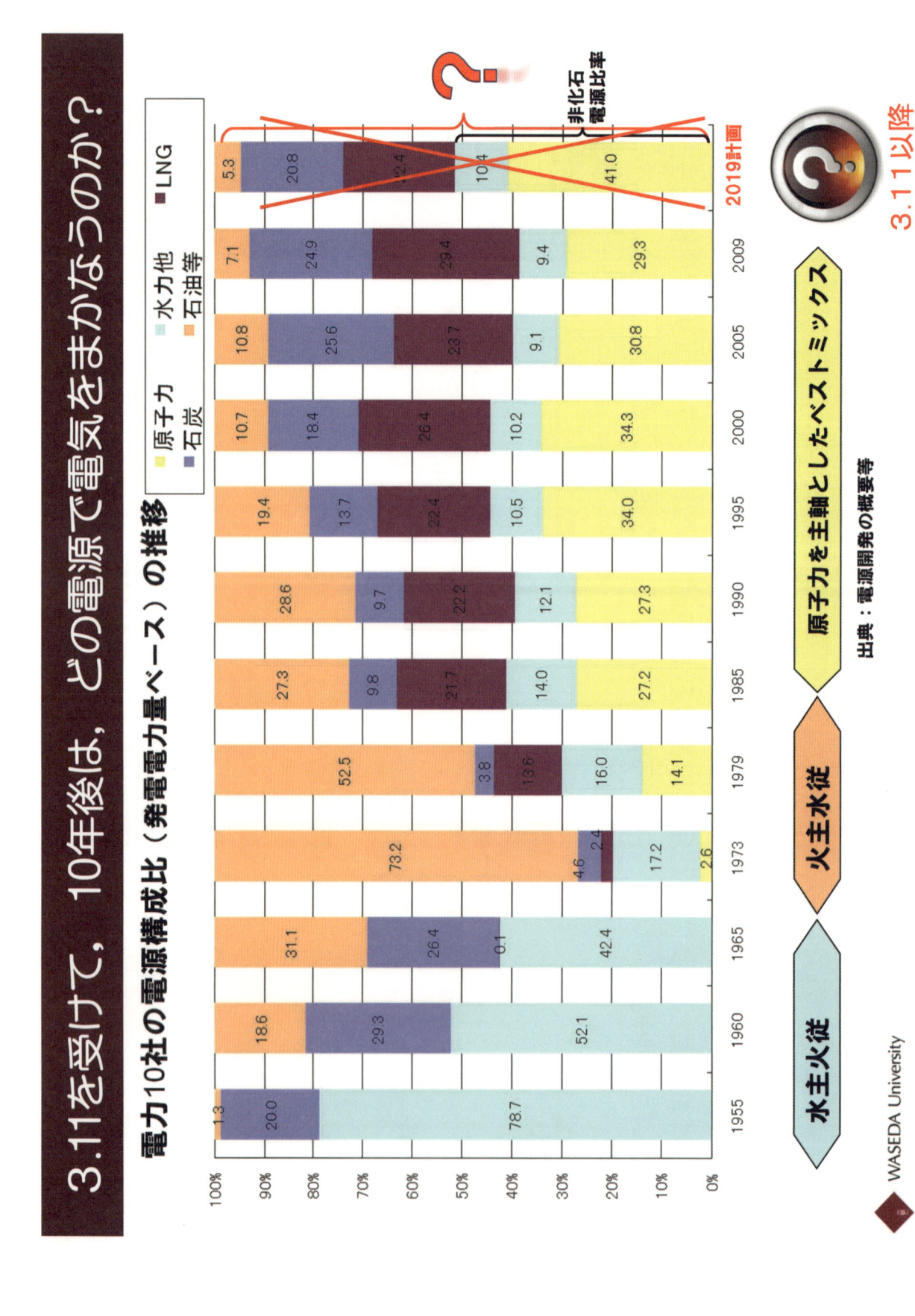

3.11を受けて、10年後は、どの電源で電気をまかなうのか？

電力10社の電源構成比（発電電力量ベース）の推移

凡例: 原子力／水力他／LNG／石炭／石油等

年	石油等	石炭	LNG	水力他	原子力
1955	—	—	—	20.0	1.3
1960	18.6	—	—	29.3	52.1
1965	31.1	26.4	—	0.1	42.4
1973	73.2	4.6	2.4	17.2	2.6
1979	52.5	3.8	13.6	16.0	14.1
1985	27.3	9.8	21.7	14.0	27.2
1990	28.6	9.7	22.2	12.1	27.3
1995	19.4	13.7	22.4	10.5	34.0
2000	10.7	18.4	26.4	10.2	34.3
2005	10.8	25.6	23.7	9.1	30.8
2009	7.1	24.9	29.4	9.4	29.3
2019計画	5.3	20.8	12.4	10.4	41.0

非化石電源比率

3.11以降 ❓

水主火従 → 火主水従 → 原子力を主軸としたベストミックス

出典：電源開発の概要等

WASEDA University

166

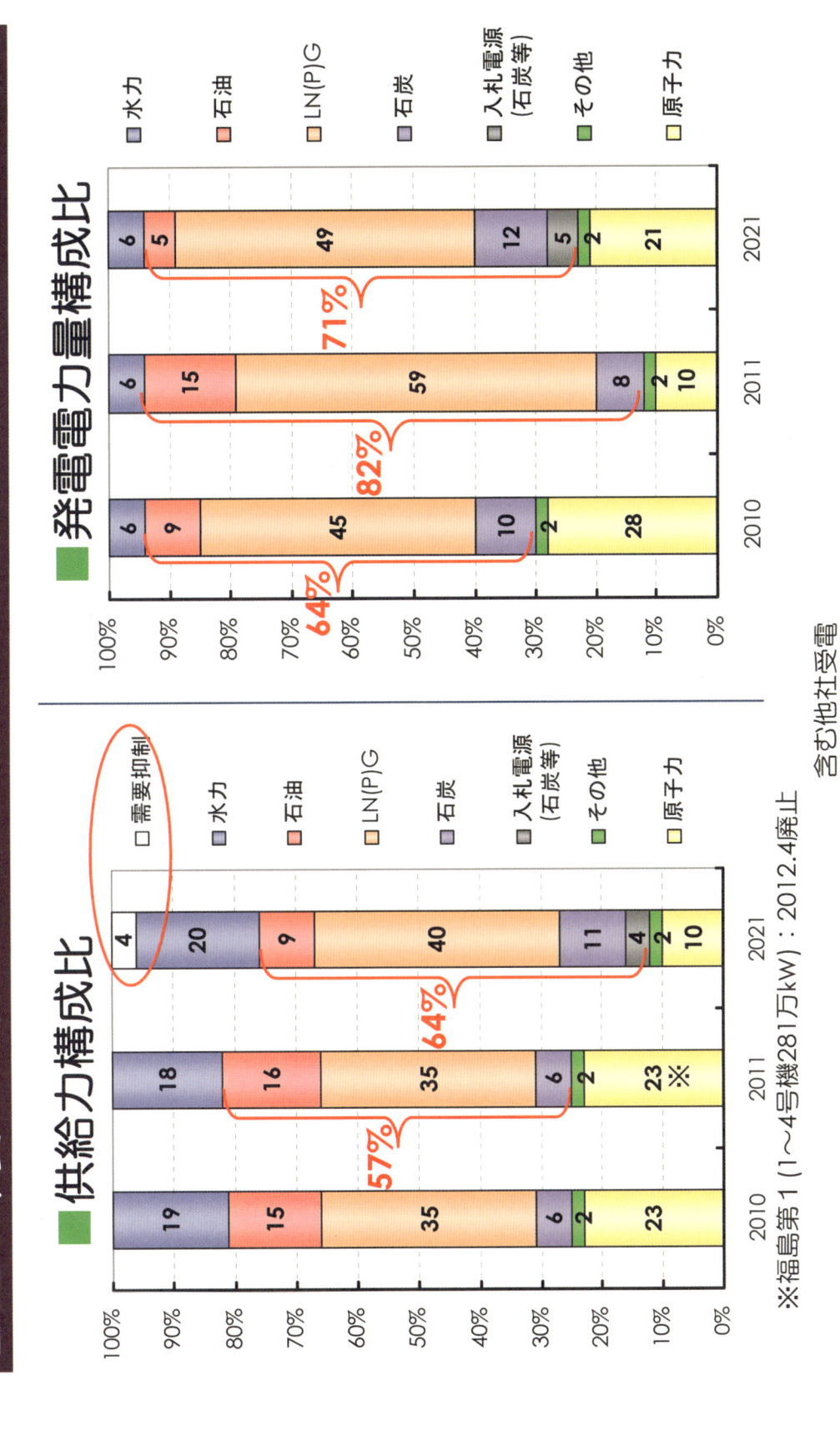

付録4 スマートハウス，スマートグリッドの概要と最新動向　167

震災後の需給構造の主な課題

震災前		震災後
低炭素化推進	+	電力ピーク抑制・節電 他社・再エネ電源活用

考慮事項：揚水動力＝ガス火力（原子力ではない）
ベース電源不足（高価などピーク対応）
火力比の増加（燃料費増加）、再生可能エネへの期待

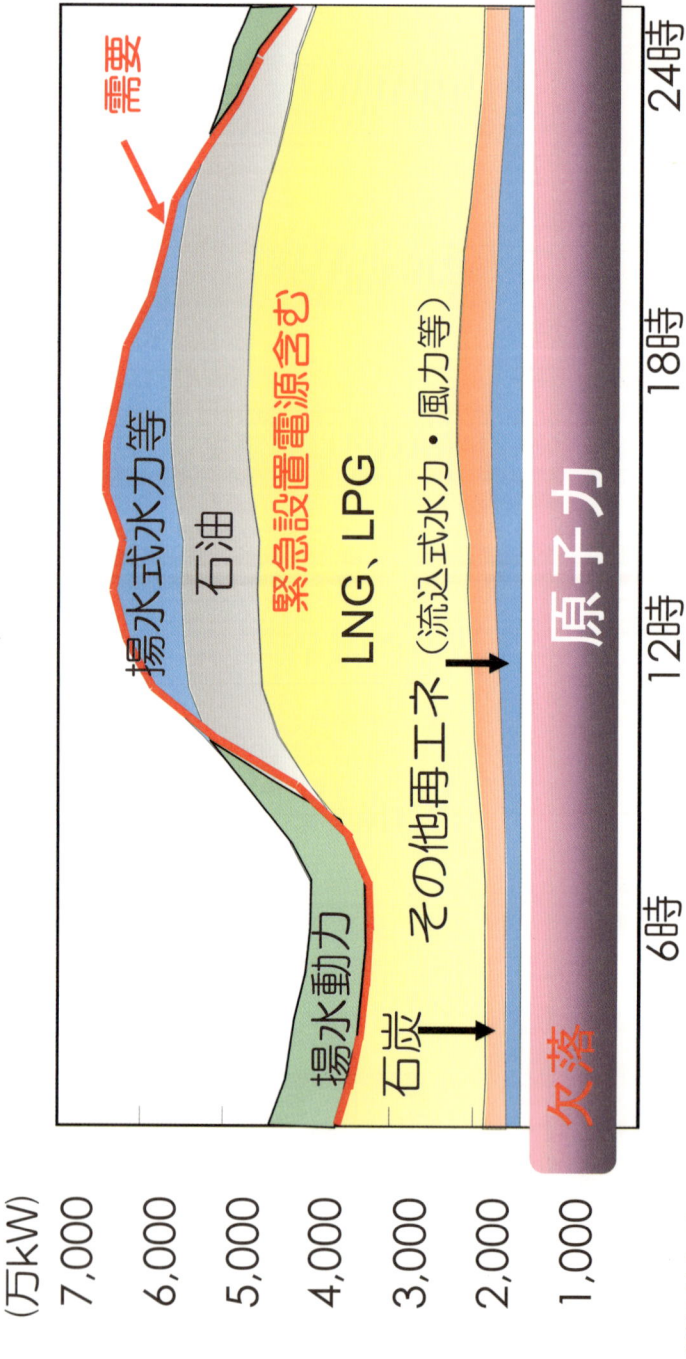

(万kW)
- 7,000
- 6,000 — 需要
- 5,000 — 揚水式水力等／石油
- 4,000 — 緊急設置電源含む／LNG, LPG
- 3,000 — 揚水動力／その他再エネ（流込式水力・風力等）
- 2,000 — 石炭
- 1,000 — 原子力／欠落

6時　12時　18時　24時

WASEDA University

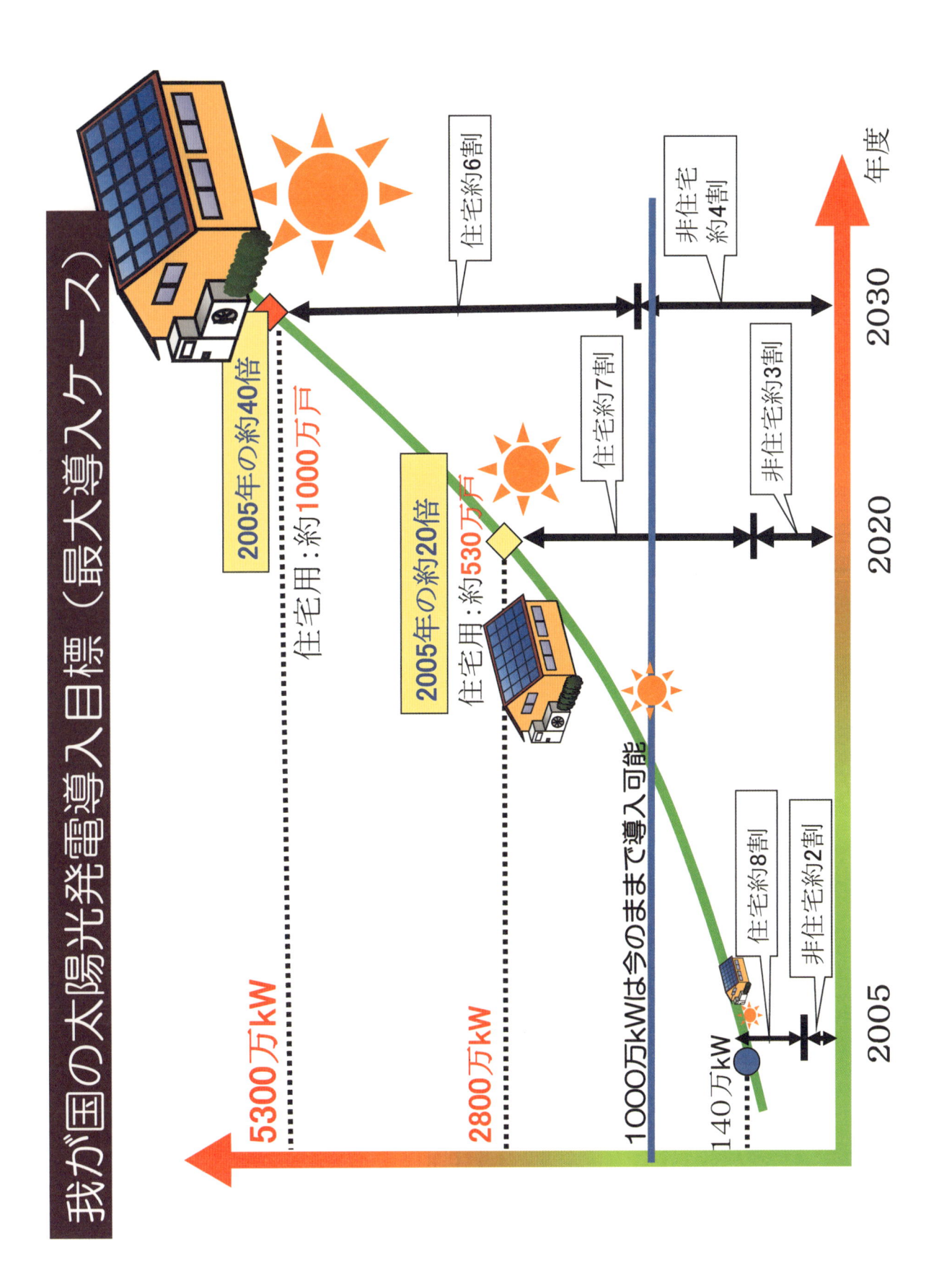

付録4　スマートハウス，スマートグリッドの概要と最新動向　169

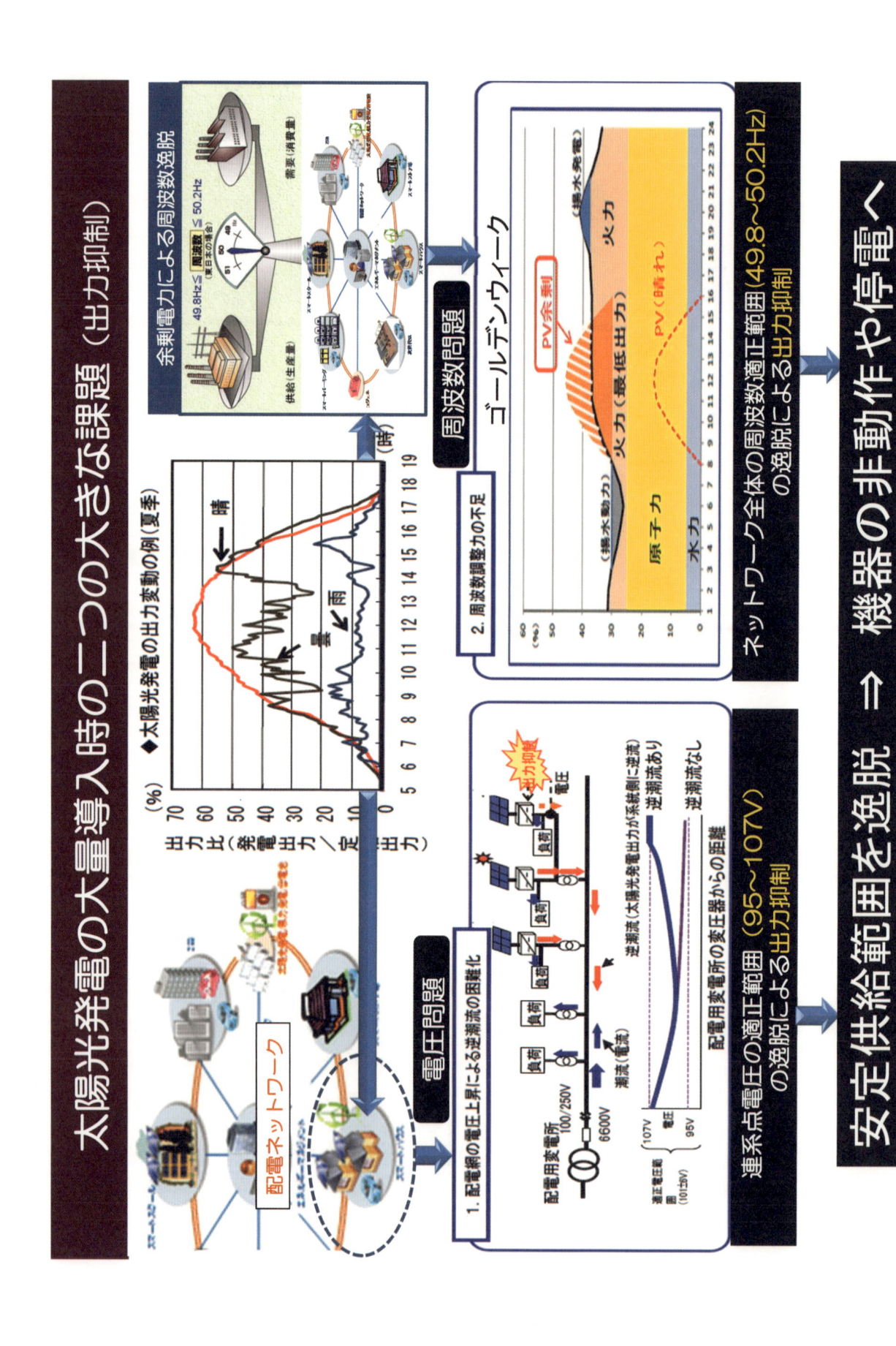

太陽光発電の大量導入時の二つの大きな課題（出力抑制）

周波数問題
余剰電力による周波数逸脱

2. 周波数調整力の不足

ゴールデンウィーク

ネットワーク全体の周波数適正範囲（49.8〜50.2Hz）の逸脱による出力抑制

電圧問題
1. 配電網の電圧上昇による逆潮流の困難化

連系点電圧の適正範囲（95〜107V）の逸脱による出力抑制

◆太陽光発電の出力変動の例（夏季）

配電ネットワーク

⇒ 安定供給範囲を逸脱 ⇒ 機器の非動作や停電へ

■再生可能エネルギー大量導入に伴う課題と取り組み

- 太陽光発電と風力発電の出力は、気象条件により断続的に変化して不安定。

> さらなる再エネ不電電源の連系拡大には、既存の電力流通ネットワークと双方向に協調が可能となるようネットワークの補強が必要
> →双方向通信による機能強化等によってスマートグリッドを構築
>
> 誰が補強費用を支払うかを決めるため、多くの議論を要する

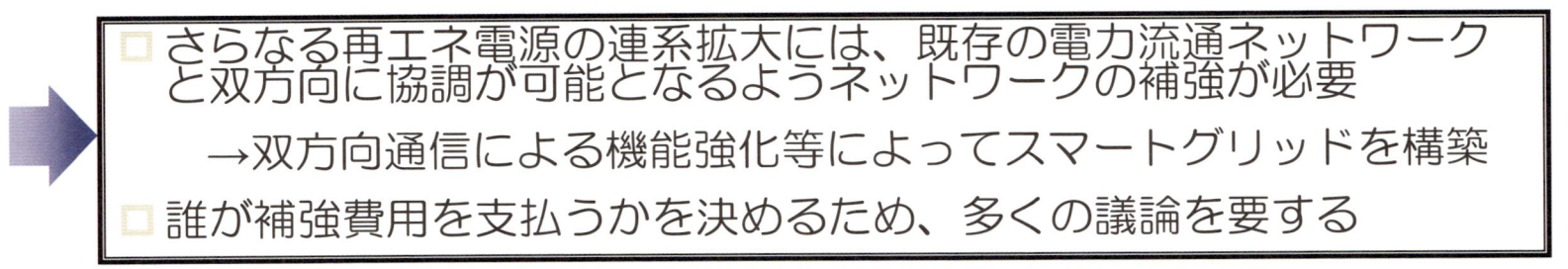

太陽光発電出力

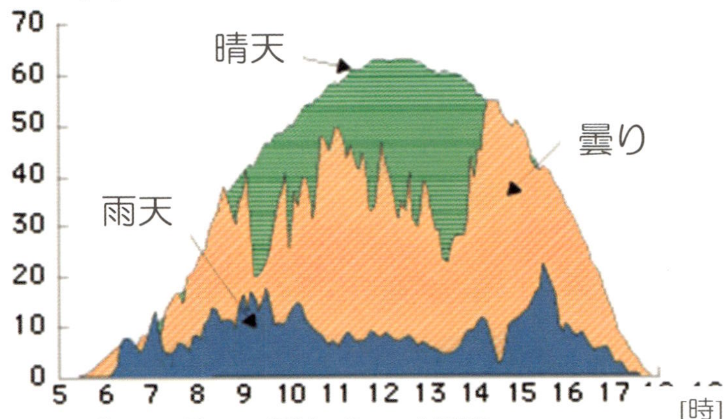

定格容量で割った出力 [%]

晴天
曇り
雨天

[時]

Source: Energy White Paper, METI

風力発電出力

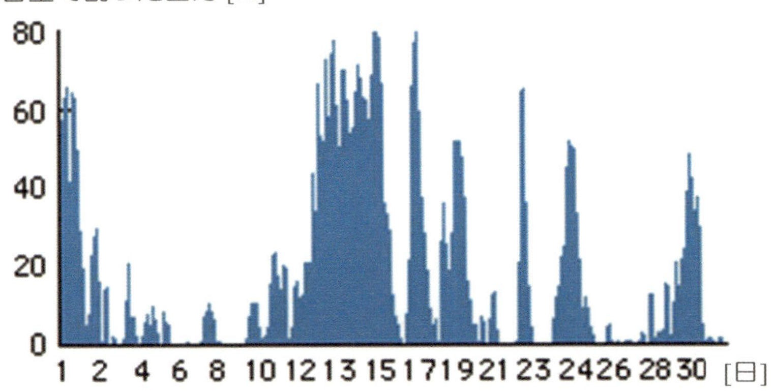

定格容量で割った出力 [%]

[日]

Source: Tappi Wind Park, Aug 1999

◆ WASEDA University

付録4　スマートハウス,スマートグリッドの概要と最新動向　171

震災後の需給構造の主な課題と解決に向けて

○ S＋3Eの達成を同時に達成しつつ、上記の課題解決が必要
S（Safety：安全確保）＋3E（Energy Security：安定供給＋Environmental Conservation：環境保全＋Economy：経済性）

○ 課題解決に向けて‥

3. 再生可能エネルギー拡大に伴う、系統の高度化の必要性拡大

・スマートグリッド（系統の高度化）の導入、展開
　・通信技術を活用した配電系統の高度化
　→ 再生可能エネルギー導入拡大に柔軟に対応、電力品質の確保
　・電力系統運用の広域化

4. 合理的手法による電力ピークの抑制、節電

・スマートメーターの導入、展開
　・新たなサービス、多様なニーズに対応可能
　・需給一体によるエネルギー利用効率化に向けた
　→ デマンドレスポンス技術の構築

WASEDA University

4. 東日本大震災（3.11）以降のエネルギー政策

大規模集中から「分散・再エネ」と「需給調整」を主要な成長戦略の柱にすべき

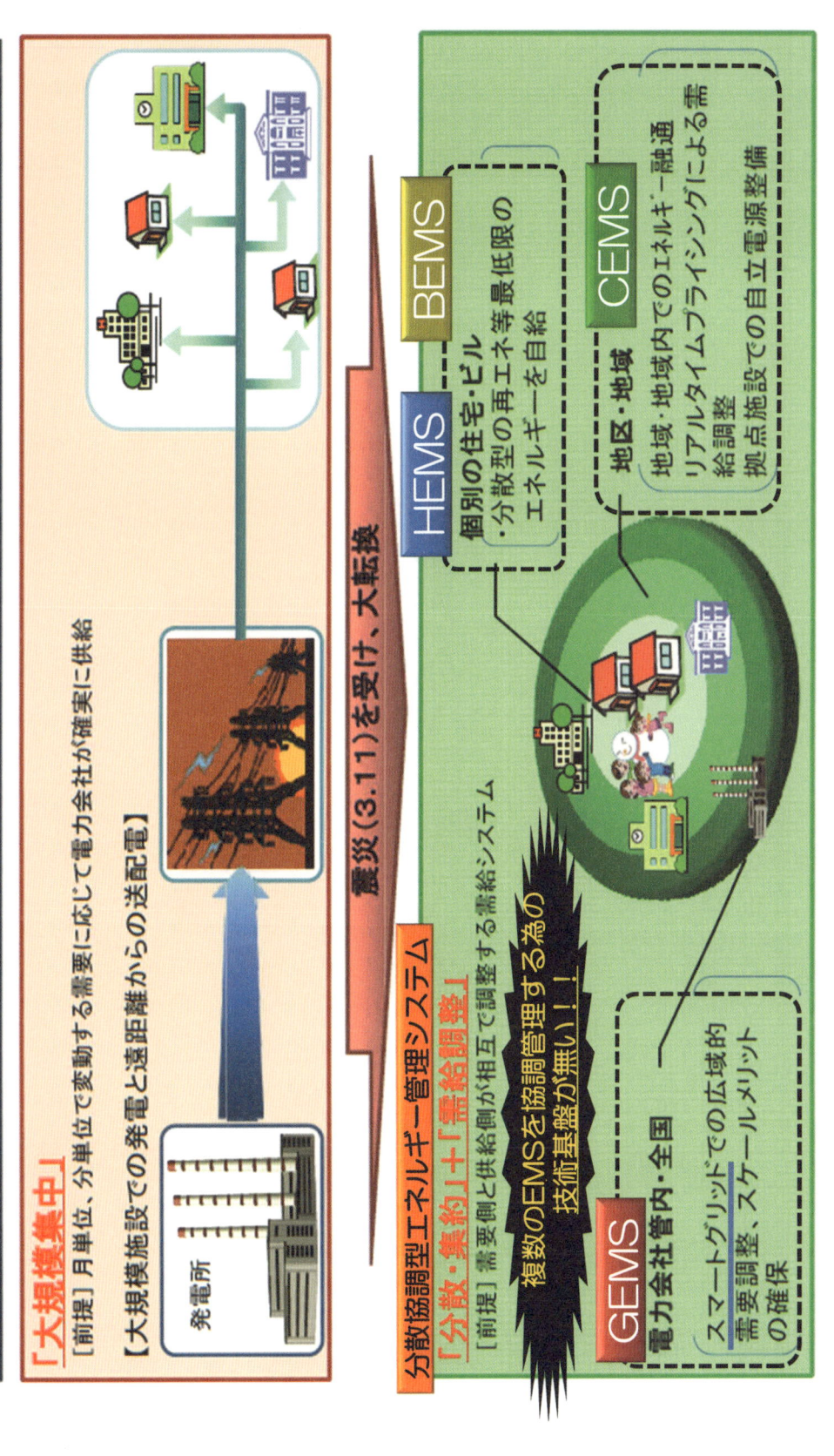

「大規模集中」
[前提] 月単位、分単位で変動する需要に応じて電力会社が確実に供給
[大規模施設での発電と遠距離からの送配電]

↓ 震災（3.11）を受け、大転換

分散協調型エネルギー管理システム
「分散・集約」＋「需給調整」
[前提] 需要側と供給側が相互で調整する需給システム
複数のEMSを協調管理する為の技術的基盤が無い！！

BEMS
個別の住宅・ビル
・分散型の再エネ等最低限のエネルギーを自給

HEMS

CEMS
地区・地域
地域・地域内でのエネルギー融通
リアルタイムプライシングによる需給調整
拠点施設での自立電源整備

GEMS
電力会社管内・全国
スマートグリッドでの広域的需要調整、スケールメリットの確保

「東日本大震災復興事業から日本の成長戦略へ」平成23年6月7日環境大臣 国家戦略室資料

WASEDA University

付録4 スマートハウス，スマートグリッドの概要と最新動向

講演の概要

1. 震災前後での電力供給形態の変化（吉永）
   - ◎ 電気の供給形態
   - ◎ 震災後の電力供給形態
   - ◎ 再生可能エネルギー導入と課題

2. DRの必要性、新宿センターの意義・活動概要（酒井）

3. 具体的な施設紹介・HEMS関連アクティビティ紹介、BEMS・MEMSの発展（広橋）

早稲田大学 先進グリッド技術研究所 所長挨拶

■所長挨拶

東日本大震災以降の電力需給の逼迫を背景に、需要家のエネルギー管理、制御の重要性が高まり、電力使用情報の見える化や、柔軟な電気料金メニューなどを起点にした需要応答（デマンドレスポンス）を実現するための枠組みの構築が急務となっています。

一方で、これまでは、複数の異なるメーカーの機器を相互に連携し、最適なエネルギー管理・制御を行う仕組みや、これを促進する中立的な支援環境がありませんでした。また、電力事業者が今後導入予定のスマートメーターおよびデマンドレスポンス・システムとの連携を検証する環境もありませんでした。

そこで、上記課題を解決するために、経済産業省スマートハウス・ビル標準・事業促進検討会の活動の一環として、電力事業者、通信事業者、関係メーカーなど業界を挙げて、早稲田大学にEnergy Management System新宿実証センターを開設することになりました。

当センターでは、国際標準通信規格を用いたデマンドレスポンス制御技術の実証・評価を行うプラットフォームを提供し、国内の関係企業の様々な技術検証ならびに異メーカー間の相互接続実証を通じて、日本の目指すデマンドレスポンス技術の標準的な枠組みを提言するとともに、各企業の事業化を支援します。

実証期間は2012年から2014年の3年間を予定していますが、少しでも早く成果を出し、需要家に喜ばれるエネルギーインフラ構築に貢献したいと考える次第です。

林 泰弘教授 プロフィール

早稲田大学大学院 先進理工学研究科 電気・情報生命工学科 教授
早稲田大学先進グリッド技術研究所（RIANT）所長
経済産業省「スマートメータ制度検討会」座長
経済産業省「スマートハウス・ビル標準化・事業促進検討会」座長

負荷平準化のメリット

- 負荷平準化とは、時間帯や季節ごとの電力需要格差を縮小する努力です。電気はつねにピーク需要にあわせて設備を建設しなければならず、格差の拡大は設備の利用率を低下させ、電気をお届けするコストの上昇につながります。電力会社は、さまざまな方法によって、格差の縮小に取り組んでいます。

（電気事業連合会ホームページより）

● 負荷平準化のイメージ図

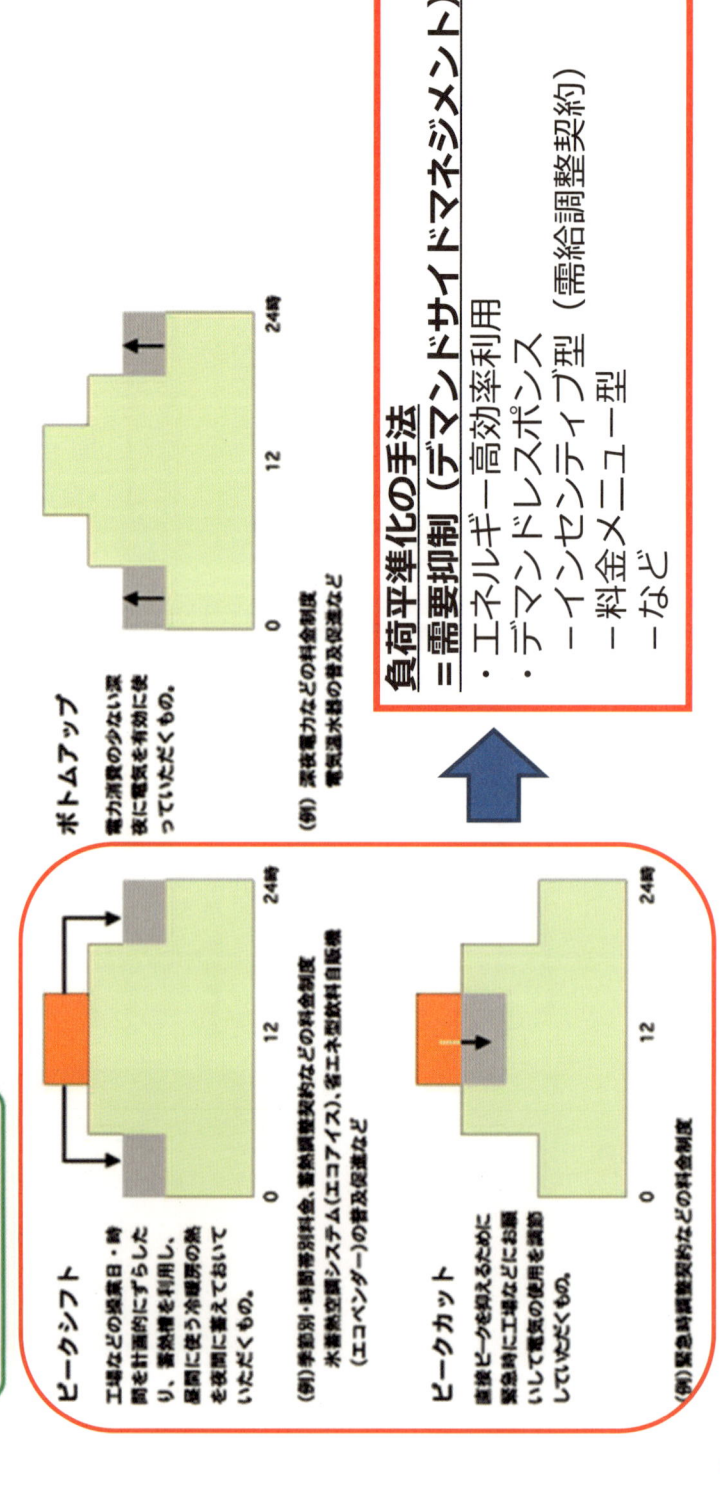

ピークシフト

工場などの操業日・時間を計画的にずらしたり、蓄熱槽を利用し、昼間に使う冷房用の熱を夜間に蓄えておいていただくもの。

（例）季節別・時間帯別料金、蓄熱調整契約などの料金制度
氷蓄熱空調システム（エコアイス）、省エネ型融雪自販機（エコベンダー）の普及促進など

ピークカット

直接ピークを抑えるために、緊急時に工場などに対していて電気の使用を調節していただくもの。

（例）緊急時調整契約などの料金制度

ボトムアップ

電力消費の少ない深夜に電気を有効に使っていただくもの。

（例）深夜電力などの料金制度
電気温水器の普及促進など

負荷平準化の手法
＝需要抑制（デマンドサイドマネジメント）
・エネルギー高効率利用
・デマンドレスポンス
 ーインセンティブ型（需給調整契約）
 ー料金メニュー型
 ーなど

出所：http://www.fepc.or.jp/enterprise/jigyou/juyou/

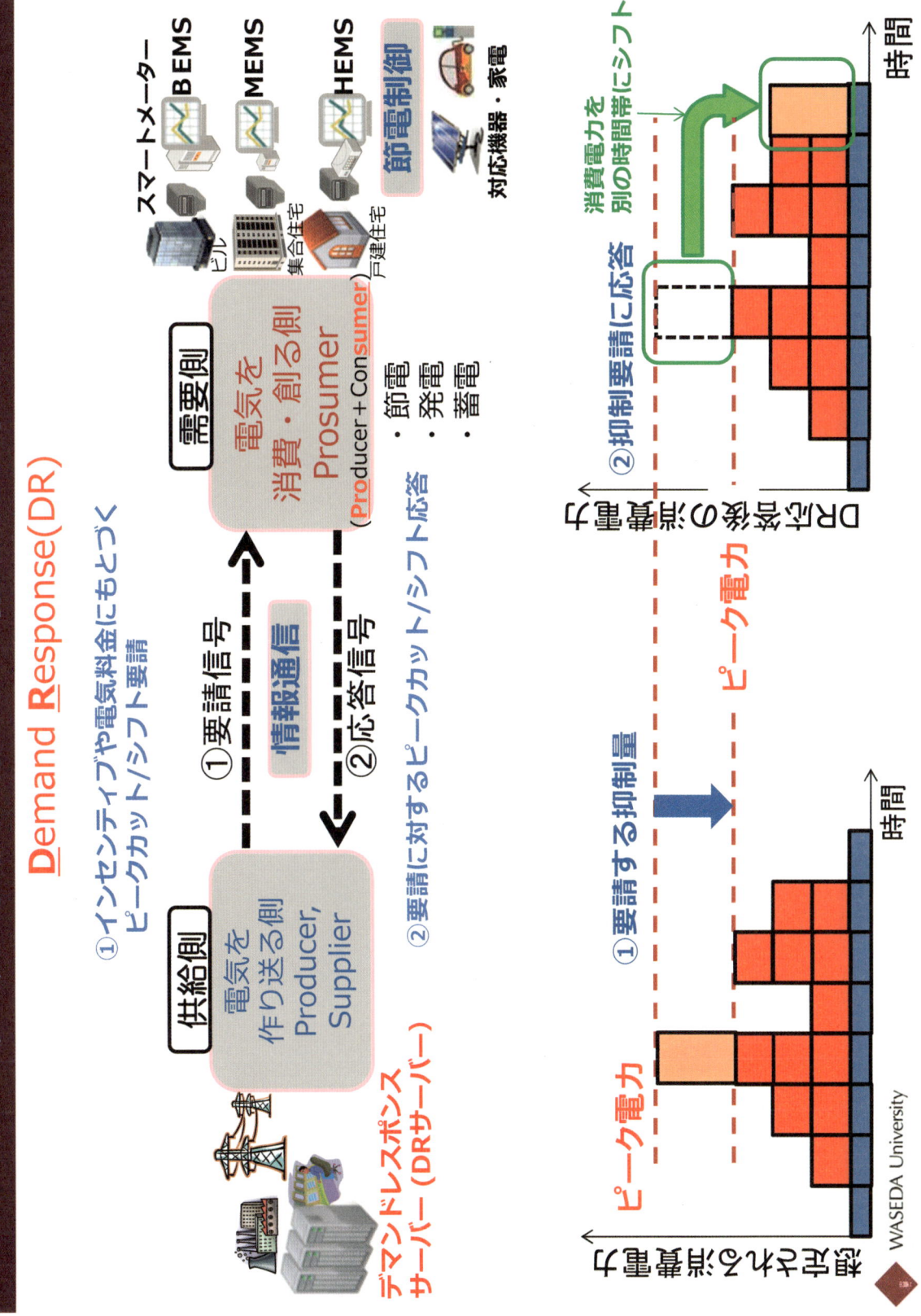

付録4　スマートハウス，スマートグリッドの概要と最新動向　177

178

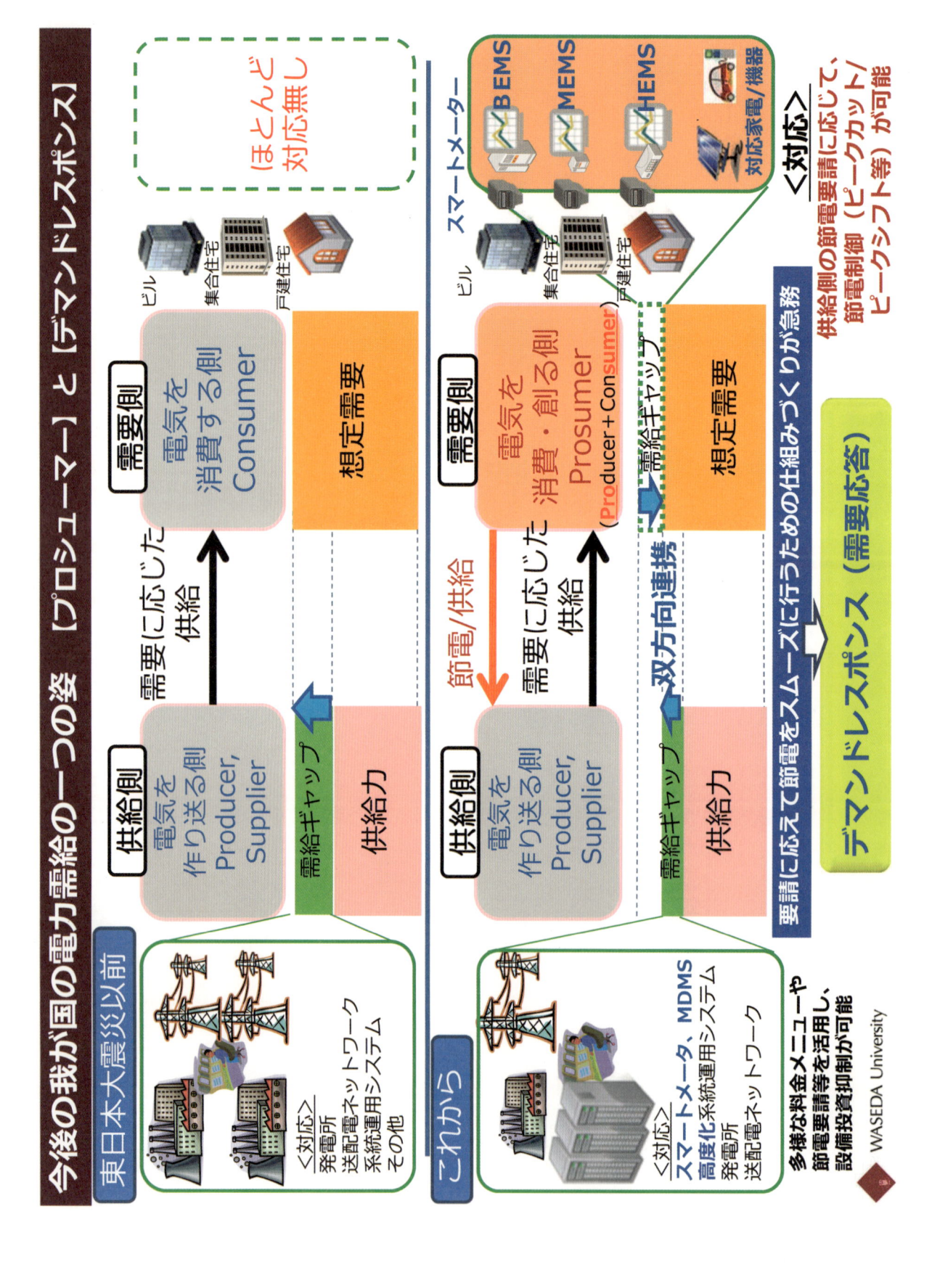

デマンドレスポンスに関わる標準規格

規格名	情報交換範囲	制御対象	標準としての位置づけ
OpenADR2.0	Operations Service Provider Customer	主に商工業顧客の設備を対象として自動的にDRを実施するための標準。分散電源も制御対象に入っている。	Open ADRアライアンスが作成した標準。OASISという国際的に認められたオープン標準策定機関が作成したEI1.0をベースとしている。IEC PC-118のPASとして選定されている。2.0aは認証開始済。
SEP2.0	Service provider Customer Customer内	小規模ビルや住宅向けに、Smart Energy Deviceを対象として、使用電力量の計測、電気料金表示や、DR/DLCを行うための標準。	ZigBeeアライアンスが作成した標準。NISTが、スマートグリッドの相互運用性を確保するための標準の1つとしてOpenADR2.0と同様にSEP2.0を推奨したため米国の国家推奨標準扱いとなっている。現在使用策定中。

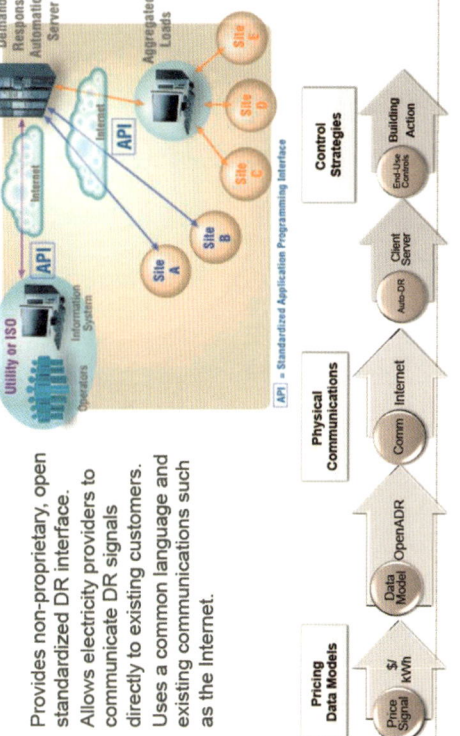

付録4　スマートハウス,スマートグリッドの概要と最新動向

2013年5月15日 第3回スマートハウス・ビル標準・事業促進検討会 公表資料

第3回スマートハウス・ビル標準・事業促進検討会のポイント

課題	成果	今後について
○重点機器の下位層(伝送メディア)の特定・整備	○公知で標準的な通信方式として、920MHz無線、2.4GHz無線、5.0GHz無線、Ethernet、PLCを特定し、通信方式の詳細仕様(プロトコルスタック)として整理 ※スマートメーターはEthernet、5.0GHz無線を対象外 ○各機器について中小企業を含む参入が可能となる環境の整備	○検討終了
○重点機器の運用マニュアルの整備	○各重点機器に関して運用ガイドライン[第1.0版]を作成	○カスタマーサポートに関しては積み残しとなっているため、引き続き検討を実施する ○EV/PHVに関しては、HEMSと電気自動車放電システム間の必須コマンド定義をエコーネットコンソーシアムと自動車関連事業界間で速やかに協議を行い、HEMS-TFの審議を経て運用ガイドライン[第1.1版]として掲載 ○新たに検討すべき項目が現れた場合には、今回の検討・整理の手法を参照し随時検討実施
○他社機器との相互接続検証と機器認証	○当初の予定通り昨年11月21日にHEMS認証支援センターを開所 ※昨年年度実績で47社が利用 ○本年1月に開発支援キットを公開し、2月に詳細説明書を公開 ※支援キットのダウンロード実績:平成25年4月末まで220件	○HEMS認証支援センターによる支援を継続 ○今後の体制強化(支援内容の充実、他地域への支援センターの展開)等も見据え、次回検討会までに、中小企業のニーズ等を整理
○国際標準化に向けた動き	○当初の予定通り2012年11月1日に新宿センターを開所 ECHONET Liteについて ISO/IECへ提案し、国際標準化に向けた作業を推進めている	○ECHONET Liteの国際標準化に向け、作業を継続 ○海外におけるECHONET Lite認証センターの年内設立
○DR技術・標準の調査・研究	○DRタスクフォースを2012年11月に立ち上げ ○電力会社とアグリゲータ間の自動DR(ADR)の標準手法について、我が国のユースケースを整理し、米OpenADRをベースに策定 ○今夏、一部の電力会社において新宿実証センターを活用し、試行的に当該手法を導入する	○各電力会社において、ADRの導入に係る検討を加速化し、課題事項を整理する。 (必要に応じて手法を改定)
○事業促進に向けた検討	―	○HEMSを通じて取得した電力利活用データを利活用した新サービス及び新ビジネスの創出に向け体制を構築し検討を開始

出所:http://www.meti.go.jp/press/2013/05/20130515004/20130515004.html

WASEDA University

デマンドレスポンス普及への課題

デマンドレスポンス普及への3つの課題

○ **課題1：デマンドレスポンス標準システムと運用事業の普及**
Open ADRをベースにした様々な事業者（電力会社、アグリゲータ他）による共通のデマンドレスポンスシステム構築と相互接続

○ **課題2：需要家の機器の選択性**
デマンドレスポンス視点でのECHONET Liteによる異メーカー間の相互接続性、全体エネルギーを制御・管理する技術

○ **課題3：供給側と需要側の連携**
電力会社のDRシステム、スマートメータ、HEMS等を連携させた接続・制御技術と実証環境

付録4　スマートハウス，スマートグリッドの概要と最新動向　181

EMS新宿実証センター 2012年11月1日開所

経済産業省が中心となって進めている、「スマートハウス・ビル標準・事業促進検討会」の検討の成果として、11月1日に「Energy Management System(EMS) 新宿実証センター」と、11月21日に「HEMS(ECHONET Lite)認証支援センター」が開所することになりました。

早稲田大学は、標準通信規格を用いて、異なるメーカーの機器を連携させ、電力を最適制御し、スマートハウス・ビル等における電力ピークカット・シフトをリアルタイムで制御する技術を開発するため、11月1日に「Energy Management System (EMS) 新宿実証センター」（センター長：林泰弘）を開所しました。

また、同様に、神奈川工科大学では、Home Energy Management System (HEMS) における公知な標準インタフェースであるECHONET Lite 規格の機器認証を支援するための環境整備を進めており、11月21日に「HEMS (ECHONET Lite)認証支援センター」を開所します。

参考資料：http://www.meti.go.jp/press/2012/11/20121101003/20121101003.html
参考資料：http://www.waseda.jp/jp/news12/121101_emsshinjuku.html

WASEDA University

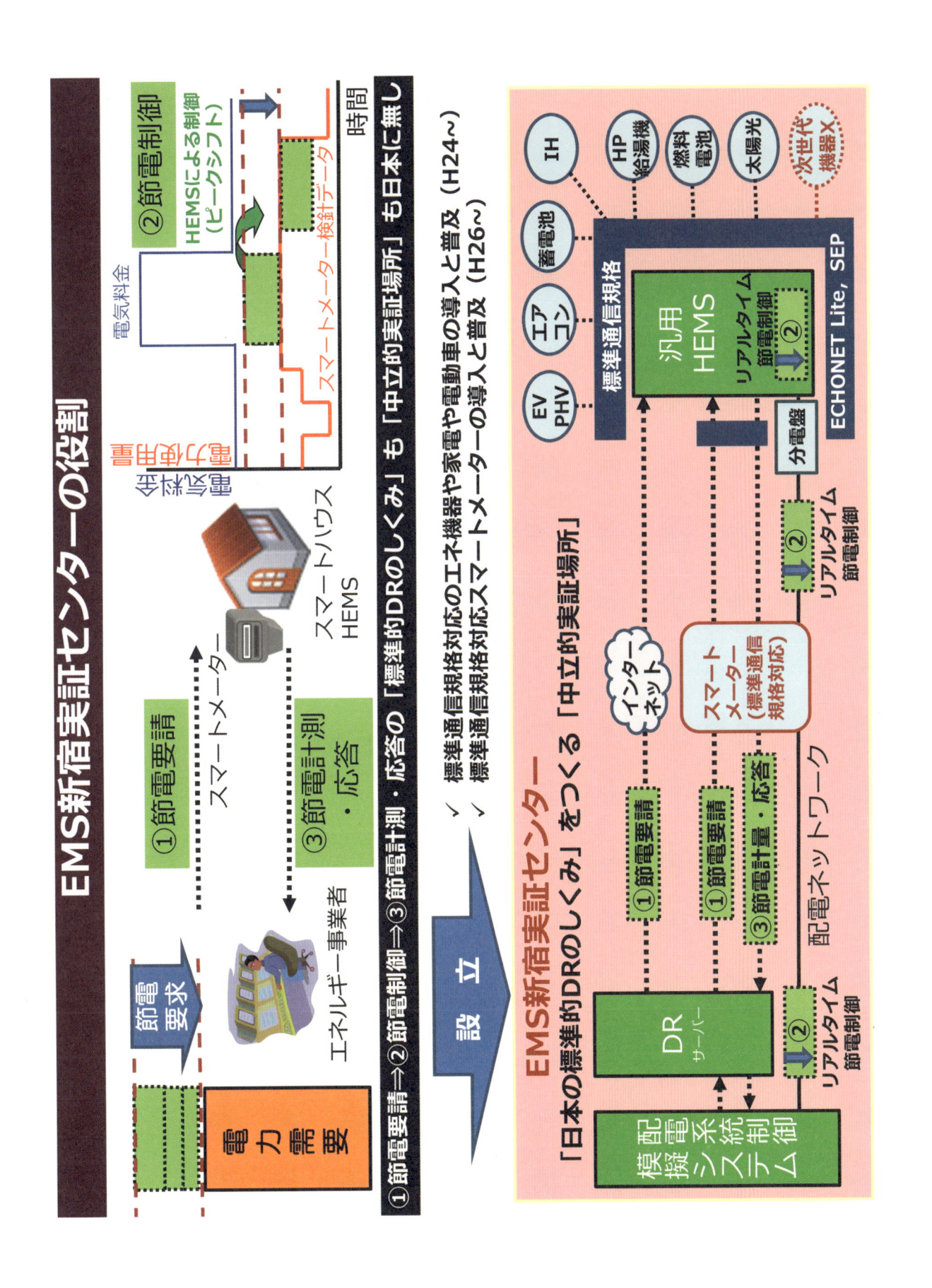

付録4　スマートハウス，スマートグリッドの概要と最新動向　183

早稲田大学 Energy Management System 新宿実証センター

■実証の目的

1. 標準通信規格を実装した複数の異なるメーカーの機器が相互に連携するデマンドレスポンス制御・技術の実証・評価
2. 電気・ガス事業者、通信事業者、自動車メーカー、ハウスメーカー、エネルギー・家電・通信機器メーカーなど業界を代表する企業により、日本の目指すデマンドレスポンス技術の標準的な枠組みを整理・提言
3. 試験・実証で得られた知見を基に参加企業の事業化促進を支援

■実証の方針

早稲田大学EMS新宿実証センター

実証シナリオ
ピークシフト
ピークカット
など

①機器・提案持ち込み（インプット）
②国際標準通信規格によるマルチベンダー接続でのデマンドレスポンス技術・システム評価
③評価結果（アウトプット）

- 電気・ガス事業者
- 通信事業者
- ハウスメーカー
- 電機メーカー
- 家電メーカー
- 自動車メーカー
- 通信機器メーカー

WASEDA University

Home Area Network 通信プロトコル検討

■ 4棟のスマートハウスを構築

デマンドレスポンスの複数動作シナリオをスマートハウス毎に、並行試験が可能

宅内通信プロトコルに関しても、スマートハウス毎に、異なる国際標準規格の採用・評価を想定

あるハウスはECHONET Lite、あるハウスはSmart Energy Profileと実証予定
（プロトコル混成ハウスの構築も検討中）

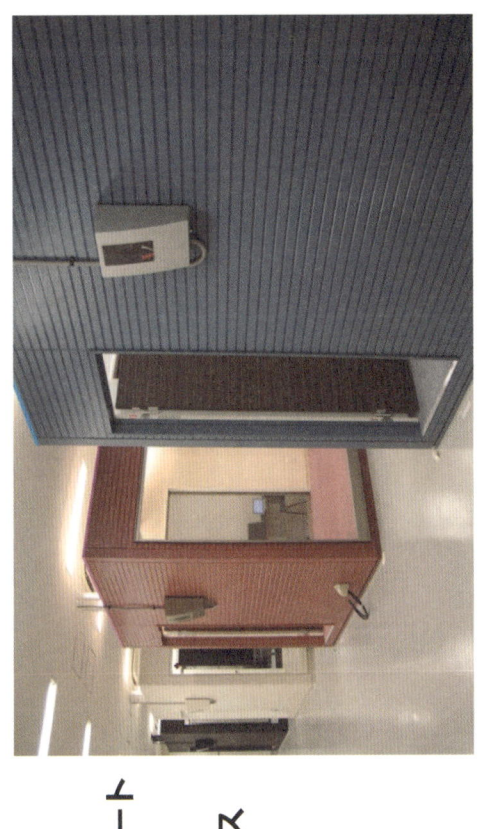

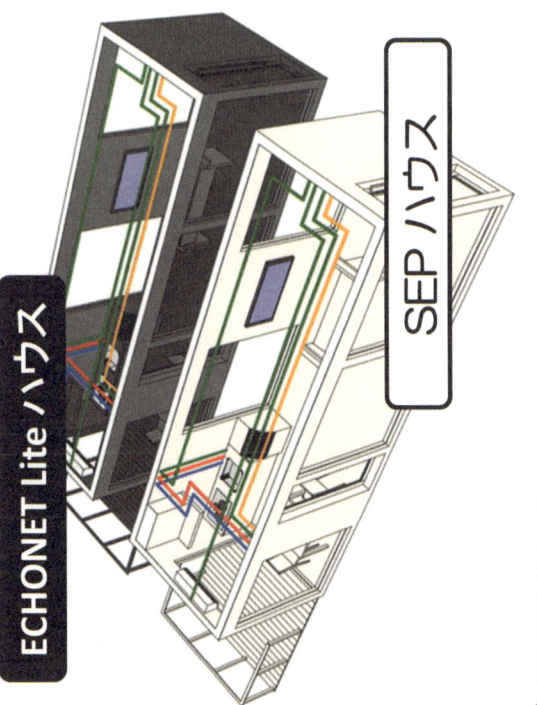

ECHONET Lite ハウス

SEP ハウス

WASEDA University

付録4　スマートハウス，スマートグリッドの概要と最新動向　185

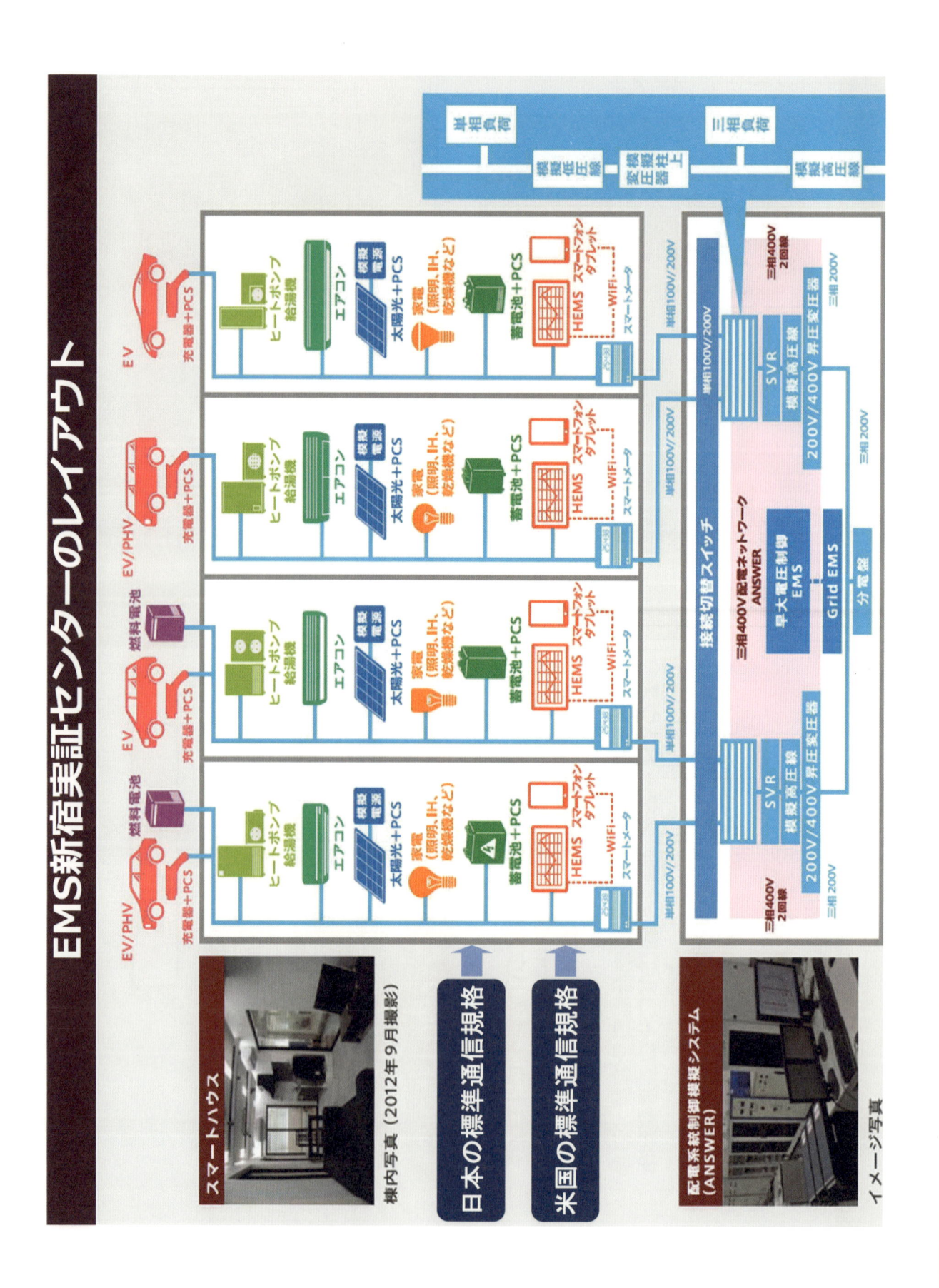

EMS新宿実証センターのレイアウト

講演の概要

1. 震災前後での電力供給形態の変化（吉永）
   - ◎ 電気の供給形態
   - ◎ 震災後の電力供給形態
   - ◎ 再生可能エネルギー導入と課題

2. DRの必要性、新宿センターの意義・活動概要紹介（酒井）

3. 具体的な施設紹介・HEMS関連アクティビティ紹介、BEMS・MEMSの発展（広橋）

HEMSによる自動制御の必要性

■ 節電行動支援から節電自動制御へ

HEMSによる自動制御の必要性

<需要家の消費電力増加>

PHV・EV等の大電力機器増加や、超高齢化社会等に伴う宅内次世代機器の増加により、消費電力の増加が予想される

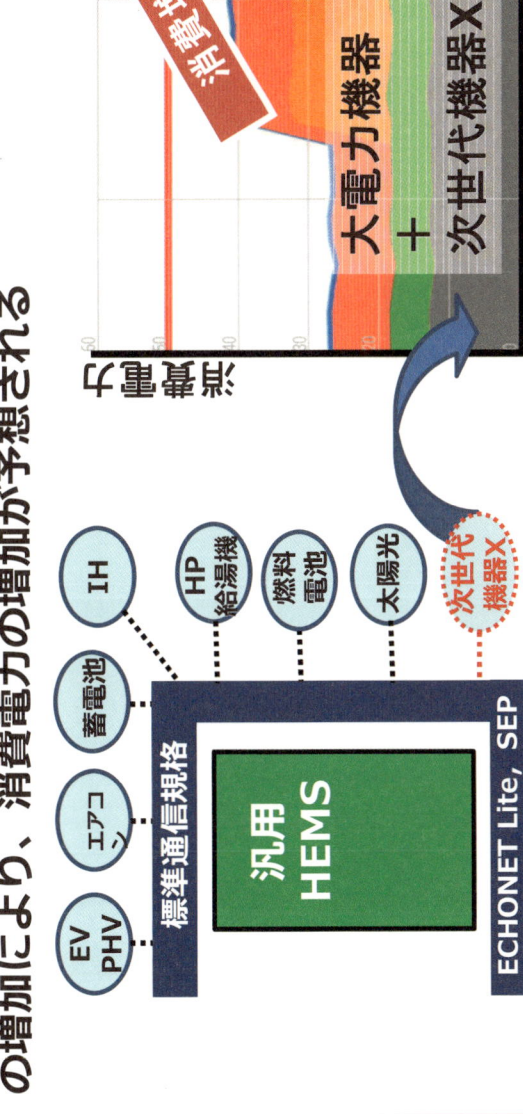

✓ 需要家は余分な電気の使用（契約アンペア増加）を避けたい
✓ 社会的にも同時にたくさん使用される状況を避けたい
✓ 手動による電気機器の制御は煩雑で不便

→ 主婦・高齢者にもやさしい電気の上手な使い方を支援するシステム

HEMS自動節電制御システムが必要

2013 ALL RIGHT RESERVED

EMS新宿実証センターの取組み ～実証プラットフォームの構築～

190

EMS新宿実証センターの取組み ～実証プラットフォームの構築～

■4棟のスマートハウスを構築

デマンドレスポンスの複数動作シナリオを
スマートハウス毎に、並行試験が可能

宅内通信プロトコルに関しても、スマートハウス
毎に、異なる国際標準規格の採用・評価を想定

あるハウスはECHONET Lite、あるハウスは
Smart Energy Profileと実証予定
(プロトコル混成ハウスの構築も検討中)

ECHONET Lite ハウス

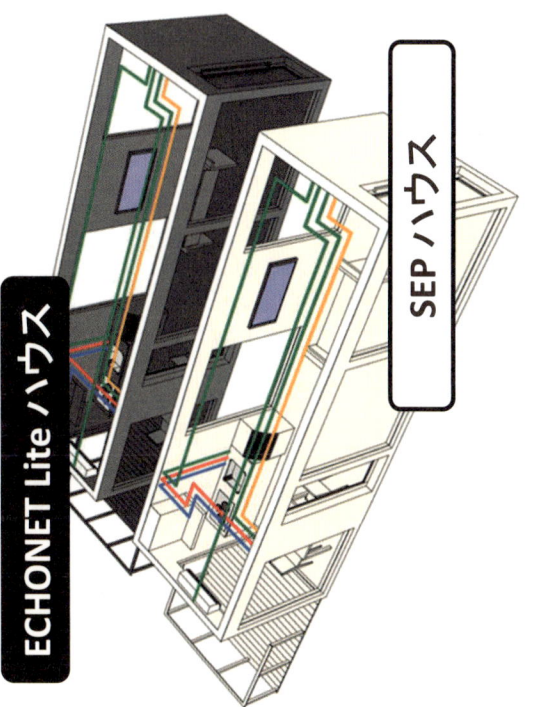

SEP ハウス

2013 ALL RIGHT RESERVED

付録4　スマートハウス,スマートグリッドの概要と最新動向　191

EMS新宿実証センターの取組み ～実証プラットフォームの構築～

分電盤
通信対応：ECHONET Lite SEP2.0

特徴
・主幹、全分岐回路計測可能
・契約アンペア超過時、HEMSへ信号通知機能あり
（ECHONET Liteに限る）

太陽光パワコン
定格出力：4kW
通信対応：ECHONET Lite SEP2.0

特徴
パネルはシミュレータ・直流電源により模擬

HEMS

HEMSアプリケーション	ECHONET Lite / SEP ミドルウェア
	ZigBee IP
	802.15.4(e)
	802.15.4g 920MHz

HEMSアプリケーション全社共通 大プラットフォームW-PF上で動作

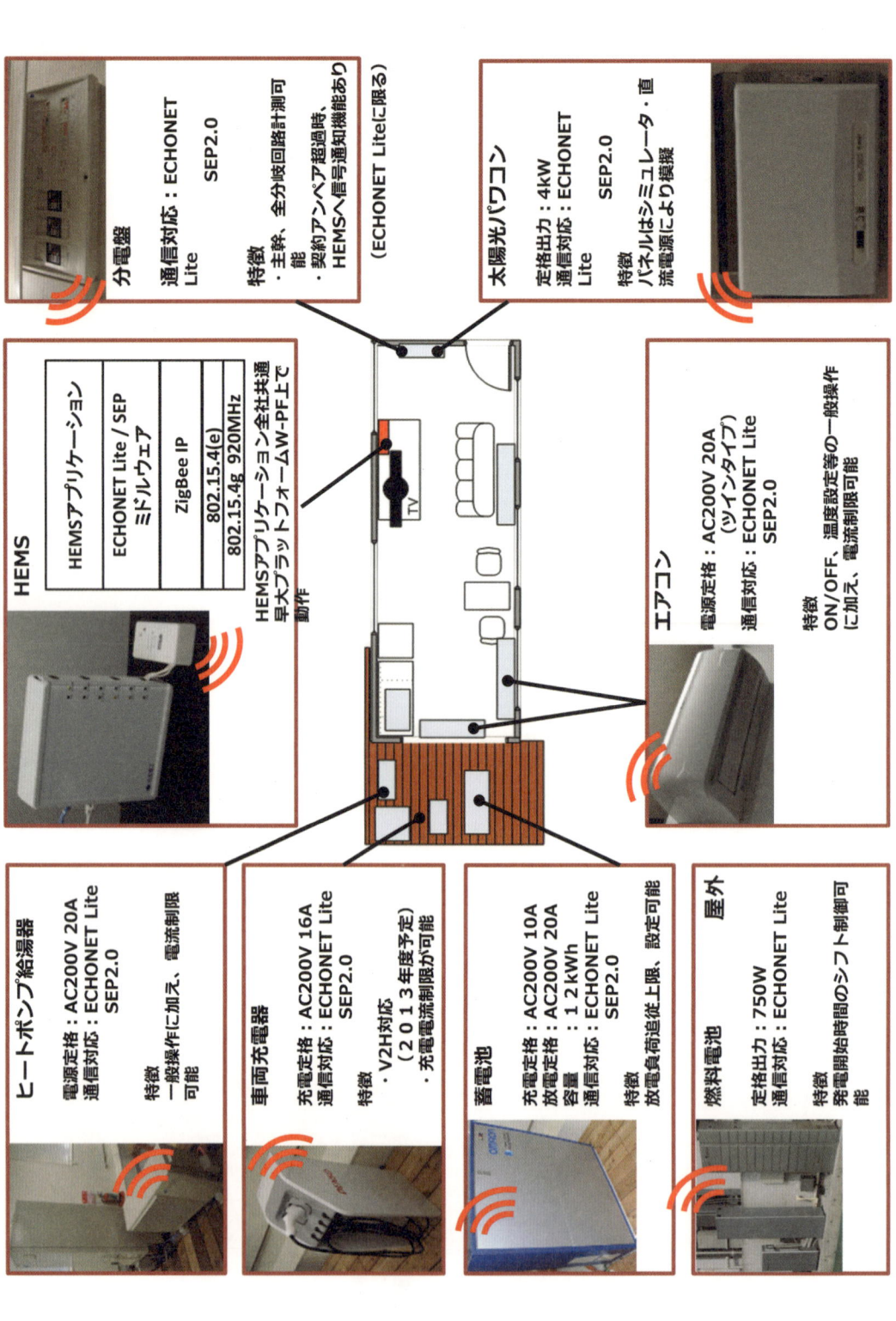

エアコン
電源定格：AC200V 20A（ツインタイプ）
通信対応：ECHONET Lite SEP2.0

特徴
ON/OFF、温度設定等の一般操作に加え、電流制限可能

ヒートポンプ給湯器
電源定格：AC200V 20A
通信対応：ECHONET Lite SEP2.0

特徴
一般操作に加え、電流制限可能

車両充電器
充電定格：AC200V 16A
通信対応：ECHONET Lite SEP2.0

特徴
・V2H対応（2013年度予定）
・充電電流制限加が可能

蓄電池
充電定格：AC200V 10A
放電定格：AC200V 20A
容量：1.2kWh
通信対応：ECHONET Lite SEP2.0

特徴
放電負荷追従上限、設定可能

燃料電池　屋外
定格出力：750W
通信対応：ECHONET Lite

特徴
発電開始時間のシフト制御可能

2013 ALL RIGHT RESERVED

EMS新宿実証センターの取組み ～実証プラットフォームの構築～

- 燃料電池
- 配電系統制御模擬システム ANSWER
- スマートハウス 4棟
- 屋外
- PHV・EV & EVSE
- 太陽光パネル・家電模擬システム

2013 ALL RIGHT RESERVED

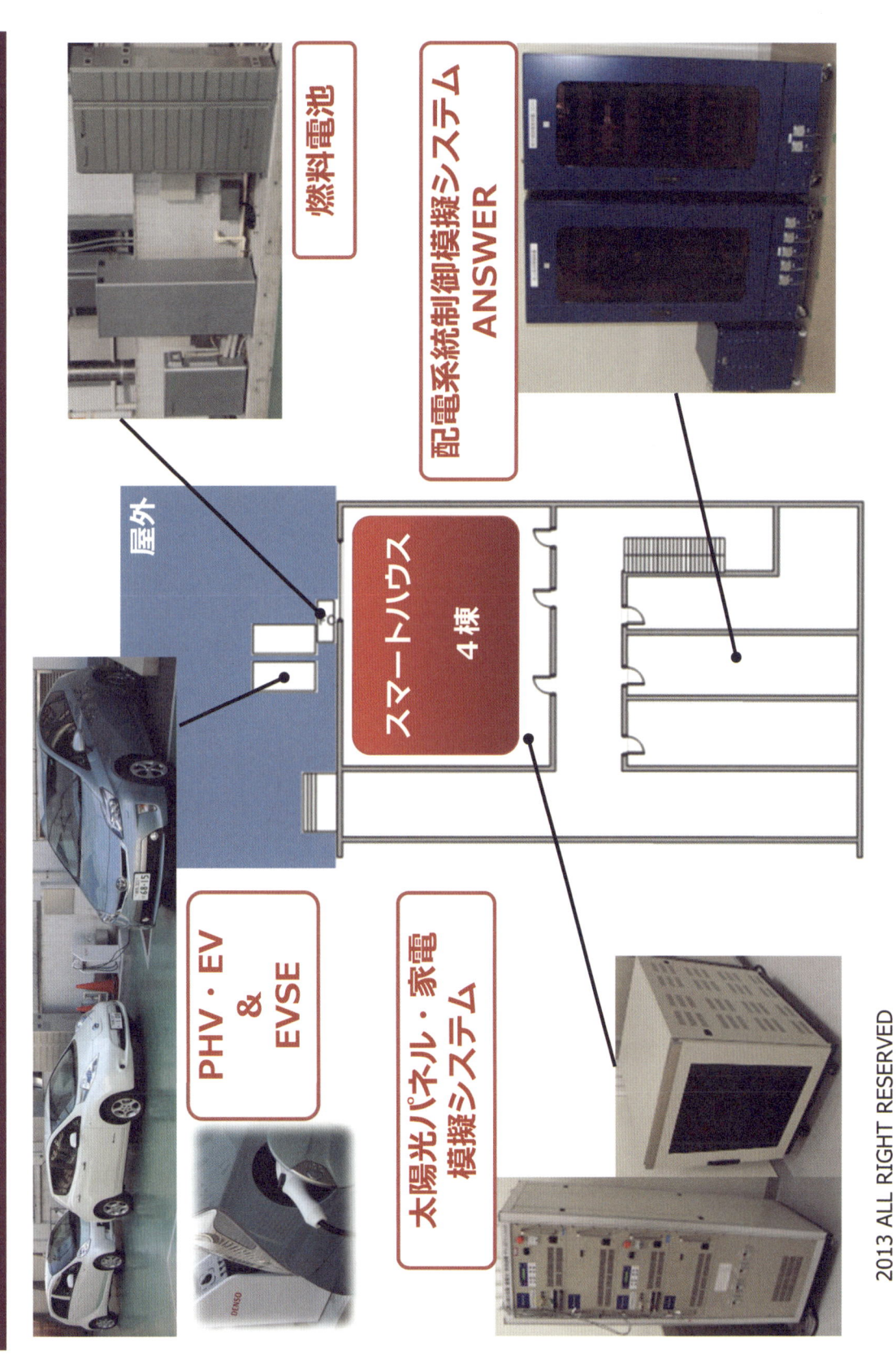

付録4　スマートハウス，スマートグリッドの概要と最新動向　193

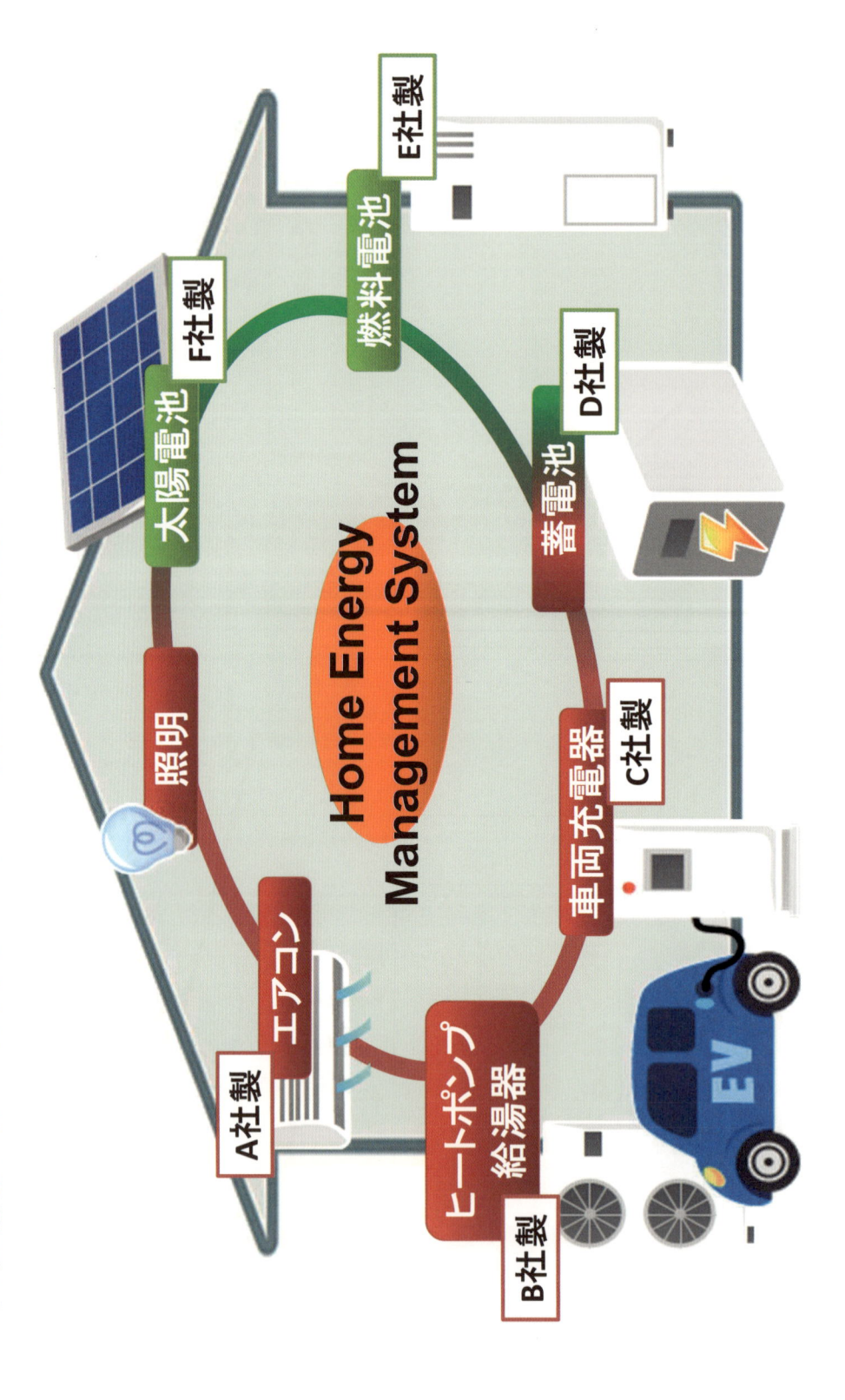

マルチベンダ環境にてDRスキームを実施

同種機器において異なるメーカーの機器を複数設置して実証実験を行う

194

2013 ALL RIGHT RESERVED

EMS新宿実証センターの取組み ～HEMS・宅内機器のDR基本機能～

■DR基本機能の整理

HEMSやエネルギー機器等、宅内機器間の通信規格はECHONET Liteと標準化されたが、DRを実施するために各機器が如何なる基本機能を有するべきか整理が必要

<機器DR基本機能>

☐ DRを実施するための必須ECHONET Liteプロパティの検討

☐ DRを実施するにあたり各機器の動作特性整理、フェールセーフ等の動作方針の検討

<HEMS DR基本機能>

☐ 競争領域（動作方針決定ロジック等）、共通化領域の明確化検討

☐ 正常系・異常系の基本動作フローやユーザーとの情報共有・やり取りは共通化検討

どのメーカのHEMSを使用しても得られる基本情報、手順は同様！

住人

DR対応HEMS 動作例

情報収集 → 動作方針決定 → 住人報告確認 → 機器動作指令 → 機器動作確認

確認

DR対応機器

宅内通信規格は標準化済

2013 ALL RIGHT RESERVED

付録4　スマートハウス，スマートグリッドの概要と最新動向　195

HEMSの未来像　～付加価値サービスのプラットフォーム～

- 多様な料金メニューやDRプログラムに対応したエネマネ
- ホームオートメーションの健全なコモディティ化
- その他付加価値サービスのプラットフォーム

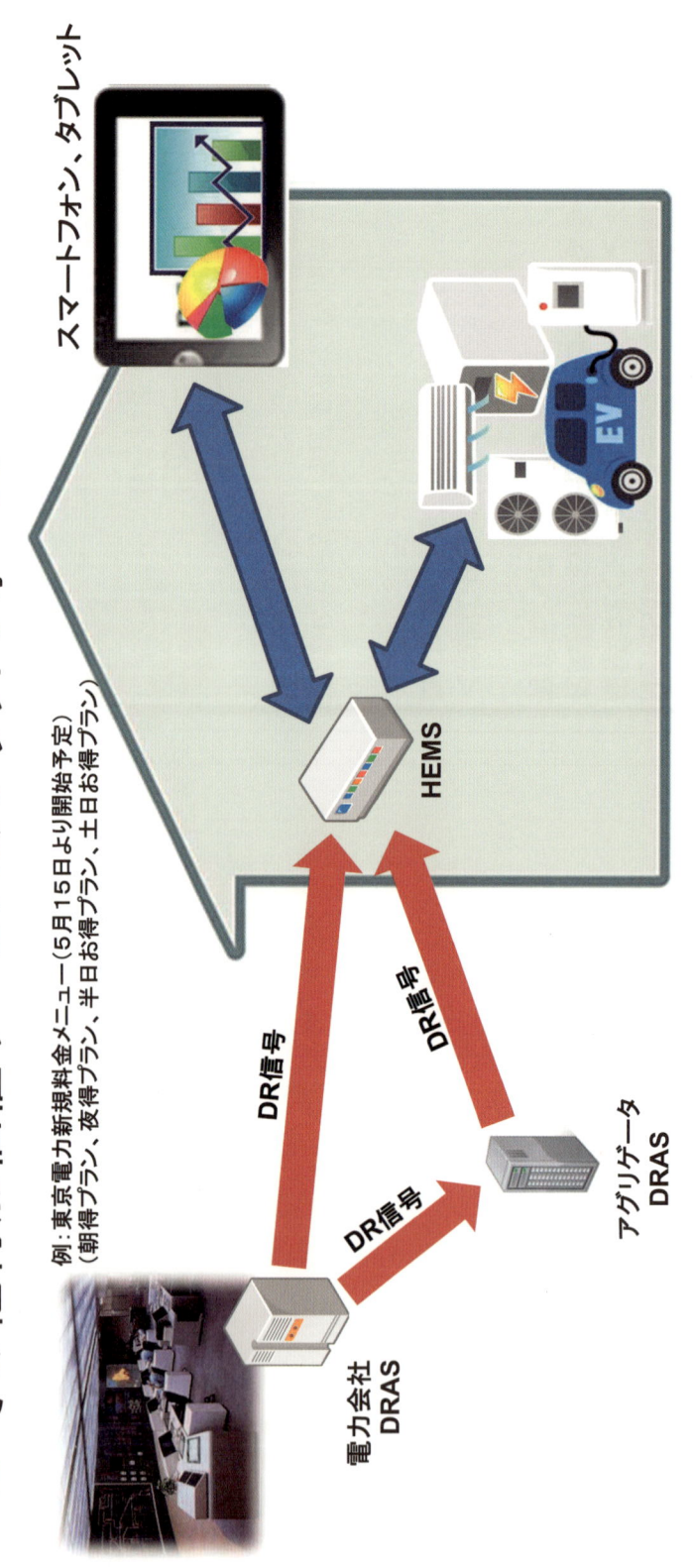

例：東京電力新規料金メニュー（5月15日より開始予定）
（朝得プラン、夜得プラン、半日お得プラン、土日お得プラン）

電力会社 DRAS → DR信号 → アグリゲータ DRAS → DR信号 → HEMS
DR信号 → HEMS → スマートフォン、タブレット

DRAS : Demand Response Automation Server

2013 ALL RIGHT RESERVED

HEMSの未来像 ～付加価値サービスのプラットフォーム～

■ ある日曜日の電力消費グラフ

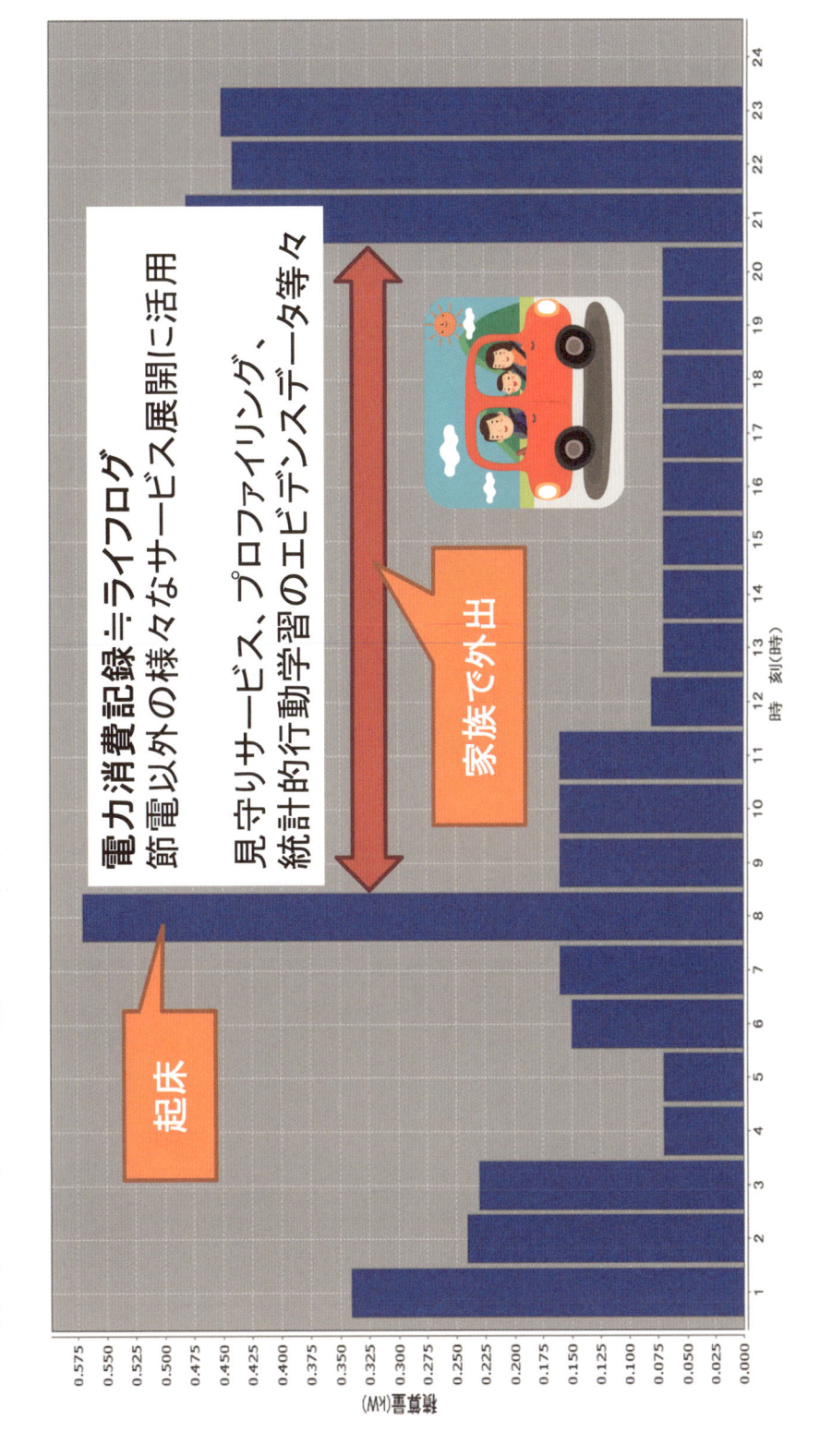

起床

電力消費記録≒ライフログ
節電以外の様々なサービス展開に活用

見守りサービス、プロファイリング、
統計的行動学習のエビデンスデータ等々

家族で外出

2013 ALL RIGHT RESERVED

付録4　スマートハウス，スマートグリッドの概要と最新動向　197

HEMSの未来像　～付加価値サービスのプラットフォーム～

- もっとスマートに。自己学習型HEMS
  定型的なシステムから曖昧性・非厳密性を許容した自己学習システムへ

  - 現在のコンピュータシステムは多数の情報に満ちておりHEMSも同様
  - 導入時に曖昧性を排除した定型的なアプリケーションでは出来ることが限定的

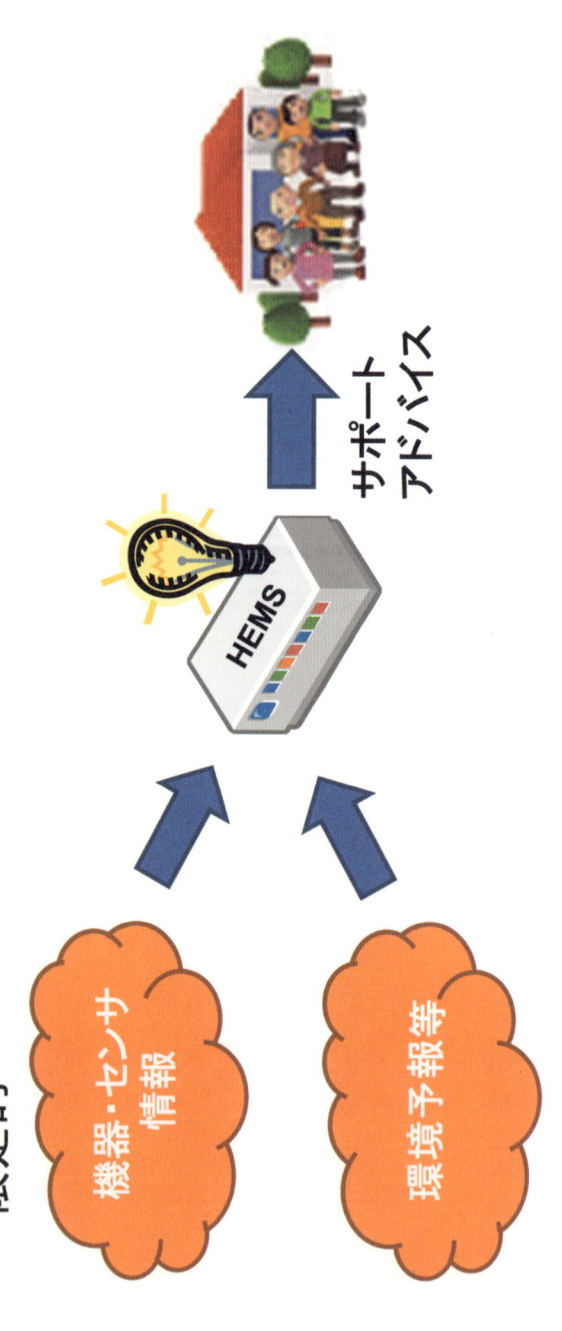

サポート
アドバイス

機器・センサ
情報

環境予報等

2013 ALL RIGHT RESERVED

HEMSの未来像 ～DRを含むサービスの動的配備～

- これまでの画一的な電力メニューの多様化に対応

- 組込タイプでは対象とされにくいニッチなアプリケーションも動的配備
  - あまり一般的ではない機器制御
  - 障害者等の弱者支援

- 動作しているその他アプリケーションを停止することも無く、インストール/アップデート可能な枠組み

- 電力プログラムアプリ
- 購入した機器のアプリ

等、住人にあわせて動的インストール

アプリケーション配信サーバー

2013 ALL RIGHT RESERVED

新宿実証の今後の展開への期待

標準デマンドレスポンス技術実証プラットフォーム
（利用者の目線に立ったスムーズかつスマートな節電のしくみ）

- スマートハウス HEMS
- スマートメーター、配電ネットワーク、DRサーバー
- スマートマンション MEMS
- スマートビル BEMS

地域実証や環境未来都市などへの展開

スマートコミュニティー
スマートシティ
CEMS

先進スマートグリッドへの展開

スマートグリッド
Grid EMS

世界展開へ

WASEDA University

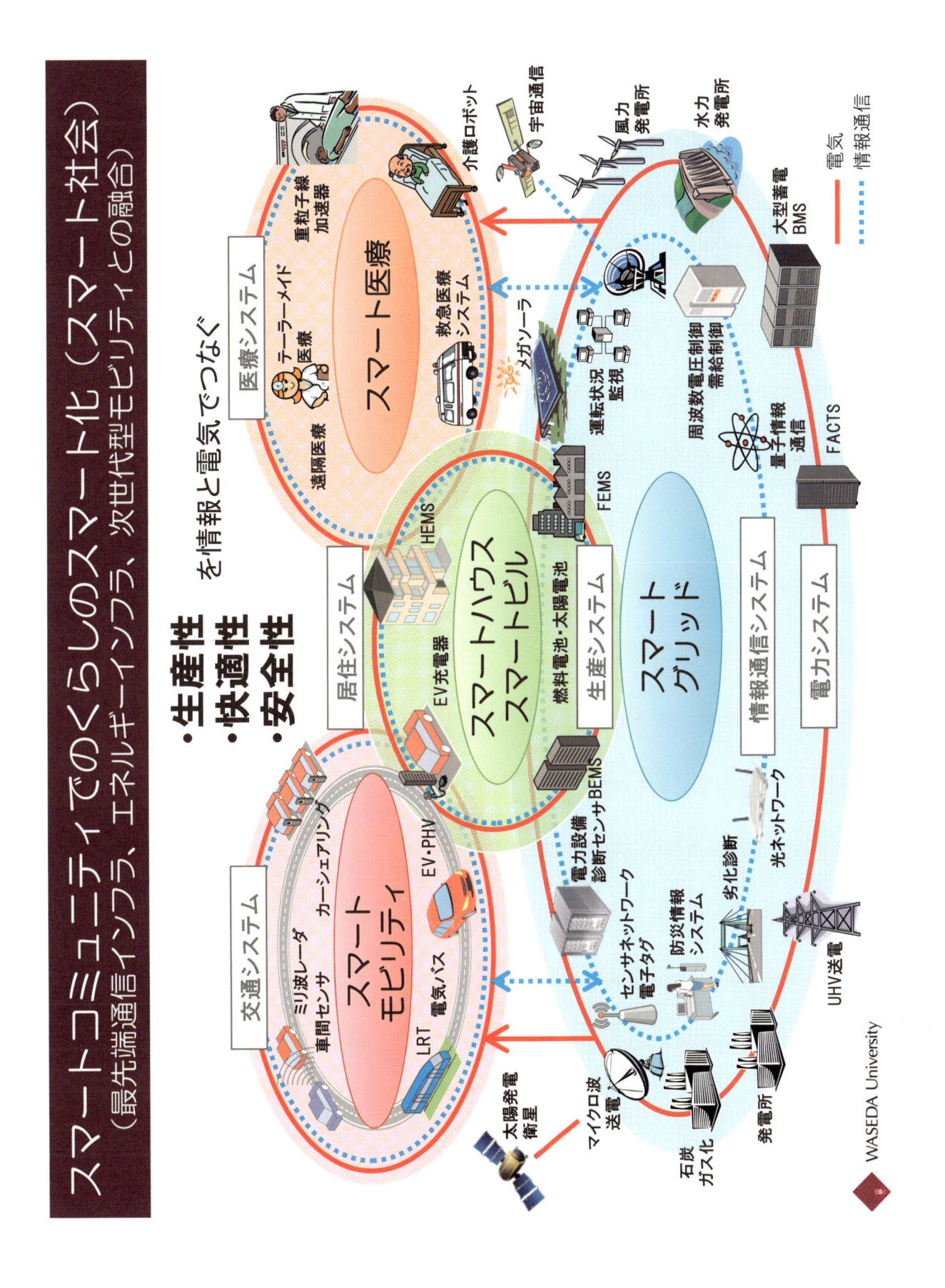

付録4 スマートハウス，スマートグリッドの概要と最新動向 201

BEMSアグリゲータとデマンドレスポンスによるピークカット

国際標準化を見据えた国内の標準システムの検討開始
（H24年6月22日経産省スマートハウス・ビル標準・事業化検討会）

WASEDA University

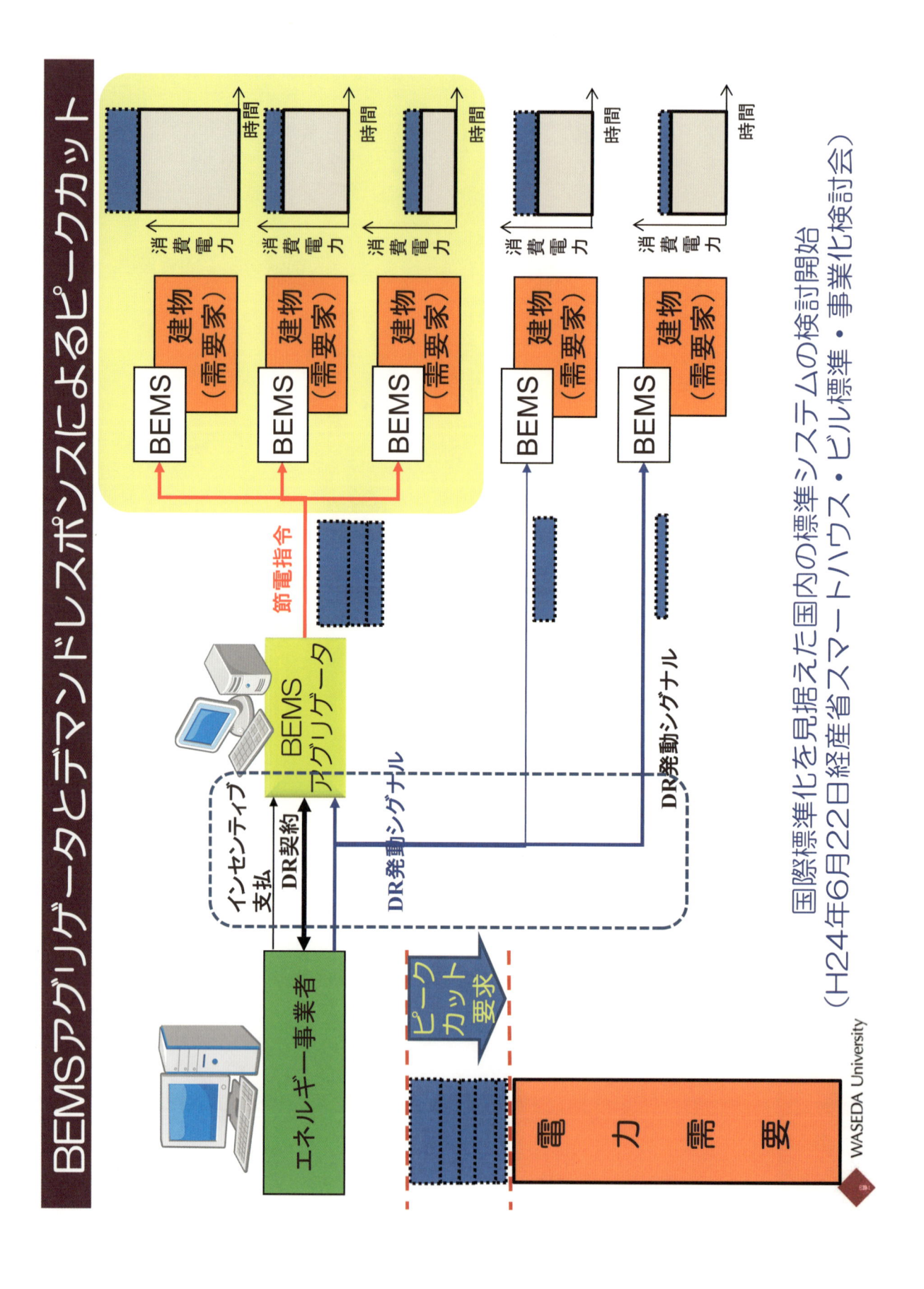

202

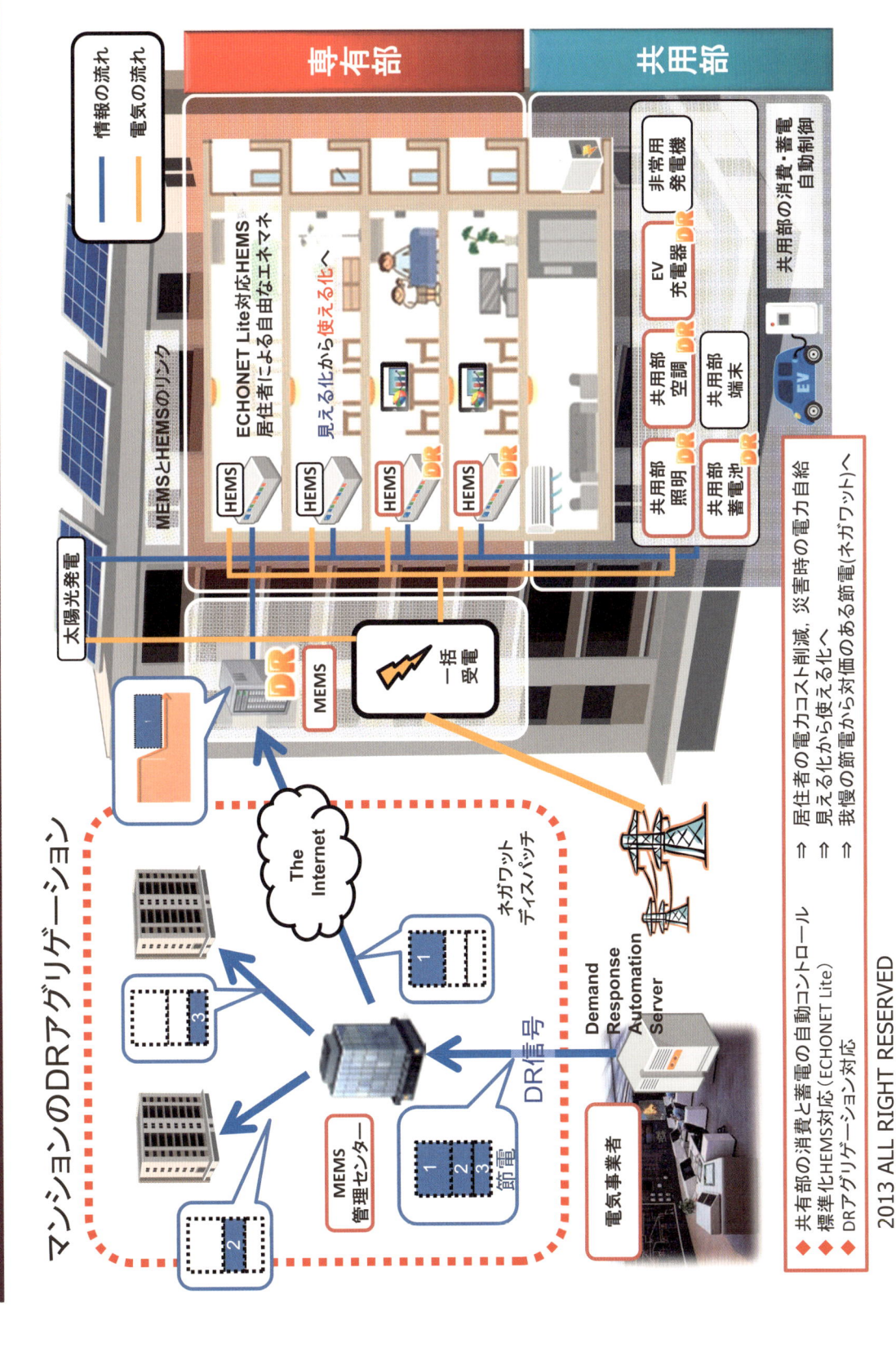

付録4 スマートハウス，スマートグリッドの概要と最新動向 203

付録5

19 in Standard Cabinet for Intelligent House

(IEC SC48D 国内委員会)

19 in Standard Cabinet for Intelligent House

IEC SC48D JNC
Dec. 10, 2013

1. 19" Residential Cabinet for Intelligent house の定義と標準化

- 個別住宅内に構築される光ファイバーを用いた情報インフラ（In-premises optical fiber network in a residential building）用のアクセス機器（ONU），ハブ・スイッチ，サーバー，セキュリティ・サーバー，ガス・電気・水道のメータリング・インターフェイス機器（HEMS），分電盤，UPS，バッテリーなどを統合して収納するキャビネットで，産業用の19インチ・キャビネットの基本寸法を採用する。

- IEC 60297-3-100規格に基づく住宅内設置用キャビネットとして標準化を行う（One application of IEC 60297-3-100 cabinets）。IEC 60296-3-10X：19" residential cabinetとして標準化を目指す。

- 国内および海外のスマートハウス標準(Standards for intelligent homes)の取り組み
  - ISO/IEC JTC1/SC 25/WG1: Interconnection of information technology equipment (Home automation/home networking standards)
  - CENELEC SHR (Smart House Roadmap)Project (The SHR Roadmap focuses on all standards for SmartHouse devices, including home (and home office) networks, home automation and multi-media platforms, on associated services such as security, energy management and sustainability, health- and tele-care, and includes applications for service providers of all types that have particular relevance to the consumer in the provision of e-inclusion and accessibility.)

IEC SC 48D JNC

— HEMS (Home energy management systems) standard by IEC TC 100: Audio, video and multimedia systems and equipment

— Echonet (Energy Conservation and Homecare NETwork, in Japan) is compatible with TC 100 International Standards for, in particular, network and service diagnostic interfaces and communication protocol over IP for multimedia household appliances.

— IGRS (Intelligent Grouping and Resource Sharing) developed a solution similar to Echonet by China, which was also accepted as an International Standard by IEC TC 100.

— 国内におけるスマートハウスに関するさまざまな取り組み

IEC SC 48D JNC

210

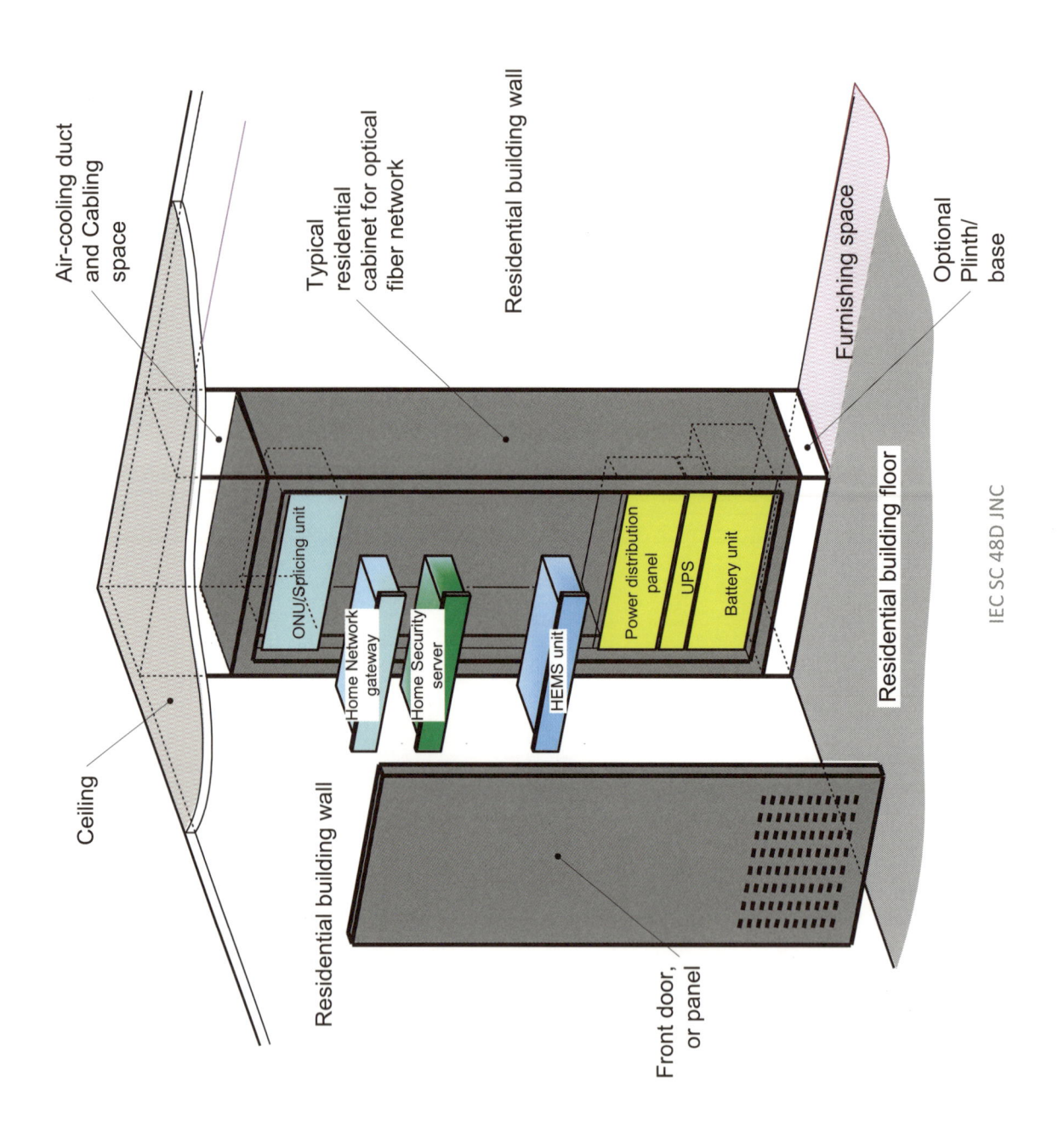

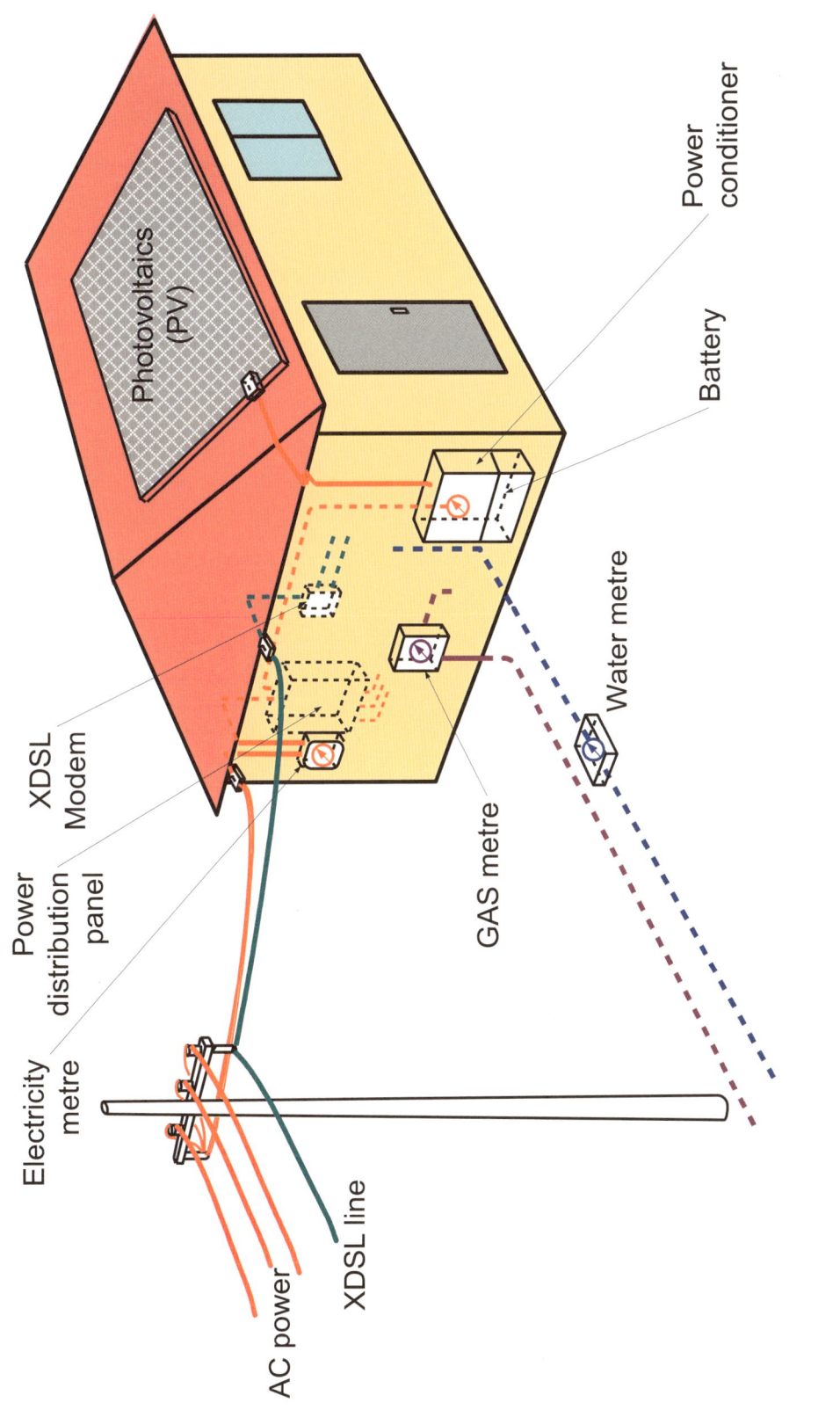

Image of existing home IT and infra setup

IEC SC 48D JNC

付録5 19 in Standard Cabinet for Intelligent House 211

Residential cabinet

Photovoltaics (PV)

Intelligent house services

Power conditioner
Battery

Water metre

HEMS
Home servers

Power distribution panel with smart metre

Optical fibre line

AC power

Access (wireless) to HEMS

Image of intelligent house with a residential cabinet

IEC SC 48D JNC

付録5 19 in Standard Cabinet for Intelligent House 213

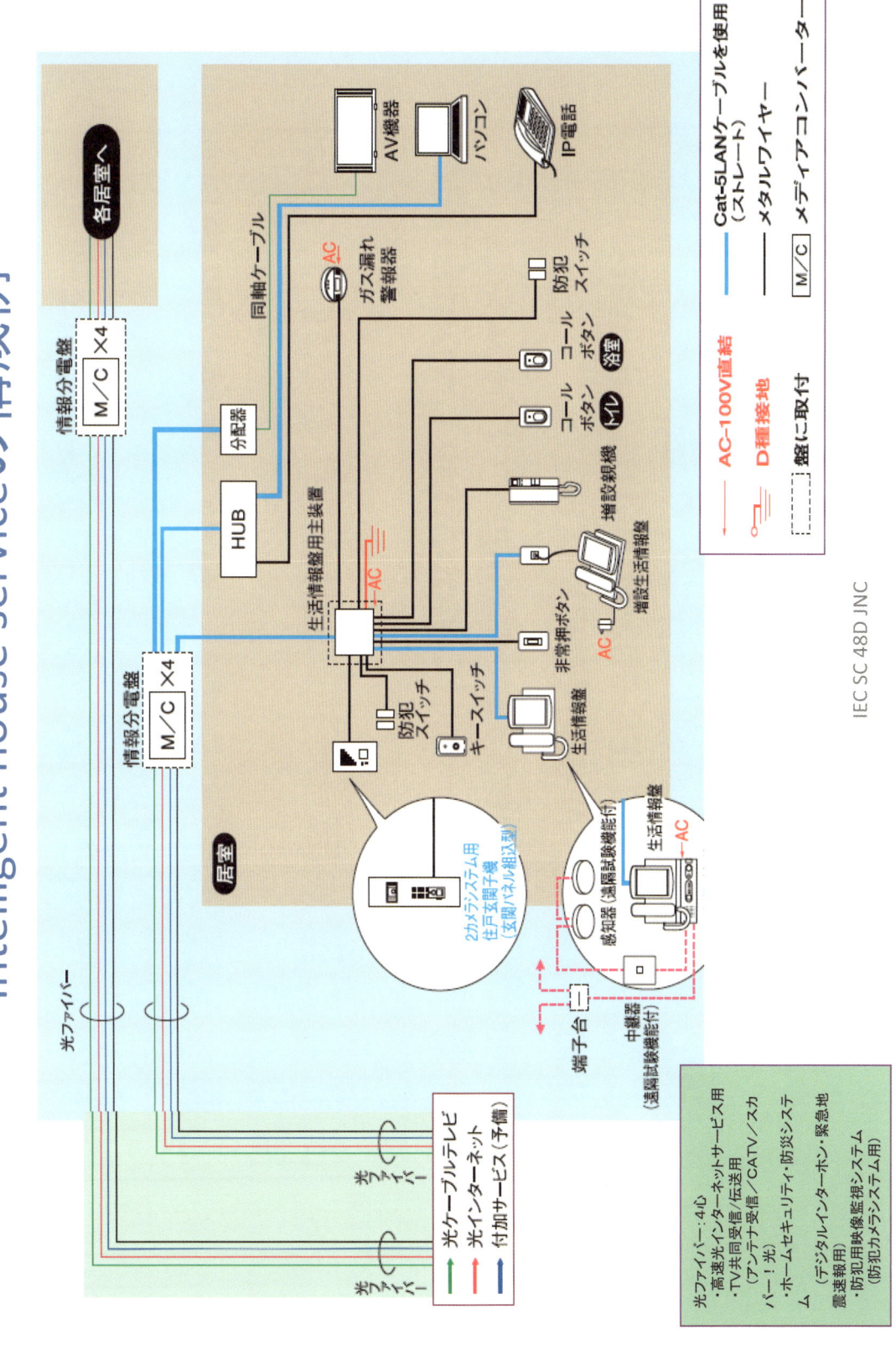

2. 19" Residential Cabinetの概要

1. IEC 602967-3-100規格に基づく寸法、
   One application of IEC 60297-3-100 cabinets
   H 1800 – 2400 , W 600 (19"), D 600

2. Residential cabinets for intelligent housesとして、搭載機器のカテゴリー別にMounting Layoutが決められている。

3. 住宅内の壁や床・天井に固定される取付け寸法を持つ。

4. 必要な耐環境性能を持ち、かつ、環境に配慮した製造・供給が行われる。

5. 住宅内で使用されるための十分な安全性能を持つ。

6. 住宅用設備としてすぐれたデザイン

IEC SC 48D JNC

2.1 寸法はモジュラオーダ(建築およびIEC60917-1)に整合する

IEC 60917-1 based on IEC guide 103

ISO 2848:1984
Building construction -- Modular coordination -- Principles and rules

ISO 1006:1983
Building construction -- Modular coordination -- Basic module

ISO 6514:1982
Building construction -- Modular coordination -- Sub-modular increments

ISO 1040:1983
Building construction -- Modular coordination -- Multimodules for horizontal coordinating dimensions

IEC SC 48D JNC

Height H mm	Aperture height ($S > n \times U$) $n \times U$ mm	Width WC Mm	Depth D Mm
1800	36 x U = 1600,20	600	300
2000	40 x U = 1778,00		
2200	45 x U = 2000,25		
2400	49 x U = 2178,05		

Note: 1U = 44,45 mm. See IEC 60297-3-100

IEC SC 48D JNC

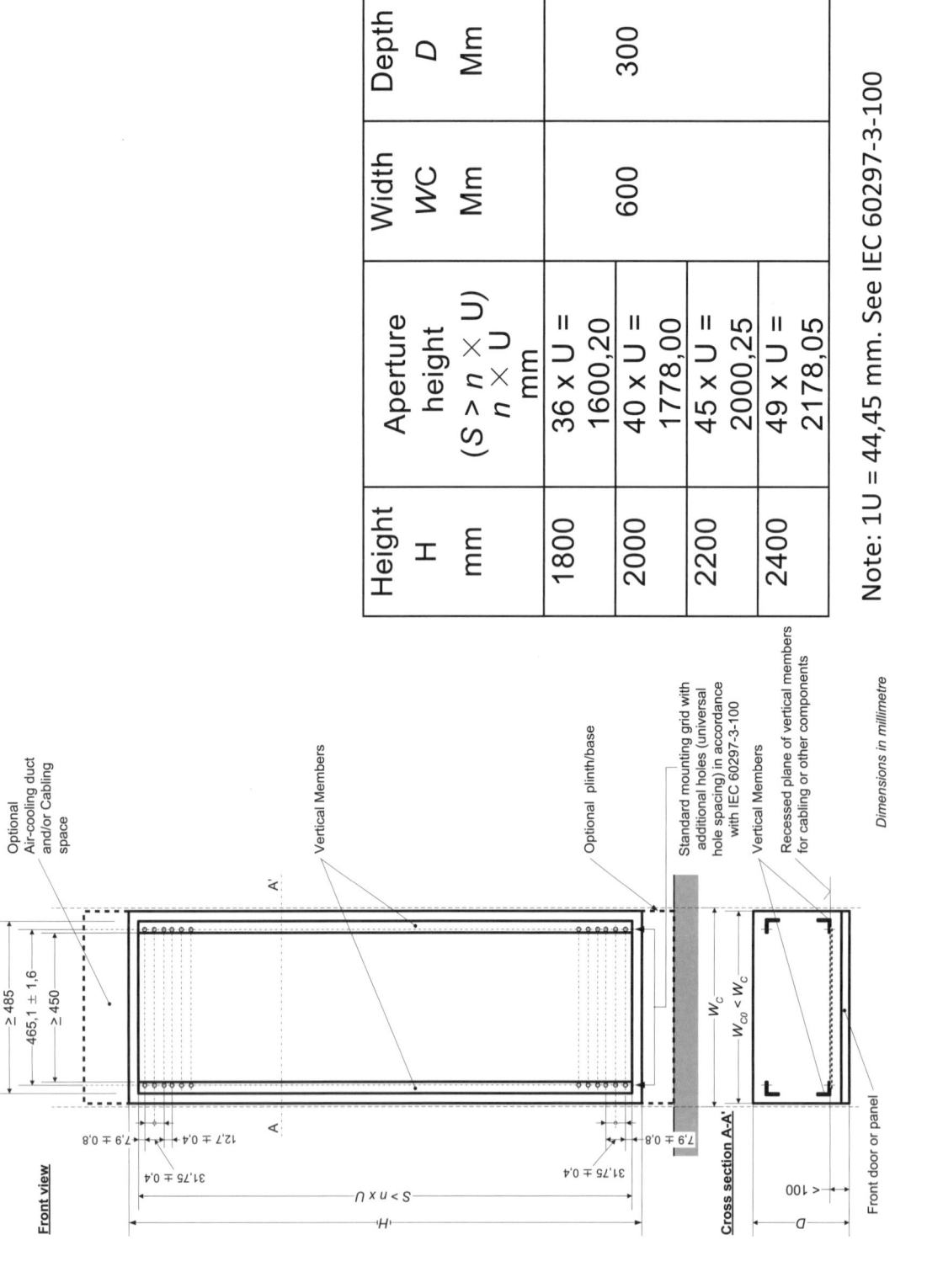

Dimensions in millimetre

2.2 搭載機器のカテゴリー別 Mounting Layout

Tier 0 電力供給バックアップ設備（UPS, バッテリー, パワー・コンディショナなど）

Tier 0
Electricity backup equipment mounting
UPS (Uninterrupted power supply), battery, power conditioner and etc.)
Mounting space: 6 - 10U

Tier 1 住宅設備管理用サーバ，（ホーム・コントロール・サーバ, PC/AVサーバなど）

Tier 1
Data and controller server mounting (Residential equipment controller server, home PC/AV server and etc.)
Mounting space: 6 - 10U

Tier 2 光ファイバー・アクセス, LAN機器およびスマートハウス用インターフェイス機器（ONU, スプライス・ユニット, メディア・コンバータ, スイッチング・ハブ, HEMS, セキュリティ・サーバなど）

Tier 2
Optical fibre (or xDSL) accesses, in-promises network equipment, interface and metering equipment mounting (ONU, modem, hub, SHP/HEMS units, home and etc.)
Mounting space: 6 - 10U

Tier 3 電力供給分電盤，（スマートメータを含む）

Tier 3
Power distribution panel
Mounting space: 5 - 10U

Front view

Tier 3
Power distribution panel
Mounting space: 5 - 10U

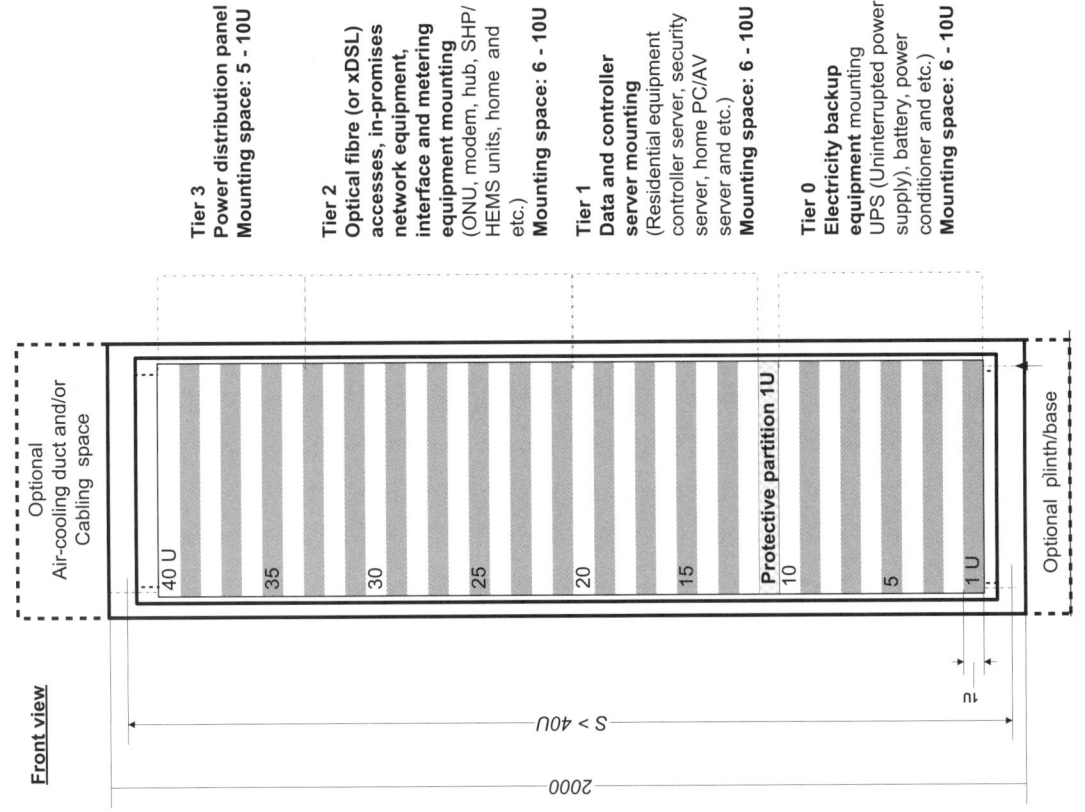

Tier 2
Optical fibre (or xDSL) accesses, in-promises network equipment, interface and metering equipment mounting
(ONU, modem, hub, SHP/HEMS units, home and etc.)
Mounting space: 6 - 10U

Tier 1
Data and controller server mounting
(Residential equipment controller server, security server, home PC/AV server and etc.)
Mounting space: 6 - 10U

Tier 0
Electricity backup equipment mounting
UPS (Uninterrupted power supply), battery, power conditioner and etc.)
Mounting space: 6 - 10U

Dimensions in millimetre
IEC SC 48D JNC

Note:
1) One protective partition shall be equipped in 1 U space between Tier 0 and Tier 1.
2) Respective mounting spaces from Tier 0 to Tier 3 can be adjusted within the Figure indicated mounting spaces according to the cabinet height and volume of units and systems to be mounted.

付録 5　19 in Standard Cabinet for Intelligent House　219

2.3 キャビネットの設置

- 宅内用キャビネットはスタンド・アローン(自立設置型)ではなく、建物の壁や床・天井あるいは構造に対して固定される。
- 設置のための固定箇所(fixing positions)の寸法はIEC 60297-2-5のグリッドに基づいて設定される。

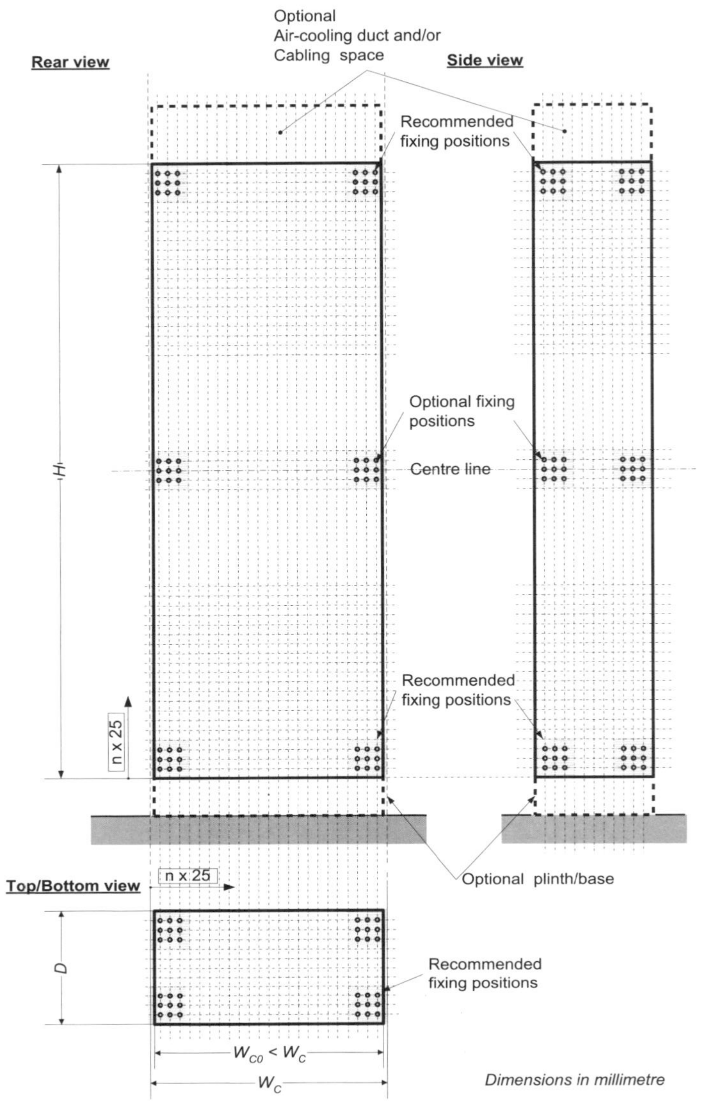

Note:
1) At the four corners of the cabinet rear, sides, top and bottom, each one fixing hole from the recommended fixing positions can be chosen.
2) At the centre of the cabinet rear and side, each one fixing hole from the optional fixing positions may be chosen.
3) Respective fixing holes shall have meet with applying of M10 sized bolt or over M10 sized bolt.

IEC SC 48D JNC

付録5　19 in Standard Cabinet for Intelligent House

2.4 耐環境性能とエコロジーに対する仕様

- インテリジェント・ハウスの中枢機能を維持するために、宅内設置用キャビネットは設置環境に対応した耐環境性能を持つ。これは主として、IEC 61587シリーズ規格を援用して定義する。

- これと同時に、キャビネットは環境に配慮した製品として製造・供給されなければならない。

<u>IEC Guide 109</u> Edition 3.0 (2012-06-14)
Environmental aspects - Inclusion in electrotechnical product standards

2.5 安全性

- 電気・電子機器用機キャビネットとしての安全性(IEC Guide 110およびIEC60950)と住宅設備として安全性を考慮して要求仕様をまとめる。
- 建築の安全基準、防火基準は各国および各地域の基準・規制に適合する。

IEC Guide 110 Edition 1.0 (1996-04-30)
Home control systems-guidelines relating to safety

IEC SC 48D JNC

2.6 住宅に設置されるキャビネットの規格寸法の適用とデザイン(インテリア・デザインに調和する)

- 規格に定義されるキャビネットの寸法と搭載機器のレイアウトは、現時点で考えることのできるスマート・ハウスのすべての要素を満たすもの(フル・セットの要求に対応する19"キャビネット)とする。

- ただし、実際の運用に当たっては、ユーザーが要求とする範囲での機器のセット・アップ(サブ・セット)に対応し、19"キャビネットの高さと幅寸法を変更できるものとする。

- インテリア・デザインへの調和：住宅内で設置されるため、インテリア・デザインに調和した外観を持つ。

IEC SC 48D JNC

共同編集

建築物情報化ガイドブック編集協議会

NPO法人　光ファイバー普及推進協会

編集協力

建築物情報化ガイドブック編集協議会

参加団体（50音順）

（委員参加）

一般社団法人　建築設備技術者協会

NPO法人　高度情報通信推進協議会

一般社団法人　電池工業会

一般社団法人　日本雷保護システム工業会

一般社団法人　日本建設業連合会

公益社団法人　日本建築士会連合会

一般社団法人　日本建築士事務所協会連合会

一般社団法人　日本電機工業会

一般社団法人　日本配線システム工業会

NPO法人　光ファイバー普及推進協会

（オブザーバー参加）

独立行政法人　新エネルギー・産業技術総合開発機構

IEC SC48D 国内委員会
（JEITA内）

一般社団法人　不動産協会

掲載資料提供協力（掲載順）

独立行政法人　産業技術研究所

住友電気工業株式会社

株式会社　北村製作所

株式会社　戸上電機製作所

日本アンテナ株式会社

中立電機株式会社

株式会社　寺田電機製作所

未来工業株式会社

河村電器産業株式会社

株式会社　渡辺製作所

エコナビスタ株式会社

日立マクセル株式会社

一般社団法人　マンション計画修繕施工協会

掲載参考文献発行元（掲載順）

国土交通省　住宅局

国土交通省　住宅局　市街地建築課

総務省　総合通信基盤局　電気通信技術システム課

早稲田大学　先進グリッド技術研究所

IEC SC48D 国内委員会

建物内情報設備の導入をお手伝い

ガイドブックが定めた新基準に準拠した
一式システム提案から部材手配・構築までをサポート

****

"顧客の気持ち"をかなえるシステムを提案

光化設備構築の「なぜ」「どうして」から対応します

＜導入コンサルタント、アドバイザー派遣＞

NPO光ファイバー普及促進協会

http://hikari-fiber.jp

TEL 03-3359-2186　　e-mail　info@hikarifiber.jp

"顧客ごのみ"の一式システムを構築

WEB発注システム「**アップドラフト・トーキョー**」で必要部材の
閲覧から発注・納品・施工手配をワンストップ対応
レンタル／リースの組み込みまでご相談に応じます

株式会社 ブロードバンドサービスセンター

http://updrft-tokyo.jp

TEL 03-3341-6580　e-mail　info@dai-hikari.jp

発刊協力

NPO 法人光ファイバー普及推進協会会員法人
(50音順)

三和シヤッター工業株式会社

三和電気工業株式会社

社団法人　情報通信エンジニアリング協会

住友電気工業株式会社

株式会社　寺田電機製作所

東日京三電線株式会社

株式会社　戸上電機製作所

東日本電信電話株式会社

株式会社　フジクラ

古河電気工業株式会社

マサル工業株式会社

株式会社　渡辺製作所

スマートコミュニティ時代の
建築物情報化ガイドブック
マンション・戸建て住宅編

発行日	2014年3月20日　初版発行
共　著	建築物情報化ガイドブック編集協議会 ＮＰＯ法人光ファイバー普及推進協会
発行者	大澤　正次
発行所	株式会社日刊建設通信新聞社 〒 101-0054 東京都千代田区神田錦町３－13－７　名古路ビル本館 TEL：03-3259-8719 FAX：03-3233-1968 http://www.kensetsunews.com
カバーデザイン	株式会社クリエイティブ・コンセプト
印刷・製本・ＤＴＰ	図書印刷株式会社

本書の全部または一部を無断で複写、複製することを禁じます。
©2014, Printed in Japan
ISBN978-4-902611-58-8